Martin Monestier

GUIDA AI CASINÓ

d'Italia e del mondo

MEB

Collana diretta da m. stella longato

Si ringrazia la Direzione del Casinò Municipale di Venezia
per la gentile collaborazione

ISBN 88-7669-165-0

Distribuzione: Gruppo Editoriale Muzzio
Titolo originale: *Petit guide de poche des casinos*

Traduzione di Elisabetta Schiavon
Impaginazione elettronica di Barbara Calzarotto
Stampa: Litovelox Trento
Novembre 1989

Indice

Casinò di Mondorf-les-Bains

IL GIOCO SI PUÒ AMARLO POCO, MOLTO, APPASSIONATAMENTE...

Un po' di storia

Già nell'antichità
I Greci amavano appassionatamente i giochi di ogni genere, molti dei quali sono citati già da Omero. A Roma, come ovunque d'altra parte a quei tempi, il gioco aveva i suoi spettatori appassionati. Le leggi suntuarie durante la Repubblica dovevano tuttavia proibirlo o limitarlo e, quando i Romani ebbero conquistato la Grecia, imposero un regolamento per i giochi. Sotto l'Impero era proibito giocare danaro o oggetti di valore, se non si trattava di giochi atti a sviluppare la forza fisica e a favorire l'allenamento del corpo. In questo caso le scommesse erano consentite. Infine, una disposizione penale prevedeva una punizione corporale per i giocatori che trattenessero a forza gli avversari per ottenere la rivincita. Queste proibizioni restavano in realtà lettera morta, visto che il cattivo esempio veniva dall'alto. Cesare, Augusto, l'imperatore Claudio, Nerone soprattutto, furono tutti grandi giocatori.
Nel Medioevo, il gioco è molto in voga. I dadi, portati dai Romani, sono diffusi ovunque in Europa. Nasce anche l'"accademia dei giochi" dove si insegna il *rafle*, il *passe-dix*, il *craps* e altri giochi di dadi.
Dal XII secolo nascono il trictrac e i giochi da tavolo, come il gioco dell'oca. I giochi di carte appaiono alla fine del XIV secolo Carlo VI, malgrado oppure a causa della sua follia, se ne divertì molto, ma essi sono in realtà anteriori a lui di qualche decennio, benché la leggenda ne attribuisca l'invenzione a Jacquemin-Gringonneur. Le carte diedero vita al *piquet*, e al *reversé*, giochi di origine francese. Il *lansquet* e l'*hombre* vennero dalla Germania, mentre il *whist* e il *boston* nacquero in Inghilterra. Dal XVII secolo si vedono apparire dei giochi dove la vittoria è legata a tirare una carta piuttosto che un'altra. I giochi di quest'epoca, la tombola, l'oca, il biribissi e la cavagnole sono tutti scomparsi.

> È stato misurato! La tensione nervosa provocata dalla perdita di una grossa puntata è cinque volte superiore all'eccitazione provocata da un furto.

Dio Padre lo proibisce!

Dato il favore che il gioco incontrava in tutti i paesi, diventa preoccupazione costante dei governanti il combatterlo. Anche della Chiesa, tanto che, dall'813, il concilio di Mayence escluse dalla comunione chiunque praticasse il gioco d'azzardo. Il fatto di giocare è considerato come un'offesa alla divinità, sola padrona di dispensare il caso e i suoi misteri, tanto che è un sacrilegio costringerla ad usare questa sua grande prerogativa per le carte e i dadi. Sul piano penale, il diritto canonico considera il gioco come un delitto simile al furto. Più pragmatici, i protestanti dichiarano che "non conviene affaticare la divinità facendola intervenire cento volte in un'ora".

Il re non vuole!

Nel 1254, S. Luigi proibì la fabbricazione dei dadi. Nel 1319 Carlo IX proibì di giocare ai dadi e al trictrac ma anche alla piastrella, ai birilli e alle bocce. La stessa proibizione sotto Carlo X, Luigi XIII, Luigi XIV, Luigi XV e Luigi XVI.

L'ordinanza di Luigi XIII del 15 gennaio 1629 dichiarava che coloro che si fossero prostituiti per tre volte al gioco d'azzardo sarebbero stati disonorati ed esclusi dagli uffici reali: la proibizione vale solo per la massa dei villani e dei plebei. A corte si giocava ogni giorno dalle 15 alle 18. C'erano i tavoli da gioco del re e quelli della regina. E le cronache del tempo riportano storie scandalose di imbrogli.

E nacquero le bische

Ai tempi di Luigi XV nacquero le bische, dapprima saloni del miglior mondo e in seguito veri covi di truffatori. Durante la rivoluzione il gioco divenne sfrenato: lo si scusava come "tendenza naturale dell'uomo". Si giocava ovunque, persino nelle prigioni. Il Direttorio ridusse a nove il numero delle case da gioco a Parigi e per la prima volta obbligò i direttori a versare una tassa allo Stato. Con il Consolato fu creata una "Società dei giochi", il cui responsabile versava allo Stato 5 milioni e mezzo di franchi in oro ogni anno.

> Esiste una legge che permette di rifiutare di pagare un debito di gioco "per sfruttamento della propria disonestà".

"Dove vanno i milioni?" domanda l'Imperatore

Secondo il primo articolo di un decreto datato al giugno 1806 "le case da gioco d'azzardo sono proibite in tutto il territorio dell'Impero".

Ma l'articolo 4 dello stesso decreto autorizza il prefetto di polizia a fare delle eccezioni per i luoghi dove esistano acque minerali e a stabilire regole speciali per la città di Parigi.

L'Imperatore diceva: "Ho spesso avuto il desiderio di chiudere definitivamente le case da gioco. Ma vi girano centinaia di milioni e io ho sempre avuto paura di sapere dove si potrebbe dirigere questo torrente di fortuna se si chiudessero le case da gioco. Non si elimina la pioggia eliminando le grondaie".

Nel 1819 la Società dei giochi amministra sette case da gioco a Parigi. Una parte dei suoi ricavi va alle sovvenzioni teatrali, al conservatorio di musica e all'ospedale e una parte non trascurabile alla città di Parigi. La Società generale dei giochi fu abolita nel 1837 e allora fu imposta la chiusura di tutte le case da gioco di Francia.

La ruota del Big 6

Una, due, tre ragioni per giocare!
L'esistenza dei casinò francesi al giorno d'oggi si fonda dunque su un equivoco giuridico. In primo luogo il gioco è proibito. In secondo luogo può essere autorizzato: è sufficiente "derogare". Così fu fatto nel 1907 e l'articolo 410 del Codice Penale fu aggirato dallo Stato stesso che vedeva nel gioco d'azzardo una fonte notevole di profitti.
La legislazione attuale soffre di notevole ipocrisia: lo Stato favorisce le corse, la tombola e altri giochi, tutti pericolosi borsaioli delle tasche più modeste, ma proibisce la roulette in un raggio di 100 km intorno a Parigi. Si derogò dunque nel 1907 per i casinò che ottennero dal Ministero dell'Interno l'autorizzazione temporanea ad aprire al pubblico dei locali dove si praticavano alcuni giochi d'azzardo se questi locali si trovavano in stazioni balneari, termali o climatiche.

Chi gioca?

Sui 20 milioni di persone che giocano in Francia, quanti attraversano ogni anno le porte dei casinò? L'unica statistica possibile è quella del numero delle carte d'ingresso: 2 milioni circa nel 1984. Ma questa cifra, che comprende i giocatori stranieri di passaggio in Francia, è modesta non solo in rapporto agli altri paesi europei ma anche in relazione alle cifre americane. Gli Stati Uniti annoverano nel solo stato del Nevada più di 2000 stabilimenti da gioco. E gli 11 casinò di Atlantic City e la trentina di stabilimenti di Reno e Las Vegas sommano ognuno più ingressi ogni anno che il totale dei 137 casinò francesi. I francesi non hanno del resto che una debole reputazione di spendaccioni.
Il gioco tocca più o meno tutte le classi sociali. Ma il tipo di clienti varia

I francesi e il gioco
Nel 1984 i francesi hanno lasciato sui tavoli da gioco 70 miliardi di franchi. Con una somma del genere avrebbero potutoprendere il controllo in Borsa del 20% delle società industriali e commerciali francesi. Essa corrisponde a nove volte il bilancio del Ministero della Cultura, al 35% del prodotto dell'imposta sul reddito, al 15% del debito estero della Francia al 30 giugno 1984 e a non meno del 7% della spesa pubblica.

ogni volta in relazione alle caratteristiche del casinò e del suo livello sociale. Infatti, il principale contingente di clientela dei casinò è costituito dalla classe media. Pochi giovani, ma in compenso una netta predominanza di pensionati. La fascia di età intermedia non è tuttavia trascurabile. La selezione si effettua da un locale all'altro secondo la lista di giochi pro-

posti, il livello minimo delle puntate, gli orari d'apertura e la sua reputazione. Detto questo, si deve riconoscere che, salvo per quanto riguarda il casinò di Enghien dove la clientela è per il 75% francese per il resto i grandi casinò francesi sono tenuti in piedi dai giocatori stranieri. In certi locali essi rappresentano fino all'80% dei giocatori e al 90% delle puntate.

Le case di chi dilapida il proprio patrimonio

I 137 casinò francesi hanno registrato 1.990.257 ingressi nel 1983. Ma quelli che entrano non sono tutti giocatori e appena una metà di loro acquista gettoni o placche. In alcuni casinò la clientela rappresenta fino all'85% dei giocatori. Qualche casinò gira invece con cinque o sei grossi clienti, altri vivono grazie ad una clientela che non supera le trecento persone. A Divonne, uno dei principali casinò francesi, una ventina di giocatori assommano i due terzi del giro d'affari. Yves Quitane, direttore di casinò, considera come un grosso giocatore una persona che può perdere o guadagnare 500.000 franchi. Secondo il suo parere, in Europa si possono considerare grossi giocatori al massimo un centinaio di persone. A Cannes, Yves de Felix parla di una trentina di giocatori in grado di vincere o perdere in una stagione più di dieci milioni di franchi.

I giocatori
Secondo gli specialisti del comportamento umano, soprattutto quelli degli istituti americani di ricerche psicologiche sul gioco, esistono quattro diversi tipi di giocatori.
1. *Il giocatore professionista*: sa controllarsi perfettamente e il suo comportamento obbedisce a precise regole che gli assicurano la sopravvivenza finanziaria e psichica. Il gioco è la sua principale attività come potrebbe esserlo una qualsiasi altra.
2. *Il giocatore sociale o mondano*: può fermarsi quando vuole anche se ha giocato 100 dollari ogni giorno per 20 anni. Questo perché il gioco rappresenta un modo di essere o un piacere che non ha cambiato il suo "mondo" né la sua morale sociale.
3. *Il giocatore occasionale*: la sua passione per il gioco non ha mai intaccato il suo equilibrio psicologico. Il gioco è una distrazione che gli offre un piacere momentaneo, quando se ne presenta l'opportunità.
4. *Il giocatore cronico o incallito*: gli americani che l'hanno studiato a fondo definiscono questa categoria di giocatori "compulsivi". Questo termine indica il progressivo disordine comportamentale che spinge una persona ad essere del tutto dipendente dal gioco, escludendo tutti gli altri aspetti della vita. La condotta di fronte al gioco è ossessiva e incontrollata. Questo tipo di giocatori forma un gruppo a sé. Come drogati, essi sono eccitati dal gioco e depressi quando smettono. Il 96% di essi ha iniziato l'approccio al gioco prima di avere l'età legale per i giochi autorizzati.

Le martingale

Non c'è dubbio, con la roulette si può guadagnarsi da vivere. A condizione di avere fatto sane letture tipo *La fortuna e l'astrologia*, *Come risolvere i problemi della roulette*, *Come vincere al casinò*, *I misteri del gioco d'azzardo finalmente rivelati*. Esistono circa 500 opere del genere in tutte le lingue. Naturalmente bisogna anche conoscere le opere dei grandi teorici del gioco, Pascal, Poincaré, D'Alembert e qualche altro. Lo studio delle serie parallele che introduce al vero e proprio segreto dei numeri è alla portata di tutti. È sufficiente prendere in considerazione la questione, come sostengono anche i sistemisti, gli adepti della dea "martingala". Ecco, scelte tra le più classiche, alcune di queste combinazioni che, nonostante il bene che molti ne possono dire, hanno reso mendicanti dei miliardari, prostitute delle principesse, corrotti dei politici, ladri dei bancari e suicidi dei giocatori rovinati. Le combinazioni sono moltissime. La *bouhère*, la *stanislas*, la *piquemouche*, l'olandese per citarne solo alcune. Esistono due tipi principali di combinazioni: quelle su probabilità semplici e quelle su probabilità multiple.

La martingala
Secondo il parere di molti, il grande matematico D'Alembert è stato il più celebre buffone nella teoria delle martingale. Ci ha lasciato una "montante" immortale che porta il suo nome e che consente di perdere molto semplicemente, automaticamente, molto rapidamente.
Poincaré, Benouville e soprattutto Pascal hanno preso in considerazione la questione molto seriamente. Ma il gioco sfugge alle teorie dei matematici, in quanto il calcolo delle probabilità non è valido che nelle vertigini dell'infinito. Quanti si sono rovinati perché hanno creduto alla "scienza" se non è esatta, quanto meno abbastanza certa delle martingale. E, come sottolinea René Hirigoyen, direttore di gioco a Palm Beach, "se una martingala funzionasse, i casinò non esisterebbero più". Logico, no?

Esempi di combinazioni su probabilità semplici

La D'Alembert
Ogni volta che si vince si diminuisce la posta di una unità. Al contrario, quando si perde la si aumenta di una unità.

La catena Wells
Si basa sullo stesso principio della D'Alembert, ma invece di partire con una unità si parte con una puntata di cinque e non si supera mai la posta di nove.

Una legge poco conosciuta proibisce a tutti i cittadini francesi di portare su di sé un mazzo di carte da gioco.

L'olandese

È una D'Alembert attenuata. Si gioca una cifra, poi si gioca su un livello di due finché si perde. Quindi si recupera la perdita di due restando su un livello di tre, poi di quattro e così via.

La piquemouche

Si tratta di un misto di progressione in perdita e in guadagno. La progressione è geometrica da uno a duecentocinquantasei, ma ogni limite si gioca per tre volte. Bisogna vincere due volte di seguito e a ogni presa lasciare salire la propria vincita. Bisogna inoltre aggiungere il successivo limite della progressione.

Il terzo del totale

Si gioca la terza parte della somma che si ha a disposizione (posta) e in caso di perdita tutto il resto. Se si vince si possono assommare i guadagni e ricominciare.

La geometria

Consiste nel giocare una puntata su una combinazione semplice, poi due se si perde la prima, poi quattro, otto, sedici se si continua a perdere, fino ad una mano vincente che faccia recuperare le perdite con la vincita di una sola puntata. Metodo pericoloso.

L'americana

Lo scopo è di annullare due turni di perdita con un colpo vincente. Se si perde, si gioca ancora una cifra, poi due, poi tre e si somma la prima e l'ultima cifra non annullata per calcolare la puntata successiva. Ad ogni vincita si cancellano le due puntate perdenti che sonoservite per calcolare la puntata vincente e si sommano le due puntate successive per calcolare la nuova puntata. Esempio: -1, -1, -2, -3. 3 è la somma della prima perdita con l'ultima. La puntata successiva sarà 1 + 3 = 4. Se si vince, bisognerà cancellare -1 e -3 (-1, -1, -2, -3); la puntata successiva sarà: 1 + 2 = 3. Se si vince le perdite sono annullate.

> I guadagni dei casinò nel 1984 rappresentano solo l'equivalente di tre o quattro giornate di vincite fortunate al totocalcio.

Esempi di combinazioni su possibilità multiple

Roulette

Alla roulette si giocano le somme crescenti indicate su dodici numeri (per esempio sull'ultima colonna: numeri divisibili per tre). Non appena si guadagna si ricomincia partendo dalla posta numero 1. Si potrà vincere, alla fine di ogni serie, almeno un'unità di base, cioè 1.

Es.: con una unità di base di 10 F. Si gioca su una colonna di 12 numeri, in successione, 10 F, 10 F, 20 F, 40 F, 70 F, finché si vince. A questo punto si ricomincia con 10 F.

Si hanno: 1 possibilità su 7 di perdere 5 voltedi seguito
1 possibilità su 50 di perdere 10 volte di seguito
1 possibilità su 358 di perdere 15 volte di seguito
1 possibilità su 2542 di perdere 20 volte di seguito

prima di vincere e così di recuperare la perdita. È fondamentale non cambiare nemmeno di un valore minimo le somme indicate.

FATE IL VOSTRO GIOCO

Gli unici giochi d'azzardo che possono essere autorizzati nei casinò sono i seguenti:

— i giochi di contropartita come il ventitré, la roulette, la roulette americana, il craps, il black jack, il trente-et-quarante e la boule (gioco simile alla roulette);

— i giochi detti di circolo come il baccara chemin-de-fer, il baccara a due tavoli da gioco a banco limitato, il baccara a due tavoli da gioco a banco aperto e l'*écarté*. Quest'ultimo non è più molto diffuso nei casinò e sembra essere del tutto caduto in disuso, anche se è autorizzato dal Ministero dell'Interno.

> Una roulette non dura molto più di otto o dieci anni se funziona tutte le sere.

Il Poker Stud, molto diffuso nei casinò anglosassoni, è sconosciuto nei locali francesi. È diffuso tuttavia in qualche possedimento francese d'oltremare, come il casinò reale di Nouméa, che propone ai suoi clienti un tavolo per questo gioco.

La roulette

I - Origine del gioco

Già nell'antichità greco-romana esistevano dei giochi che imitavano le corse con i carri mediante biglie colorate che correvano in uno spazio chiuso. La roulette, che diverrà il simbolo del gioco d'azzardo, si trova citata nell'*Enciclopedia* di Diderot. Fu introdotta ufficialmente a Parigi nel 1760 da Startine, luogotenente di polizia.
In quest'epoca c'era già una differenza tra due tipi di roulette: la "piccola", che diverrà la boule e la "grande", che si evolverà verso la roulette classica come noi la conosciamo. In origine, quest'ultima prevedeva la presenza di due zero, come nel cilindro ancora oggi utilizzato nella roulette americana. La roulette con un unico zero fu inventata e lanciata nel 1841 dai fratelli François e Louis Blanc, proprietari del casinò di Bad Homburg in Germania. Da allora il cilindro, il tappeto verde e le regole di questo gioco non sono più state modificate.

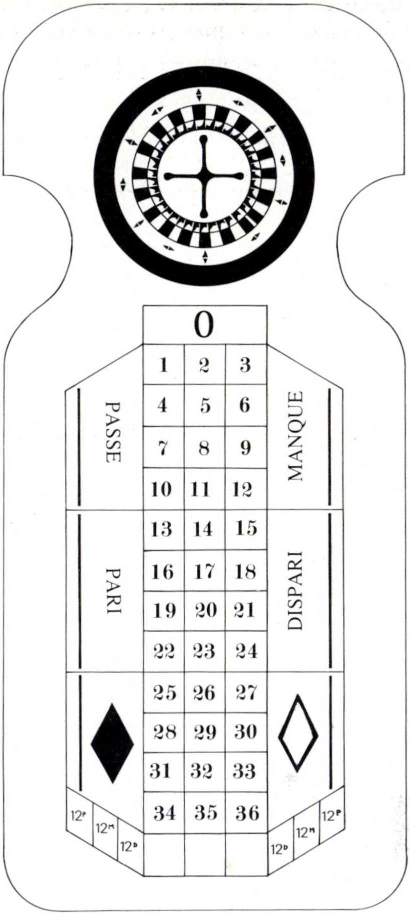

Rosso e nero

I numeri non sono rossi o neri a caso, ma in funzione della somma delle cifre che li compongono: pari per i neri, dispari per i rossi. Ad esempio: il 17 è nero perché 1+7=8 e il 25 è rosso perché 2+5=7. Con questo sistema si hanno 20 numeri dispari rossi e 16 numeri pari neri. Tuttavia, poiché è necessario che i due colori siano in numero uguale, si sono trasformati due numeri rossi in numeri neri. Si è così deciso che i numeri 10 e 28 diventassero neri per ragioni di equilibrio.

II - Lo scopo del gioco

Tutto quello che si deve sapere si riassume in questo: una pallina lanciata da uno specialista rotola e finisce per cadere in un riquadro con un numero. Di fianco alla macchina si trova un tappeto da gioco che riporta i numeri del cilindro, sul quale si posano le puntate con la speranza di vedere finire la pallina proprio in questo o quiel riquadro, determinando così il numero vincente.

III - Il materiale

Il cilindro

La roulette è costituita da un cilindro di legno di 56 cm di diametro e dal famoso tappeto verde. Sul cilindro si trova un piatto mobile, fissato su un perno meccanico, che presenta una superficie liscia, leggermente concava e divisa in 37 caselle uguali separate da piccoli bordi in ottone. Queste 37 caselle sono alternativamente di colore rosso e nero e sono numerate da 1 a 36, con uno zero che è di colore diverso. 14 piccole losanghe di ottone, disposte all'interno del catino formato dal cilindro, servono ad ostacolare il percorso della pallina d'avorio. La disposizione dei numeri all'interno del cilindro segue un ordine determinato da precisi calcoli che hanno lo scopo di ripartire equamente le varie possibilità. Quando termina una partita il cilindro viene bloccato con un coperchio chiuso a chiave.

"Signori, fate il vostro gioco"
L'invito espresso dal croupier all'inizio della partita è un'invenzione di François Blanc, il padre della roulette francese ad uno zero. È diventato sacrosanto e nessuno, nemmeno se al tavolo da gioco ci fossero solo donne, si sognerebbe di modificarlo. È anche vero che agli inizi le donne non erano ammesse nelle sale da gioco. Ben presto ci si rese conto, tuttavia, che la loro presenza era indispensabile principalmente per due motivi: perché incitano i giocatori e perché sono delle giocatrici più accanite degli uomini.

Il tappeto

Sul tavolo da gioco, chiamato "tappeto verde", si trovano gli stessi numeri del cilindro. Qui però essi sono disposti in ordine crescente su tre colonne; a lato di queste si trovano le tre chance semplici: rosso, pari e *manque* da una parte, nero, dispari e *passe* dall'altra.

IV - Il personale

Tra il personale assegnato ad ogni tavolo troviamo:
— un capotavolo, un vicecapotavolo, quattro croupier e due aiutanti per le roulette a due tavoli;
— un capotavolo, due croupier e un aiutante per le roulette a tavolo unico.
Il capotavolo e il vicecapotavolo osservano la partita e sono i responsabili delle regolarità nell'andamento del gioco e delle operazioni di cambio al tavolo; sono inoltre incaricati di controllare che le puntate siano correttamente disposte sul tavolo. Devono sistemarsi uno di fronte all'altro davanti al cilindro, mentre i croupier si trovano al centro del tavolo e gli aiutanti alle estremità.
Tutti i croupier assegnati alla roulette vengono sostituiti dopo il lancio della pallina, perché non possano in alcun modo specializzarsi. In linea di massima vengono sostituiti ogni mezz'ora.

Niente ruota di scorta per André Citröen
André Citröen era un giocatore sfrenato. Una sera sua moglie lo andò a cercare al Privé di Deauville e lui stava perdendo, alla terza sera, quasi due miliardi e mezzo: era il fallimento. Madame Citröen andò direttamente dove lui era seduto, lo prese per le braccia, lo fece alzare e lo schiaffeggiò. "Dovreste vergognarvi - disse al grande Zagrafo che teneva il banco - di rovinare un uomo con tante responsabilità". "Madame - rispose il Greco - quando una Citröen investe qualcuno per la strada, qualcuno accusa la Citröen?".

V - Funzionamento del gioco

Il croupier incaricato di far funzionare la macchina, chiamato *bouleur*, deve far muovere ogni volta il cilindro nel senso opposto al colpo precedente e deve lanciare la pallina in senso inverso.
Finché la forza centrifuga mantiene in movimento la pallina, i giocatori possono continuare a puntare; quando però la pallina comincia a rallen-

tare e sta per fermarsi nel cilindro, il croupier annuncia "*Rien ne va plus*" e da quel momento non si può più puntare.
Quando la pallina si è definitivamente fermata in una delle 37 caselle del cilindro, il *bouleur* comunica ad alta voce il numero e le combinazioni semplici vincenti e indica sul tavolo con il suo rastrello il numero stesso.

E che la luce sia!
La legge prevede che le sale dei casinò siano provviste di un dispositivo automatico e autonomo di illuminazione affinché, in caso di problemi all'impianto centrale, le partite in corso possano continuare normalmente.

VI - Combinazioni e chance

Secondo le regole della roulette i giocatori possono utilizzare un certo numero di combinazioni che aumentano o diminuiscono le loro possibilità di vincere diminuendo e aumentando in senso inverso il loro guadagno. Queste possibilità sono ripartite così:

Combinazioni semplici

Puntate	Vincite
pari o dispari	una volta la puntata
manque (da 1 a 18)	una volta la puntata
passe (da 19 a 36)	una volta la puntata
rosso o nero	una volta la puntata

Combinazioni multiple

Puntate	Vincite
un numero solo	35 volte la puntata
cavallo (copre due numeri)	17 volte la puntata
trasversale piena o terzina (copre 3 numeri)	11 volte la puntata
carré (copre quattro numeri)	8 volte la puntata
trasversale semplice sestina (copre 6 numeri)	5 volte la puntata
dozzina (copre dodici numeri)	2 volte la puntata
colonna (copre dodici numeri)	2 volte la puntata
a cavallo su due dozzine (copre 24 numeri)	1/2 volte la puntata
a cavallo su due colonne (copre 24 numeri)	1/2 volte la puntata

La Francia in testa

Lo stato preleva circa il 10% delle puntate in Inghilterra, il 20% negli Stati Uniti e in Francia tranquillamente il 45%, di cui il 30% resta a lui e il 15% copre le spese di gestione, che sarebbe interessante esaminare in dettaglio...

VII - Regole particolari

Gli annunci

Il giocatore può sistemare la sua puntata sul tavolo da solo oppure può affidare l'incarico al croupier. Gli annunci per le serie rientrano in quel tipo di puntate che è meglio affidare sempre al croupier, per evitare ogni contestazione. Si suddividono in due categorie:

— quelli che si riferiscono ai numeri del tavolo che sono detti finali;
— quelli riferiti ai numeri del cilindro che sono detti vicini dello zero, serie 5-8, orfanelli.

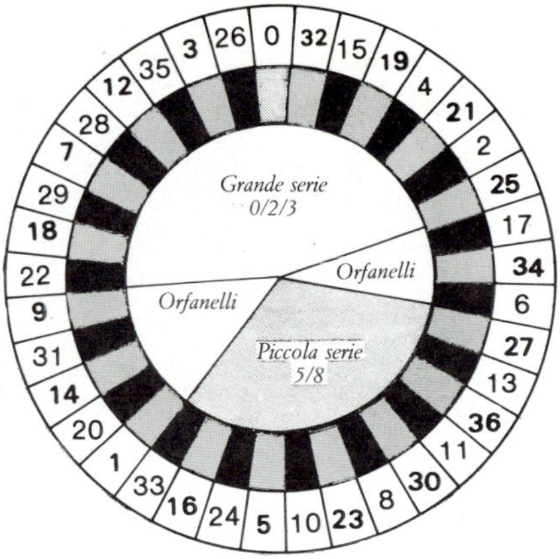

Domatore di roulette

"Molti giocatori sono convinti che un buon croupier sia in grado di guidare la pallina in una posizione predeterminata. Ma come potrebbe essere, visto che il cilindro ruota in un senso e la pallina in un altro, che dopo aver fatto sette o otto volte il giro del cilindro la pallina urta più volte formando angoli imprevedibili contro le losanghe di ottone? Il cilindro è calibrato talmente bene che può ruotare per dieci minuti sotto la spinta del croupier. Tuttavia, malgrado la perfezione dei meccanismi, molte volte si sentono i giocatori affermare che il croupier bara bene, oppure il contrario. L'azzardo ha delle leggi che nessun croupier è in grado di trasgredire. Le donne soprattutto sono piene di gentilezze nei suoi confronti, con la speranza che egli le favorisca. Se i croupier potessero realizzare imprese di questo tipo, sarebbero tutti milionari."
(Gil Day, croupier da cinquant'anni e autore dell'opera *Io ho domato la roulette*)

Le finali

Il gioco di una finale consiste nel puntare su tutte le cifre che terminano con il numero annunciato. La finale 3 per esempio vuole quattro puntate per coprire i numeri 3-13-23-33.

I vicini dello zero
Si coprono i 17 numeri che si trovano da una parte e dall'altra dello zero e che sono: 22, 18, 29, 7, 28, 12, 35, 3, 26, 0, 32, 15, 19, 4, 21, 2, 25. Questo gioco richiede 9 puntate che vanno sistemate così: 2 puntate in trasversale su 0-2-3, una per ogni serie a cavallo 4/7, 12/15, 18/21, 19/22, 32/35, e due puntate in carré sui numeri 25-26, 28-29. In relazione al numero che esce la vincita varia tra 7 e 13 volte la puntata vincente.

Il gioco dello zero
Si gioca con quattro puntate che coprono tre serie a cavallo e un numero *en plein*: 0/3, 12/15, 32/35 per i cavalli e il 26 *en plein.*

Serie cinque-otto
Copre 12 numeri del cilindro, da 27 a 33, e si gioca con sei puntate a cavallo: 5/8, 10/11, 13/16, 23/24, 27/30, 33/36; se il numero che esce fa parte di questa combinazione, è pagato 17 volte la posta.

Gli orfanelli
Sono chiamati numeri isolati, perché sono i numeri compresi tra i vicini dello zero e quelli della serie cinque-otto. Da un lato ci sono 6, 17, 34 e dall'altro 1, 9, 14, 20. Gli orfanelli si giocano con 5 puntate con 1 in *en plein* e le serie a cavallo 6/9, 14/17, 17/20, 31/34. Le vincite variano, secondo il numero uscente, tra 12 e 30 volte la puntata vincente.

Gli orfanelli sono adottati a fine stagione
Le somme e le puntate che si trovano a terra o sui tavoli da gioco, o abbandonate durante le partite senza che si sappia di chi sono, vengono chiamate "orfanelli". Queste sono incassate dal casinò e sono versate all'ufficio addetto ai servizi sociali del comune di appartenenza del casinò. Il versamento viene eseguito a fine stagione alla cassa municipale.

I vicini di un numero
Giocare sui vicini di un numero del cilindro significa fare cinque puntate *en plein* sui due numeri vicini, a destra e a sinistra, del numero scelto. Ad esempio annunciare "il 17 e i vicini" significa giocare su 34, 25, 17, 6, 2. Non si possono giocare più di nove numeri, quattro a destra e a sinistra del numero prescelto.

Lo zero e la prigione
Nel caso esca lo zero, vanno perse tutte le puntate, salvo naturalmente quelle sullo zero stesso e quelle sulle chances semplici che sono "imprigionate". Il giocatore ha allora due possibilità: può ritirare metà della sua puntata, mentre l'altra metà resta al banco, oppure può lasciarla "in prigione" fino al colpo successivo. In caso di vincita della chance semplice, la posta è liberata, in caso contrario è definitivamente persa. Se lo zero esce nuovamente, al giocatore è data la medesima possibilità di scelta.

VIII - Le puntate

Le puntate minime sono stabilite dal regolamento e sono diverse da uno stabilimento all'altro. Le massime sono invece fissate a 1000 volte la minima per le combinazioni semplici (nero, rosso, pari, dispari, *manque*, *passe*) e per le combinazioni multiple:
- 30 volte la minima per un numero *en plein*;
- 50 volte la minima per due numeri a cavallo;
- 100 volte la minima per tre numeri trasversali;
- 120 volte la minima per quattro numeri a carré;
- 200 volte la minima per sei numeri in sestina;
- 500 volte la minima per 12 numeri o una colonna;
- 2000 volte la minima per 2 dozzine o due colonne.

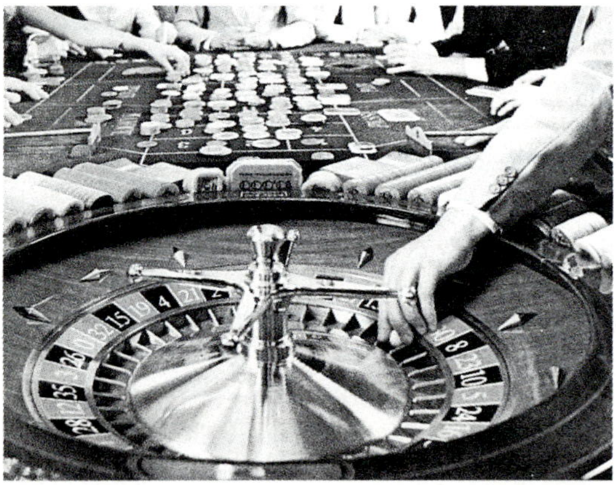

Il record alla roulette è stata una serie ininterrotta di 42 volte il rosso.

IX - I pagamenti

I pagamenti ai giocatori vincenti e l'incasso delle poste perdute sono effettuate dai croupier. Raccolgono le puntate perse dai giocatori e poi pagano per quelle vincenti, secondo un ordine prestabilito: colonne, dozzine, chances semplici, trasversali, carré, cavalli e, infine, i numeri *en plein*.

La roulette americana

I - Origine del gioco

La roulette detta americana comporta due zero, fatto questo che aumenta notevolmente il vantaggio per il banco. Agli inizi tutte le roulette avevano il doppio zero, e solo nel 1841 i fratelli François e Louis Blanc inventarono e lanciarono quella a zero unico nel loro casinò in Germania. Comunque anche oggi la roulette a doppio zero è ancora abbastanza diffusa.

II - Scopo del gioco

È lo stesso che sta alla base della roulette ad uno zero. Il meccanismo di previsione consiste nell'anticipare quale numero del cilindro uscirà e nel posare la propria puntata sul numero vincente riportato sul tappeto verde.

Zitti e con le tasche cucite!
Il personale del casinò non può partecipare al gioco, né direttamente né per interposta persona; non può assolutamente prestare denaro ai giocatori e non può nemmeno trasportare gettoni, placche o contanti se è in servizio, ad eccezione del personale addetto al cambio e ai rifornimenti. Tutto il personale, dal capotavolo, ai croupier, ai camerieri devono portare, durante il servizio, abiti senza tasche o con le tasche cucite.

III - Il materiale

Il cilindro
Come per la roulette tradizionale si compone di un cilindro di legno di 56 cm di diametro sul quale si trova un piatto mobile che ruota mediante un asse metallico. Il piatto, la cui parte superiore ha una superficie liscia e concava, è tuttavia diviso in 38 caselle, e non in 37, divise da bordi in ottone. Le caselle sono alternativamente rosse e nere e portano i numeri da 1 a 36. Due caselle, non colorate e diametralmente opposte, portano una lo zero e l'altra un doppio zero.

Il tappeto
Identico a quello della roulette ordinaria, ha in più una casella per il doppio zero.

I contenitori
Sui bordi del cilindro ci sono dei contenitori trasparenti per i gettoni di diversi colori con un segnapunti che indica il valore dei gettoni. Nella roulette americana, infatti, i giocatori possono scegliere il colore e il valore che vogliono attribuire ai loro gettoni. Si tratta di un metodo che impedisce qualsiasi contestazione relativa alla proprietà della posta giocata.

IV - Combinazioni e chances

Sono identiche a quelle della roulette francese, esclusa la puntata sui primi cinque numeri 0-00-1-2-3 che è pagata sei volte la posta.

Roulette inglese
Si tratta di un tavolo da gioco con un cilindro, un tappeto e dei gettoni americani. La Francia è l'unico paese europeo in cui questo tipo di roulette è proibito.
Quick roulette
Questi tavoli da gioco, con regole identiche a quelle della roulette francese con 36 numeri e uno zero, sono rialzati e i giocatori giocano in piedi. Il ritmo è due volte più rapido: circa 60-70 colpi all'ora.
Roulette messicana
Roulette a tre zero, sconosciuta in Europa.

V - Regole particolari

Ad ogni colpo, prima di rilanciare la pallina, il croupier, o il suo assistente, deve ricomporre le pile di gettoni di colore. Le serie annunciate, dette finali e figure se riferite ai numeri del tappeto, dette invece vicini dello zero, cinque-otto, orfanelli o isolati se riferite ai numeri del cilindro, sono le stesse della roulette ordinaria.

Il regolamento prevede che il croupier non possa ricevere annunci: ogni giocatore deve piazzare le proprie puntate sul tappeto. Il tavolo è di piccole dimensioni e ha posto solo per sette giocatori.

500

Il ventitré

I - Origine del gioco

Il ventitré, gioco di origine francese, è anche conosciuto con il nome di "Boule di Briault", dal suo inventore, un vecchio funzionario della polizia di controllo delle case da gioco divenuto negli anni '60 direttore del casinò di Vittel.

II - Scopo del gioco

Si tratta di una via di mezzo tra la boule e la roulette, che si gioca con un cilindro che comprende 14 numeri e un tappeto per le puntate.

> 1969: i casinò sfioranoil fallimento a causa della guerra dei Sei Giorni. Infatti arabi ed ebrei sono i giocatori tra i più accaniti.

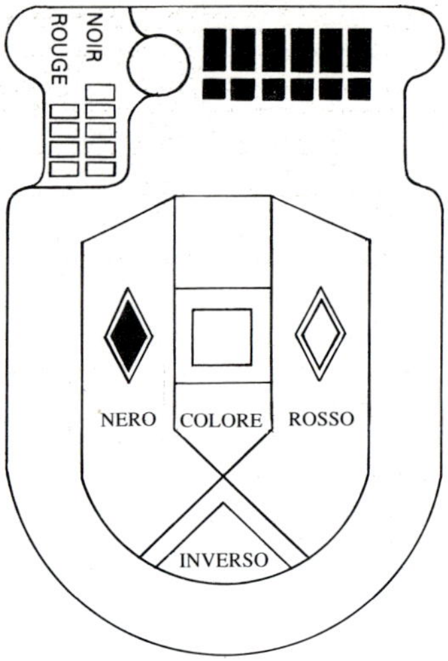

III - Il materiale

Il cilindro
L'unico materiale consentito è un cilindro a 19 numeri riportati su un piatto con 27 caselle. Questo gioco non prevede l'intervento manuale del croupier, in quanto la pallina è fatta ruotare meccanicamente all'interno di una sfera trasparente.

Il tappeto
Sul tappeto, chiamato tappeto verde, si trovano tutti i numeri del cilindro dove i giocatori piazzano la posta, e in più delle bande per lecombinazioni semplici (rosso e nero, pari e dispari, *passe* e *manque*).

IV - Il personale

Un tavolo da gioco da ventitré prevede un croupier che dirige il gioco e un capo partita. Ci può essere del personale in più se il tavolo comporta più tappeti. Tutti gli addetti a questo gioco, escluso il capo partita, devono darsi il cambio nell'azionare il cilindro, in modo che nessuno di essi possa specializzarsi in tale incarico.

V - Funzionamento del gioco

L'incaricato al funzionamento della macchina deve azionare ogni volta il cilindro nel senso inverso alla giocata precedente e prima di effettuare questa manovra annuncia "*Rien ne va plus*". A questo punto non si possono più piazzare puntate sul tappeto da gioco. Quando la pallina si è fermata in una delle caselle, il bouleur annuncia ad alta voce e in modo comprensibile il numero e le combinazioni vincenti.

VI - Regole particolari

Ogni tavolo disposto intorno al cilindro ha un numero d'ordine, se ha un solo tappeto. In caso di più tappeti il numero d'ordine sarà attribuito ad ogni singolo tappeto servito da un croupier differente e non più al tavolo.

> I francesi investono ogni anno circa 80 miliardi di franchi nel gioco, che rende allo Stato 12 miliardi. Fortunatamente: senza il gioco le imposte aumenterebbero del 5%.

VII - Combinazioni e chances

In base alle regole del ventitré ogni giocatore ha a sua disposizione un certo numero di combinazioni:

— può puntare *en plein* sui numeri 1, 2, 3, 4 che comportano 23 volte la posta;
— può puntare *en plein* sui numeri 5, 6, 7, 8, 9, 10, 11 che comportano 11 volte la posta;
— può puntare *en plein* sui numeri 12, 13, 14 che comportano 7 volte la posta;
— può puntare *en plein* su una combinazione semplice (rosso o nero, pari o dispari, passe o manque) che comporta 1 volta la posta;
— infine, se esce il numero 13 tutte le puntate sulle combinazioni semplici sono perdenti.

Il sogno del sistemista
Nel mondo del gioco non ci sono solo i bari, ci sono anche i "ragionatori", quelli che sono convinti che giocando in modo scientifico si possa vincere, e che si consumano per mettere a punto un sistema. Il loro sogno è prendere in giro il gioco d'azzardo, dominare il destino, ammazzare la sfortuna, rovinare i casinò, insomma inventare la martingale infallibile. Che resterà, come la ricerca sul Sacro Graal, la speranza priva di senso di quei poveri cavalieri del gioco che sono i sistemisti.

VIII - Le puntate

Il minimo della posta è fissato dal regolamento di ogni stabilimento, ed è diversa secondo i casinò. Il massimo fissato dal casinò sui numeri *en plein* non può essere inferiore a 20 volte il minimo autorizzato e non può essere superiore a 50 volte.
Sullecombinazioni semplici il massimo non può essere inferiore a 100 volte né superiore a 200 volte rispetto al minimo prescritto dall'autorizzazione.

IX - I pagamenti

Il croupier addetto ai pagamenti incassa le poste perdute dai giocatori e in seguito consegna le vincite. I pagamenti cominciano d'obbligo dalle combinazioni semplici.

I poliziotti giocano "a fare il pieno"
Non passa stagione senza che qualche croupier sia sorpreso a tentare di intascare placche o gettoni. E così si prendono un mare di precauzioni: essi devono cambiare tavolo ogni due ore per evitare eventuali complicità con i giocatori e le tasche degli smoking sono cucite. Restano solo la camicia, i calzini e la tasca a canguro della salopette. E, naturalmente, altri piccoli trucchi, i più comuni dei quali sono: pagare più del dovuto a giocatori o testimoniare in favore di qualche baro che reclama gettoni vincenti al posto di qualcun altro.. Ogni anno sono perseguiti o incolpati da dieci a trenta croupier o membri del personale. Anni record: il 1980, con 77 imputazioni e il 1977 con 102 imputazioni. Nel 1985 invece, solo 20 o 30: i croupier di oggi non sono più quelli di una volta!

500

La boule

I - Origine del gioco

I giochi con le biglie, nell'antichità e per tutto il Medioevo, hanno per molto tempo la stessa importanza dei giochi d'azzardo e di quelli di destrezza. Dopo un'evoluzione piuttosto lenta, una differenziazione avvenne verso il XVII secolo, e da una parte troviamo il gioco della palla maglio e il biliardo, dall'altra i giochi d'abilità da tavolo che si sono evoluti verso la roulette. Di quest'ultima divennero di moda due forme diverse, la" grande" o roulette e la "piccola" o boule.

II - Scopo del gioco

Tra i giochi d'azzardo praticati nei casinò si può dire che è il più semplice: una biglia, tirata in una macchina cilindrica, gira e finisce per cadere in una delle buche che porta un numero. Di fianco alla macchina si trova un tappeto che riporta i numeri del cilindro e chi scommette spera di vedere cadere la biglia proprio nella buca da lui prescelta, indicando così il numero vincente.

III - Il materiale

Il tavolo

Gli unici apparecchi autorizzati per il gioco della boule sono quelli a 9 numeri riportati su un piatto.

La partita si gioca su un tavolo, di solito quadrato, al cui centro si trova un avvallamento con tre punteggi da 1 a 9 nel quale viene a sistemarsi la boule.

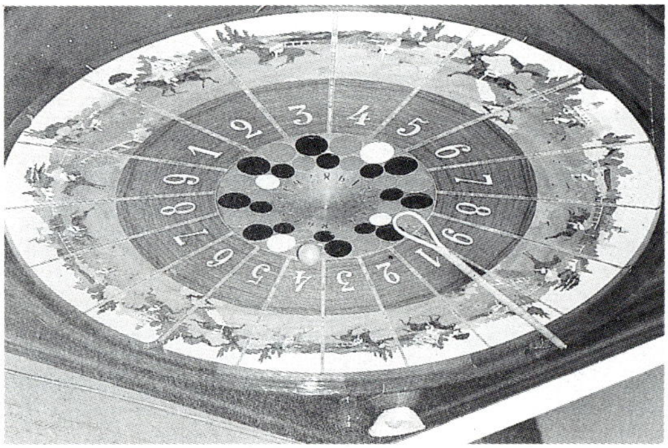

I tappeti da gioco

Da ciascun lato del tavolo si trovano dei tavoli più piccoli che servono a ricevere le puntate e che sono ricoperti da un tappeto verde con cifre e riquadri dove vengono sistemate le puntate.

IV - Il personale

Un tavolo da boule richiede un croupier che guidi il gioco e un capo partita incaricato di sorvegliare il regolare svolgimento del gioco e in generale, tutti i movimenti che avvengono sul tavolo. Se il tavolo comprende più tappeti da gioco, è necessaria la presenza di un altro croupier per tavolo. Tutti gli impiegati addetti a questo gioco, fuorché il capopartita, devono essere a turno incaricati di lanciare la biglia, in modo che nessuno possa specializzarsi in questo compito.

V - Funzionamento del gioco

Chi è incaricato di manovrare l'apparecchio è obbligato a lanciare la biglia nel senso opposto al lancio precedente. Prima di effettuare tale manovra deve annunciare "*Rien ne va plus*" e da quel momento non è più ammessa alcuna puntata. Quando la biglia si è fermata definitivamente su una delle caselle, il lanciatore chiama ad alta voce il numero delle combinazioni semplici vincenti.

VI - Regole particolari

Ogni volta che la disposizione dei tavoli lo permette, il capo partita deve trovarsi di fronte al croupier che effettua il lancio e non di fianco a lui.

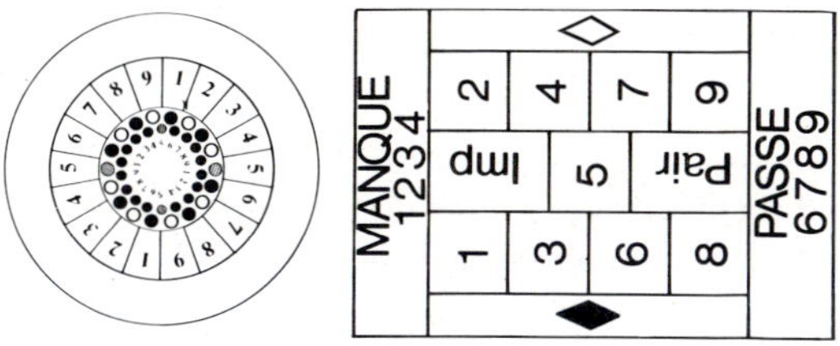

Ruota e tavolo della boule.

VII - Combinazioni e chance

Secondo le regole della boule ogni giocatore può fare uso solo di due combinazioni e dunque può:

— puntare su un numero pieno che consente la vincita di sette volte la puntata;

— puntare a cavallo di due numeri pieni e vincere quattro volte la puntata;

— puntare su una combinazione semplice (rosso, nero, pari dispari, *passe*, *manque*) e vincere una volta la puntata;
— qualora esca il cinque tutte le puntate sulle combinazioni semplici sono perdenti.

Carlomagno, Mazarino e Farouk : i grandi bari!
Si rimprovera a Carlomagno di essere stato un cattivo giocatore e un baro, da qui l'espressione "fare Carlomagno". Mazarino, che aveva spesso preso severi provvedimenti contro il gioco, era considerato come il ministro più imbroglione che si fosse mai visto. Più vicino ai nostri tempi anche il re Farouk barava senza ritegno. Annunciava un punto vincente a baccara e si rifiutava di mostrare le carte, dichiarando: "Parola di re". Al poker lo si vide un giorno raccogliere una vincita enorme dopo che aveva annunciato un poker di re. Domandatogli di mostrare il suo gioco, rispose: "Tre re ed io, la somma è quattro".

VIII - Le puntate

Il minimo delle puntate è fissato dall'autorizzazione concessa ad ogni stabilimento ed è diverso per ogni casinò.
Tuttavia se il casinò mantiene almeno un tavolo con il minimo imposto può allora fissare per altri tavoli una puntata minima uguale al doppio del minimo deciso dall'autorizzazione.
Il massimo delle puntate è invece fissato all'inizio della stagione e non può essere modificato da una seduta all'altra.
— Per le puntate su numeri pieni non può essere inferiore a 40 volte, né superiore a 100 volte all'ammontare del minimo.
— Per le puntate sulle combinazioni semplici non può essere inferiore a 200 volte, né superiore a 500 volte all'ammontare del minimo.

IX - I pagamenti

L'incasso delle puntate perse dai giocatori è effettuato da parte del croupier incaricato, prima del pagamento ai giocatori vincenti. I pagamenti vengono obbligatoriamente corrisposti iniziando dalle chance semplici.

Il trente-et-quarante

I - Origine del gioco

Il trente-et-quarante è citato da Molière e, prima ancora, è nominato già dal XV secolo. La sua diffusione non smette di estendersi per quasi quattro secoli. Nel XV secolo i signori per causa sua si rovinavano, nel 1914 fu proibito in Francia per riapparire nel 1933. Oggi è diffuso solo come gioco d'azzardo nei casinò.

II - Scopo del gioco

Come nella maggior parte dei giochi d'azzardo e di carte si può distinguere un banchiere e uno o più puntatori o giocatori. Essi effettuano le loro scommesse su quattro possibilità di vincita, tutte basate sul colore delle carte.

III - Il materiale

Le carte
Il trente-et-quarante si gioca con sei mazzi da 52 carte che devono essere in perfetto stato all'inizio di ogni seduta e in linea di massima, con il dorso in tinta unita e dello stesso colore. Le disposizioni relative al deposito, alla conservazione e all'uso delle carte del casinò si applicano anche ai mazzi impiegati per il trente-et-quarante.

Mai servito peggio che non da se stesso
Un giorno del 1913 l'addetto ai controlli dei casinò di Montecarlo vide arrivare un signore di una certa età, piuttosto malvestito, che si trovava lì per giocare. Chiestogli il passaporto si sentì rispondere: "Passaporto? Non ce l'ho e d'altra parte sarebbe assurdo visto che sono proprio io a rilasciarlo ai miei compatrioti". "Che battuta spiritosa - replicò il funzionario del casinò - ma allora a queste condizioni io sono proprio spiacente di non poter rilasciare a lei la carta d'entrata". Il vecchio signore se ne andò. Più tardi la direzione del casinò venne a sapere che si era trovata a negare l'ingresso nello stabilimento a Lord Salisbury, segretario di Stato per gli affari esteri della Gran Bretagna.

Il problema delle donne al gioco: il seno!
Tutti i più grandi giocatori professionisti del mondo si trovano d'accordo su un punto: "Le donne non sono fatte per il gioco. Sono fatte per essere vezzeggiate e accarezzate, non per sprecare gettoni. È normale, sono fragili e timide: è troppo facile giocare con delle donne. Se hanno due assi gonfiano il petto: potrei dire l'andamento del loro gioco solo guardando i movimenti dei loro seni", sostiene il campione del mondo di poker, Amarillo Slim. Per altri professionisti, come Boyle Brinson, "giocare con le donne mi rende nervoso".
Maurice Zolotov invece esprime un punto di vista meno sessista: "Il problema delle donne? Il loro attaccamento! In primo luogo alla sicurezza del danaro, che vedono come un mezzo per acquistare cibo, abiti, fiori. Questo atteggiamento può forse essere legato al loro ruolo biologico che è quello di nutrire e crescere i piccoli."

Il sabot
Si tratta di un apparecchio per distribuire le carte, autorizzato dal Ministero dell'Interno, che contiene un pacco di sei mazzi di carte da gioco. Le carte sono sistemate all'interno in modo che escano una ad una dall'apertura dell'apparecchio sotto la pressione delle dita del croupier.

Il tavolo da gioco
Sul tavolo da gioco, comunemente chiamato tappeto verde, i giocatori posano le loro puntate secondo le combinazioni prescelte, colore o inverso.

IV - Il personale

Al tavolo da trente-et-quarante sono addetti parecchi croupier che devono mischiare i sei mazzi di carte prima di ogni inizio partita e dopo averle preventivamente contate e controllate.

V - Funzionamento del gioco

Il banchiere scopre le carte davanti a sé, da destra a sinistra, in due file denominate rispettivamente "colore nero" e "colore rosso" e annuncia ad alta voce la somma dei punti costituita dalle carte scoperte.

— I punti vanno contati tra il 30 e il 40. L'asso vale un punto. Le figure valgono 10 punti e le altre carte hanno il valore segnato.
— La prima fila di carte è obbligatoria "per il nero", la seconda "per il rosso". Vince il punteggio totale più vicino a 30, colore e inverso sono determinati dalla prima carta uscita nella prima fila.
— Se questa prima carta è dello stesso colore della fila vincente, colore vince e inverso perde, se invece non è dello stesso colore inverso vince e colore perde.
— Quando le due file di carte sono state scoperte, il croupier annuncia ad alta voce le combinazioni vincenti.

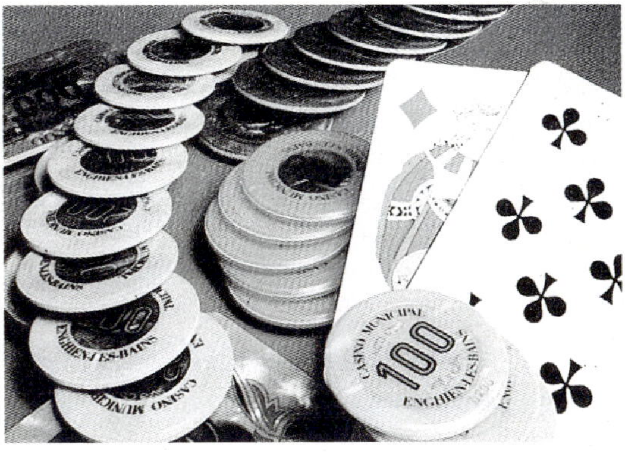

Il tesoro di guerra sul 15
Gli stranieri che spendono di più sui tavoli da gioco dei casinò sono gli arabi del Golfo, i texani, gli iraniani, gli italiani e gli algerini... Si pensa d'altronde che una grossa parte del tesoro del Fronte di Liberazione Nazionale sia finito nelle casse del casinò di Divonne-Les-Bains.

VI - Regole particolari

Durante la partita non ci possono essere più di quattro carte di taglio sul tavolo da gioco. Dopo il taglio il croupier mette una carta rossa prima delle ultime cinque carte della sestina, segnando così la fine della partita e annullando il colpo non appena compare.
Le cinque carte del mazzetto sono sistemate coperte e contate ad alta voce. Subito dopo che la carta è stata scoperta tutte le altre carte vengono sistemate nel distributore.
Ogni carta presa e scoperta per errore dev'essere immediatamente "bruciata".

Tutto sul bianco
Regola di François Blanc, quand'era il grande signore del casinò di Montecarlo: "Che sia rosso o nero è sempre Blanc che vince."

VII - Combinazioni e chance

I giocatori hanno la possibilità di giocare su due combinazioni in base alle quali ricevono l'equivalente della loro puntata: rosso-nero, colore-inverso.

VIII - Le puntate

La puntata minima è fissata dall'autorizzazione ad ogni stabilimento ed è diversa da uno all'altro, mentre la massima corrisponde a mille volte la minima.

IX - I pagamenti

Le puntate sulle combinazioni perdenti sono prelevate prima del pagamento di quelle vincenti. I pagamenti vengono attribuiti obbligatoriamente partendo sempre da "inverso-nero" o "rosso" e "colore" e dalla posta più lontana dal croupier. Durante le operazioni di pagamento le carte devono restare sul tavolo in modo da consentire ai giocatori di controllare i punteggi. Se entrambe le carte sommano il medesimo punteggio il colpo è nullo, escluso il casoin cui la somma sia 31. In questo caso si applicano le medesime regole relative allo zero nel gioco della roulette.

Non si può fermare il progresso
Un baro, mediante un apparecchio elettronico che trasmetteva degli impulsi elettrici alla coscia di un giocatore, lo avvertiva del numero di punti che leggeva sulle carte dell'avversario. Ingegnoso, no?

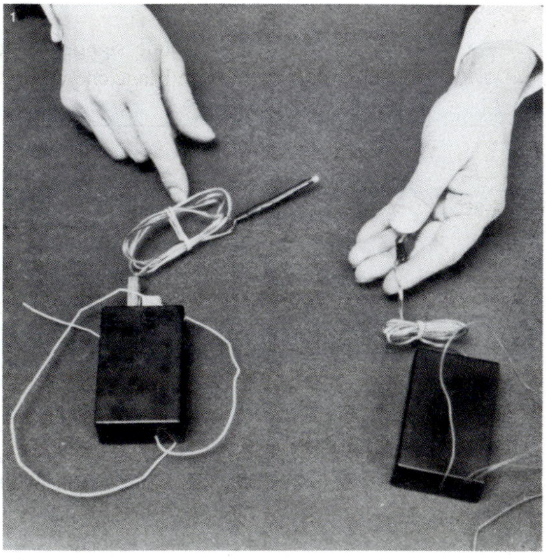

Hanno detto!

Giocare è rinunciare al lavoro, alla pazienza, al risparmio per un colpo fortunato che in un attimo ti consente di avere ciò che un'intera vita di lavoro e di privazioni non concede se la fortuna non si intromette.

Roger Caillos

Quando gioco mi sembra di avere venti amanti.

La Bella Otero

Essere un grande giocatore è una questione di spirito, essere un grosso giocatore è una questione di portafoglio.

Un direttore di casinò

Il gioco? L'unica cosa che mi faccia gioire.

Una contessa italiana

Il maggior inconveniente del danaro guadagnato al gioco è che prima lo si spende e subito dopo lo si perde.

Tristan Bernard

Il gioco è il figlio dell'avarizia, il fratello della corruzione e il padre del male.

George Washington

In definitiva gli unici che giocano e vincono al casinò durante tutto l'anno sono i musicisti.

Joseph Safié

(quattordici secondi dopo aver perso 30 milioni di centesimi a Montecarlo) - Una volta un giocatore rovinato si suicidava, oggi firma un assegno in bianco e se ne va a cena in città.

Un direttore di banca

Spiegare il gioco a chi non ne sa niente è come tentare di descrivere i colori ad un cieco dalla nascita.

François Sagan

Tutti i genitori dovrebbero, come faccio io, insegnare ai propri figli a giocare a carte, perché si tratta di un gioco che prepara alle delusioni della vita.

Mario Puzo (autore del Padrino)

Ad eccezione di un uomo su venti e di una donna su quaranta, tutti i giocatori di roulette sono degli imbecilli.

Sacha Guitry

Il black jack

I - Scopo del gioco

Il croupier inizia il gioco distribuendo due carte, figure o numeri, ad ogni giocatore e una a sé stesso. Lo scopo del gioco consiste nel raggiungere, tirando le carte, i 21 punti, o un numero inferiore, senza comunque mai superare questo limite. Jack, donna e re valgono 10 e 2, l'asso 1 o 11, a seconda di quanto convenga al giocatore. Le altre carte mantengono il loro valore effettivo.

II - Il materiale

Il black jack si gioca con sei mazzi da 52 carte, tre di un colore e tre di un altro. Si devono usare carte che siano in perfetto stato all'inizio di ogni partita. Le norme relative all'uso delle carte nei casinò si applicano anche ai mazzi usati per il black jack.

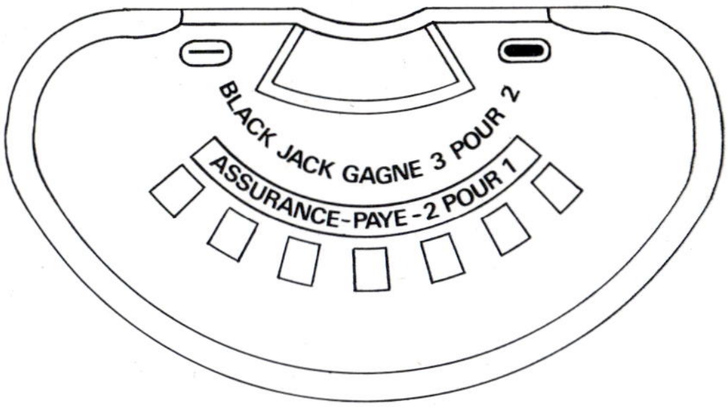

Tavolo da black jack

Il sabot
Il sabot è un distributore di carte di un modello autorizzato dal Ministero dell'Interno che contiene le sestine, cioè un pascco di sei mazzi di carte. Le carte sono disposte al suo interno in modo che scendano automaticamente verso l'apertura e ne escano una ad una mediante la pressione esercitata dalle dita del croupier.

III - Il personale

Il personale addetto ad ogni tavolo comprende un capotavolo responsabile dell'andamento chiaro e regolare del gioco e, in generale, di tutte le operazioni effettuate sul tavolo da gioco, e a un croupier che guida il gioco.

IV - Funzionamento del gioco

Dopo averle contate e verificate, il croupier scopre le carte che sono divise in diversi gruppi che devono essere mescolati e tagliati due volte. La sestina è poi tagliata e infine presentata ad un giocatore per un nuovo e ultimo taglio. Dopodiché il croupier mette una carta rossa nella sestina in modo da lasciare un gruppo di carte che corrisponda più o meno ad un mazzo. Infine le carte sono infilate nel distributore.
Prima di iniziare la distribuzione, il croupier "brucia" le prime cinque carte uscite dal distributore e poi comincia la partita scoprendo tutte le carte, figure e disegni. Quando compare la carta d'arresto rossa il croupier divide il mazzo in due parti che introduce separatamente in due punti diversi tra le carte "bruciate", poi mescola tutte le carte, inserendo di nuovo la carta rossa e riprende il gioco dal punto in cui lo aveva sospeso.

La tecnica del boiaro
Il più famoso dei boiari dell'antica Russia, che dilapidò la sua immensa fortuna a Montecarlo, si chiamava Serge Stakaiev. Pretendeva di avere a sua disposizione, ogni giorno, un tavolo da roulette e puntava su tutti i numeri: questo gli toglieva matematicamente ogni speranza di guadagno. "Il suo unico piacere sta lì", dicevano i croupier che l'avevano conosciuto. Sorpreso dalla rivoluzione del 1917 nel ben mezzo di una partita il boiaro, completamente rovinato, fu costretto a restare a Montecarlo. La Società per i bagni di mare, riconoscente, gli assicurò una pensione fino alla sua morte.

V - Regole particolari

Il numero dei giocatori seduti, gli unici che possono giocare la mano, corrisponde al numero di spazi segnati sul tappeto dalle puntate depositate e può arrivare ad un massimo di sette. Se i posti a sedere non sono tutti occupati, i giocatori seduti possono, accordandosi con il croupier secondo le regole dello stabilimento, puntare sugli spazi vuoti. I giocatori in piedi possono puntare durante la mano di uno dei giocatori seduti, in accordo con lui, entro i limiti massimi fissati per tale mano. Non possono tuttavia dargli istruzioni o consigli e devono subire le sue decisioni.

I bisogni di Venezia
Nel 1960 sei francesi e un italiano avevano marchiato, con una macchina speciale, 14.336 carte destinate a essere introdotte nel casinò di Venezia. Solo gli "affrancati", vale a dire i sette truffatori, potevano riconoscerle. Le carte erano state rubate ad uno specialista veneziano incaricato di rimettere a posto le vecchie carte del casinò. Grazie ad una serie di intercettazioni telefoniche la polizia scoprì il progetto della banda. L'italiano era sorvegliato perché era un vecchio cassiere del casinò di Venezia che continuava a mantenere i rapporti con i suoi colleghi ancora in attività.

VI - Combinazioni e chance

Giochi semplici e black jack
Sistemate le puntate, il croupier distribuisce una carta per ogni mano iniziando dalla sua sinistra e proseguendo in senso orario. Al termine di questo giro, dà una carta a se stesso e poi ne distribuisce una seconda ad ogni mano andando nello stesso ordine.
Propone quindi ai giocatori di mano delle carte supplementari e ognuno può rifiutarle o domandarne una alla volta finché non si ritiene soddisfatto. Se un giocatore ottiene un punteggio superiore a 21, allora ha perso e il croupier raccoglie immediatamente le sue carte prima di passare al giocatore successivo.

I casinò francesi danno lavoro a 4500 croupier e a 2500 dirigenti di gioco. In totale 20000 persone vivono, direttamente o indirettamente, grazie ai tappeti verdi.

La mano del croupier

Quando tutti i giocatori hanno determinato la situazione della loro mano, il croupier tira una o più carte per se stesso. Se ottiene 17 punti o più, è obbligato a fermarsi e non può più prendere carte supplementari. Se ottiene 16 punti o meno, deve tirare altre carte finché non raggiunge un totale di 17 punti o più. Se tra le sue carte c'è un asso, deve valutarlo 11 punti se in questo modo ottiene 17 punti o più. Se il croupier ottiene più di 21 punti, deve pagare tutte le puntate ancora sul tappeto. Se non raggiunge i 21, raccoglie le puntate dei giocatori con un punteggio inferiore al suo e paga a quelli che hanno un punteggio superiore al suo.
Sono nulle le mani con punteggio uguale a quello del croupier e i giocatori possono ritirare le loro puntate.

Le coppie

Quando un giocatore riceve, ai primi due colpi, due carte dello stesso valore, può considerare di avere due mani separate e indipendenti ciascuna con valore e destino propri. Deve dunque impegnare sulla seconda mano una puntata uguale a quella iniziale.

La contraffazione di un gettone o di una placca del casinò è considerata come un semplice abuso di fiducia. Pena prevista: 15 giorni di prigione.

Se durante la distribuzione ottiene, per una di queste mani, una seconda carta che formi una nuova coppia, può nuovamente separarla e, deponendo un'altra puntata uguale, formare ancora una mano supplementare. Quando un giocatore divide una coppia d'assi può tirare solamente una carta per ognuno degli assi. Se un giocatore divide una coppia d'assi o una coppia di carte che valgono 10 punti e se totalizza 21 punti con la seconda carta tirata, tale punteggio non è considerato come black jack ed è pagato alla pari. La direzione del casinò, mediante il suo regolamento interno, può limitare le scommesse alle carte uguali di uno stesso giocatore.

La doppia puntata o "Down for double"
Quando un giocatore ha ottenuto 9, 10 o 11 punti con le sue prime due carte, può raddoppiare la sua puntata e in questo caso ha diritto ad una sola carta supplementare. La doppia puntata è autorizzata per tutte le mani, comprese le coppie. Tuttavia la direzione del casinò può, nel regolamento interno, escludere la possibilità per quanto riguarda le coppie.

La garanzia
Se la prima carta del croupier è un asso, i giocatori possono assicurarsi contro il black jack del banco. Il croupier propone questa garanzia dopo aver dato la seconda carta a tutti i giocatori, che non possono però più assicurarsi se tirano una terza carta. Chi si assicura deve posare sulla "linea di garanzia" di fronte a sé una puntata uguale alla metà della propria puntata. Dopo il tiro dei giocatori, il croupier tira per se stesso: se esce un 10 raccoglie le puntate perdenti e paga le garanzie in ragione di 2 a 1; se non realizza un black jack, allora raccoglie le garanzie e incassa o paga le altre puntate come nel gioco semplice.

VII - Le puntate

Le puntate sono rappresentate esclusivamente da gettoni e devono essere esposte prima della distribuzione delle carte.
Il minimo delle puntate è fissato dall'autorizzazione concessa al casinò, il massimo è invece fissato all'inizio della stagione per ogni tavolo da 50 a 100 o 200 volte il minimo e non può essere modificato per tutta la durata della stagione. Il massimo si intende per ogni mano e può essere dunque superato nel caso di un giocatore seduto, titolare di più mani, nel caso delle coppie e in quello delle puntate doppie o "*down for double*".

VIII - I pagamenti

I pagamenti corrispondono a una volta l'ammontare della posta, ma se un giocatore realizza un black jack, cioè 21 punti con due carte, allora è pagato in ragione di 3 a 2. Il black jack prevale sempre sul punteggio di 21 ottenuto con più di due carte.

Baccara

I - Origine del gioco

Il baccara è un gioco di origine italiana, giunto in Francia a seguito delle guerre d'Italia, nei primi anni del XV secolo, che si impose e fu codificato secondo le regole attuali durante la Seconda restaurazione.

Il figliol prodigo!
È possibile richiedere alla Prefettura il divieto di entrare nei casinò per uno dei membri della propria famiglia facendolo dichiarare "prodigo". È lungo e difficile da ottenere e anche assai disonorevole, visto che comporta per l'interessato, oltre all'interdizione dalla cura dei propri interessi, anche la perdita dei propri diritti civili.

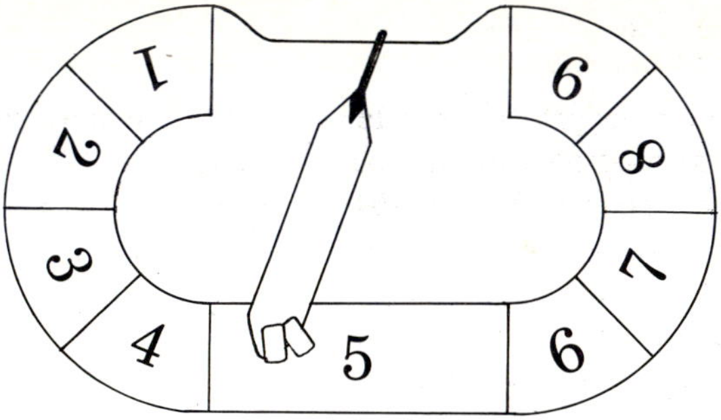

Tavolo da baccara, chemin de fer

II - Scopo del gioco

Gioco d'azzardo, il baccara vede un banchiere opposto a tutti gli altri giocatori chiamati "puntatori". Ogni giocatore, a turno, copre il ruolo di banchiere e di puntatore. Lo scopo del gioco è di scoprire un nove, o la carta più vicina al nove, con le carte distribuite dal banchiere. Dall'asso al nove tutte le carte mantengono il loro valore nominale, mentre le figure, chiamate anche "ciste", valgono zero. Tutta la strategia del giocatore si riduce alla seguente questione: devo o non devo, ad un certo punto del gioco, chiedere una carta supplementare, che può aumentare le mie possibilità, ma nello stesso tempo anche quelle dei miei avversari?

III- Le varianti

Dietro un principio generale esistono numerose varianti del baccara, e quelle di uso corrente nei casinò sono:
— a banco limitato o aperto
— lo chemin de fer
— il punto-banco o minibaccara.

> Molti esperti e sociologi americani sostengono che i giocatori incalliti di casinò dovrebbero ricevere dai loro datori di lavoro un sostegno finanziario per farsi curare.

Monsieur Welles fa saltare il banco
Il 6 luglio 1891, Charles Welles, cittadino britannico, arriva da Londra con 10.000 franchi in tasca e si siede ad un tavolo da roulette a Montecarlo. Il primo giorno fa saltare due volte il banco dopo aver giocato otto ore di seguito. Il terzo giorno, dopo quattro ore di gioco, fa saltare per la terza volta il banco, realizzando una vincita di 12 milioni dell'epoca. La notizia fa il giro del mondo mentre Welles ritorna a Londra. Qualche mese più tardi si rifà vivo, guadagna un altro milione e sparisce nuovamente. Durante l'inverno del 1892, Welles compare per la terza volta a Montecarlo. Il personale e la direzione del casinò si spaventano, mentre i giocatori esultano. Camille Blanc decide di tenere la roulette lui stesso. Ma Welles non solo perse tutti i suoi averi, ma anche 200.000 dollari presi a prestito da altri giocatori. Nell'impossibilità di rimborsarli, fu arrestato a Le Havre, condannato a otto anni di prigione e finì la sua vita a Parigi in miseria.

IV - Il materiale

Le carte
Al banco: nel baccara a due tavoli da gioco, vale a dire al banco, si devono obbligatoriamente utilizzare carte nuove ad ogni seduta. Solo i giocatori seduti possono tenere le carte.
A banco aperto: si usa una sestina, cioè sei mazzi da 52 carte, tre di un colore e tre di un altro.
A banco limitato: si usano tre mazzi da 52 carte, due di un colore e uno di un altro.
A chemin de fer: al baccara - chemin de fer si usa, come per giocare a banco aperto, una sestina da 52 carte, tre mazzi di un colore e tre di un altro. Ma gli stessi mazzi di carte possono essere utilizzati più volte se sono in buono stato.
Le norme relative all'uso delle carte nei casinò sono applicabili ai mazzi di carte usati per il baccara, qualunque ne sia la variante.

Il sabot
Il sabot dello chemin de fer e del banco deriva da un distributore di carte autorizzato dal Ministero dell'Interno e contiene una sestina (sei mazzi di carte). Le carte sono all'interno in modo che scendano automatica-

mente verso l'apertura dell'apparecchio e ne escano una ad una sotto la pressione delle dita del croupier.
Ogni tavolo da gioco prevede uno spazio apposito per le carte bruciate.

V - Il personale

Il banco
Il personale addetto ad ogni tavolo da baccara a due tappeti (banco) comprende un capo partita, un vice capopartita, un croupier che dirige il gioco, un addetto al cambio.
Il capo partita e il vice capopartita sono responsabili dello svolgimento regolare della partita e, in generale, di tutte le operazioni che si svolgono sul tavolo da gioco.
Il croupier dirige il gioco, fa e distribuisce le carte, raccoglie o paga le scommesse.
L'addetto al cambio effettua tutte le operazioni di cambio secondo il regolamento previsto.
Infine, i giocatori dispongono del servizio di una persona, il *valet de pied*, che si occupa delle loro necessità ma che non può in alcun modo immischiarsi in ciò che riguarda il gioco vero e proprio. Il numero previsto è al massimo di uno ogni quattro tavoli.

Lo chemin de fer
Il personale è identico a quello del banco, escluso il vice capopartita, la cui presenza non è obbligatoria.

VI - Funzionamento del gioco

Il banco
Dopo aver contato e controllato le carte, il croupier le posa sul tappeto e le mischia a faccia in giù. Poi le divide in mazzetti che mischia e taglia per due volte. La sestina è ancora tagliata e infine presentata ad un giocatore per un nuovo e ultimo taglio. Dopodiché una carta di uno dei mazzi è posizionata alla fine del mazzo prima delle ultime sette carte; il tutto è sistemato nello sabot. Le prime sei carte sono a questo punto bruciate e scartate dal croupier.
I giocatori sono suddivisi in due tavoli da gioco, separati dal banchiere che ha davanti a sé il sabot. I giocatori fanno il loro gioco, cioè posano le puntate sul tappeto. Quando il banchiere annuncia: "*Rien ne va plus*", le scommesse sono sospese e diventano definitive. Egli serve prima il tavolo di destra, poi quello di sinistra e infine se stesso. Inizia dai due giocatori che si trovano alla sua destra e alla sua sinistra, ma quest'ordine sarà modificato qualora i due giocatori abbiano perso il colpo con il banco e la mano passerà ai giocatori vincenti.
Quando ogni giocatore ha ricevuto due carte, il banchiere guarda le sue, se ha un 9 o un 8 può aprire. Tutti i giocatori fanno la stessa cosa e si salda chi vince. Altrimenti il banchiere passa la mano e il giocatore del primo tavolo che ha ricevuto le carte può aprire, se ha un 8 o un 9 e chiedere carte o rifiutarle, se pensa di non poter concludere niente.
Le carte supplementari sono distribuite scoperte; quando i tavoli e il banchiere sono serviti, si apre il gioco iniziando da quest'ultimo. Egli infine incassa ciò che gli spetta e paga quanto deve.
Questa è la variante meno comune tra i due tipi di baccara.

Con una gomitata
Quanto spinge a mentire la legge dell'azzardo! Una tra i classici è la "gomitata": una sostanza adesiva spalmata sull'avambraccio e sul gomito permette di raccogliere dei gettoni mentre si va a posare la propria puntata.

Chemin de fer
Dopo che i giocatori hanno effettuato le loro puntate il banchiere, dopo aver bruciato e scartato le prime sei carte, distribuisce una ad una due carte a ciascun giocatore e a se stesso. A seconda che nel suo gioco abbia un 8 o un 9, egli apre o passa. Allo stesso modo i giocatori possono aprire, chiedere delle carte o rifiutarle se non partecipano al colpo. Le carte supplementari sono distribuite scoperte e infine si scoprono i mazzi: vince che ha un 9 o la carta più vicina al 9. In caso di parità, il colpo è annullato: il banchiere perde la mano se perde il colpo.

VII - Regole particolari

La carta rossa
Il banco. Nel baccara a due tavoli, quello chiamato banco, la carta rossa che serve a tagliare il mazzo è sistemata prima delle ultime dieci carte e quando viene scoperta non si può effettuare un altro colpo.
Chemin de fer. Nello chemin de fer la carta rossa è invece sistemata prima delle ultime sette carte e quando compare non si può effettuare un altro colpo.

Il banco
In entrambe le varianti del baccara si può vincere in un colpo solo tutta la posta del banchiere giocando il “banco”. Se si perde, si deve pagare al banchiere la somma corrispondente. Il lancio risulta tanto più rischioso quanto l’ammontare del banco è elevato.

Tutti gli uomini sono uguali
La sera del 29 agosto 1972, al casinò di Divonne, un uomo sulla cinquantina, masticando un grosso sigaro che un valletto in calze bianche e tight riaccendeva periodicamente, puntava al banco *a tout va* solo gettoni da 50.000 franchi. In quarantacinque minuti aveva perso l’equivalente dello stipendio di tutta la vita di un professore universitario. Commento di un turista cattolico, democratico e repubblicano: “Finirò veramente per credere che gli uomini non sono tutti uguali.”
Per conoscenza, il giocatore era Ibn Adbul Azz, ministro degli affari Esteri dell’Arabia Saudita.

Il banco aperto
Il baccara a banco aperto, vale a dire senza limite di puntata, è autorizzato solo in certi casinò ma ad un unico tavolo, il cui funzionamento è limitato a due sedute al giorno.
Ad ogni seduta è consentito un massimo di due tagli. Il casinò può assegnare il banco ad un giocatore per tavolo o per seduta; in caso di concorrenza tra più giocatori il banco è aggiudicato mediante sorteggio.

Quando richiedere la terza carta
Il giocatore:
— la prende quando ha 0, 1, 2, 3, 4 o 5 punti
— dichiara gioco fatto se ha 6 o 7, oppure se batte di 9 o di 8
— dichiara obbligatoriamente gioco fatto se il banchiere batte di 9 o di 8
Il banchiere:
— la prende se ha 0, 1 o 2 punti, qualunque sia la carta tirata dal giocatore
— la prende se ha 3 punti e il giocatore ha tirato 1, 2, 3, 4, 5, 6, 7, 8, 9 o 10 punti
— la prende se ha 4 punti e il giocatore ha tirato 2, 3, 4, 5,6 o 7 punti
— la prende se ha 5 punti e il giocatore ha tirato 4, 5, 6 o 7 punti
— la prende se ha 6 punti e il giocatore ha tirato 6 o 7 punti
— la prende se ha 0, 1, 2, 3, 4 o 5 punti e il giocatore non ha giocato
— dichiara gioco fatto se ha 3 punti e il giocatore ha tirato 8 punti
— dichiara gioco fatto se ha 9 e il giocatore ha tirato 1, 8, 9 o 10
— dichiara gioco fatto se ha 5 punti e il giocatore ha tirato 1, 2, 3, 8, 9 o 10 punti
— dichiara gioco fatto se ha 6 e il giocatore ha tirato 1, 2, 3, 4, 8, 9 o 10 e se non ha chiesto la terza carta
— dichiara gioco fatto se ha 7 punti o se batte di 8 o di 9
— dichiara gioco fatto se il giocatore batte di 8 o di 9

VIII - Le puntate

Il minimo
Al baccara a due tavoli (banco) e allo chemin de fer, il minimo per le puntate è fissato dallo stabilimento e può variare da un tavolo all'altro secondo criteri particolari dello stabilimento stesso.

Chemin de fer
Ovunque sia ogni casinò può fissare per lo chemin de fer il minimo e il massimo dei banchi.

Banco
Ugualmente, per quanto riguarda il baccara a due tavoli, cioè il banco, ogni casinò può fissare il minimo e il massimo delle puntate.
La partita è detta a banco limitato.

Banco aperto
I casinò autorizzati possono avere un tavolo a banco aperto dove si punta *a tout va*, cioè senza un limite massimo delle puntate.
Tutti i giocatori possono partecipare al baccara a banco aperto, a condizione però che abbiano giustificato, mediante un deposito versato nelle casse del casinò o in quelle di una banca incaricata dallo stabilimento, il possesso di una somma liquida sufficiente a pagare tutte le scommesse senza che sia in alcun modo impegnata la responsabilità finanziaria del casinò.

IX - I pagamenti

Il banchiere dapprima incassa le giocate perdenti e solo in seguito paga i giochi vincenti.

Punto-banco (minibaccara)

Variante americana del baccara che si avvicina molto al banco. La sua più rilevante caratteristica consiste nel fatto che il giocatore ha continuamente la possibilità di scegliere se giocare con o contro il banco. Il massimo autorizzato è generalmente di 1000 volte il minimo delle puntate.

Da sapere

I giocatori possono scommettere: dal lato del giocatore, del banchiere o sulla casella di parità. In caso di parità, i giocatori che avevano puntato sulla casella di parità vincono nove volte la loro puntata.
I giocatori che non sono seduti non possono giocare contro la stessa mano di quelli che sono seduti al tavolo, fuorché nella zona riservata a questo scopo.
Il gioco si effettua su tavoli a tappeto unico che comporta 6 o 7 mani. Quando le scommesse dal lato del giocatore assommano un montante diverso da quello del lato banchiere, il casinò fa da contropartita, cioè perde o incassa, secondo i casi, la differenza entro il limite autorizzato.

500

Tutti i distributori sono numerati dallo stabilimento. L'assegnazione ai tavoli viene decisa dal direttore del casinò all'inizio di ogni seduta in modo da evitare che, sistematicamente, gli stessi apparecchi siano assegnati ai medesimi tavoli. È in ogni caso proibito estrarre delle carte dal distributore prima che il croupier abbia bloccato le scommesse. Tali carte non possono essere reintrodotte nel distributore ma devono essere bruciate, cioè scartate dal mazzo per il resto della partita mentre i giocatori devono per forza pescare una delle successive.

Stud Poker

I - Origine del gioco

Il poker è un gioco di origine americana di cui non si conosce la data della prima comparsa. Alla fine del XIX secolo dei marinai ne importarono le regole principali, che furono codificate più tardi, in Francia e in Europa.

II - Scopo del gioco

Il principio del poker è molto semplice: si tratta di un gioco di combinazioni e di dichiarazioni che non prevede delle alzate. Lo scopo è riunire un gruppo di carte che prevalgano su quelle degli altri giocatori.
Lo stud poker ne è una delle numerose varianti ed è caratterizzato dal fatto che le cinque carte non sono date all'inizio, tutte insieme, ma una ad una con rilancio ad ogni distribuzione, e che il giocatore non le può scartare, come nel poker comune, acquisendole così definitivamente. Esistono molte varianti di stud poker; quella che si gioca nei casinò è chiamata *five-up*.

III - Il materiale

Carte
Si utilizza un mazzo da 52 carte che devono essere nuove all'inizio di ogni seduta: i giocatori possono chiedere un cambio di mazzo durante la partita.
Le disposizioni relative all'uso delle carte nei casinò sono applicabili ai mazzi impiegati per il black jack.

Tavolo da gioco
Il tavolo da stud poker è di forma ovale con un segnaposto indicante la posizione del croupier che guida il gioco e distribuisce le carte. Ogni tavolo prevede sette posti numerati da uno a sette.
Il tavolo si trova in una sala apposita nella quale non è ammessa alcun'altra persona che non sia il personale addetto o i giocatori. Nessun giocatore può restare in piedi e il gioco non può iniziare se non ci sono almeno quattro giocatori.

IV - Il personale

Il personale addetto ad un tavolo da stud poker comprende un capo partita, un croupier che dirige il gioco e un addetto al cambio.

> **I truffatori smascherati**
> I truffatori smascherati, per quanto piccolo possa essere il loro imbroglio, non hanno l'occasione di ricominciare. Accuratamente schedati, fin da quando sono scoperti in uno stabilimento, la loro identità è diffusa a tutti i casinò, l'ingresso ai quali sarà loro per sempre proibito.

V - Funzionamento del gioco

Prima di ricevere le carte, ogni giocatore deve depositare una puntata minima, fissata dal casinò all'inizio della partita.
È poi distribuita una carta coperta ad ogni giocatore, che è l'unico ad avere il diritto di guardarla. La successiva è invece distribuita scoperta, cosicché tutti la possono vedere.

Le carte scoperte non possono essere assolutamente maneggiate dai giocatori. Inizia allora il primo giro di dichiarazioni, iniziando dal giocatore che ha la carta scoperta più alta. In caso di parità, lo inizia il primo nel senso della distribuzione.

Il primo giocatore può passare, puntare o dire *parole*:

— passare significa lasciare il gioco;
— dire *parole* significa che il giocatore si riserva il diritto di parlare dopo che un altro giocatore abbia fatto la sua offerta;
— puntare significa che il giocatore deve scommettere una somma che non può essere inferiore alla posta iniziale né superiore a 10 volte la stessa.

Le offerte del primo giro si fermano quando i giocatori siano tutti passati, nel qual caso le somme crescono come posta, oppure quando abbiano tutti puntato una somma identica. Il secondo giro inizia quando tutti i giocatori hanno puntato la medesima somma e ogni giocatore ancora in lotta riceve una carta scoperta. Le condizioni sono le stesse del primo giro di offerte, tranne per il massimo del rilancio che passa da 10 a 20 volte la posta iniziale.

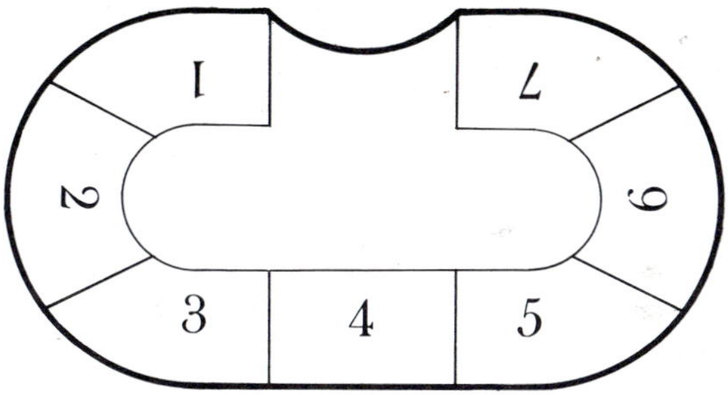

Tavolo da stud poker

Il terzo giro si effettua alle stesse condizioni, ma il massimo per il rilancio passa 40 volte la posta iniziale.

Nell'ultimo giro le carte sono distribuite coperte e solo il giocatore che la riceve ha il diritto di guardarla. Il massimo consentito per il rilancio passa ad 80 volte la posta iniziale.

Quando tutti hanno rilanciato e le puntate sono eguagliate oppure tutti i giocatori ancora in lizza sono passati, si scoprono le carte coperte e il gioco più alto vince tutta la posta.
Ogni giocatore ha il diritto di ritirarsi durante la partita, nel momento da lui scelto. Se un giocatore, in una fase qualsiasi delle offerte, fa un rilancio che nessuno raccoglie, vince tutta la posta.
Il rilancio dev'essere immediato e se un giocatore attende troppo, oppure parla quando non è il suo turno, perde il diritto a rilanciare. Può solo puntare il minimo oppure l'ultima offerta.

VI - Regole particolari

I posti a sedere sono distribuiti sempre da sinistra a destra nell'ordine da 1 a 7. Le puntate si effettuano solo con gettoni messi a disposizione dei giocatori dallo stabilimento. Le somme, costituite da gettoni, devono essere posate sul tavolo in modo da essere visibili agli altri giocatori: tutte le puntate che non siano in posizione visibile prima della scommessa sono rifiutate.
Durante il gioco non sono ammessi prestiti di danaro di nessun genere. I giocatori possono cambiare dei contanti in gettoni al tavolo, ma il cambio non è ammesso durante il gioco.
La direzione del casinò può proibire i tavoli da stud poker a chi venga considerato come una persona non raccomandabile.
Lo stabilimento può bloccare il gioco di un tavolo in qualsiasi momento in particolar modo se la partita risulta non essere adeguatamente animata.

Il più grande giocatore di poker del mondo
Lo chiamano Amarillo Slim, ma il suo vero nome è Thomas Preston. Incominciò la sua vita di giocatore con un dollaro e oggi è favolosamente ricco ed è il giocatore più popolare di tutti i campionati del mondo di poker. Durante la sua carriera ha vinto innumerevoli partite e di ognuna il guadagno finale superava il milione di dollari. A capo di un piccolo impero industriale oggi Slim ama dichiarare: "Il vero lusso è non sapere mai che ora è". Eppure porta al polso l'orologio più costoso del mondo, un Patek Philipp, creato appositamente per lui, il cui diamante centrale vale da solo 90 milioni di centesimi.

VII - Combinazioni e chance

Ecco in ordine crescente di valore le combinazioni che un giocatore può effettuare con le sue cinque carte:
— carta isolata
— coppia, costituita da due carte che abbiano il medesimo valore
— doppia coppia, costituita da due coppie di valore differente
— tris, costituito da tre carte del medesimo valore
— scala, costituita da cinque carte, non dello stesso seme, in serie continua
— colore, composto da cinque carte dello stesso seme e non in serie continua
— full, composto da una coppia e da un tris
— poker, costituito da quattro carte dello stesso valore
— scala reale, composta da cinque carte in serie continua che siano dello stesso seme

In caso di parità nelle combinazioni, il gioco vincente è determinato come segue:
— carta isolata, vince la seconda carta di valore superiore e così di seguito fino alla quinta, se necessario
— coppia, vincono le carte che isolate hanno il valore maggiore
— doppia coppia, vince la coppia inferiore più forte; in caso di due coppie uguali la carta isolata dal valore più alto
— tris, vince quello costituito dalle carte più alte
— scala, vince la carta più alta
— colore, vince la carta più alta; in caso di parità la seconda carta più alta e così via
— full, vince il tris più forte
— poker, vince quello composto dalle carte più alte
— scala reale, vince la carta più alta

Non si fa più credito
Durante il 1961 i giocatori lasciarono al casinò di Montecarlo una somma in assegni scoperti equivalente a un miliardo di vecchi franchi. Fu così che la direzione del casinò prese dei provvedimenti draconiani: la metà dei 500 il cui nome valeva come garanzia devono d'ora in poi pagare in contanti.

VIII - Le puntate

Il casinò si riserva il diritto di aumentare il minimo e il massimo delle puntate durante lo svolgimento della partita e in funzione di quest'ultima. Per poter partecipare ad una partita, ogni giocatore deve avere a disposizione davanti a sé una somma sufficiente a coprire il massimo dei rilanci possibili della partita.

Se X è la posta iniziale imposta dal casinò, i rilanci saranno i seguenti:

— di 10 X alla prima distribuzione

— di 20 X alla seconda

— di 40 X alla terza

— di 80 X all'ultima distribuzione

Al casinò spetta una percentuale tra il 2 e il 15% delle vincite, secondo lo stabilimento.

"È davvero fastidioso!"
Un grosso giocatore è un vero signore se è irritato avendo perso in una sera 500.000 franchi e molto irritato se ne ha persi un milione.
Ne esistono forse una sessantina: degli emiri, qualche italiano, due francesi. (Anthelme Perrin, direttore di Divonne-les-Bains 1973)

Il craps

I - Origine del gioco

Il craps ha il diritto di cittadinanza nelle case da gioco francesi dal 1969. Si ritiene che il suo lontano antenato sia il gioco dell'"azzardo", gioco di origine araba, che deriva da *Az-zahr*, termine che denota il dado in arabo. Tale gioco fu introdotto negli Stati Uniti dai francesi nel XIX secolo, dopo aver conosciuto una grande diffusione in Inghilterra fin dal XII secolo e si trasformò, a contatto con gli altri giochi anglosassoni, diventando così il craps tale e quale lo conosciamo noi oggi.

II - Scopo del gioco

Lo scopo del gioco è molto semplice, ma le sue regole sono piuttosto complicate. Si tratta di formare, lanciando i dadi, dei numeri che facciano vincere o perdere le puntate iniziali poste su un tabellone che ricapitola tutte le combinazioni possibili con i due dadi. Il craps è il gioco d'azzardo per eccellenza.

III - Il materiale

I dadi
Il craps si gioca con due dadi di diverso colore, trasparenti, levigati e dalle dimensioni tra i 20 e 25 mm di lato.

Le tradizioni vanno scomparendo
"Una volta - assicura Robert Toutan - perdere era elegante, vincere non aveva importanza. I giocatori d'oggi sono privi di moralità. Non si suicidano più, e nemmeno si rovinano per una donna."

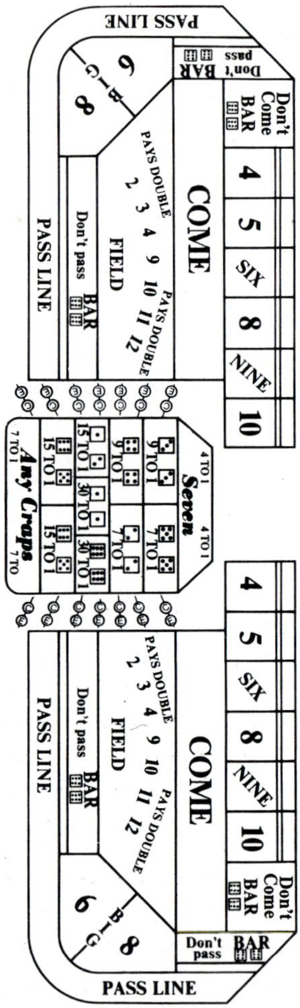

I casinò che prevedono tale gioco possono procurarsi i dadi solo presso i fornitori autorizzati dal Ministro dell'Interno. È vietato l'uso di dadi dai bordi smussati, con gli angoli arrotondati e i punti incisi. Su una faccia del dado, ma senza intaccarne il perfetto equilibrio, devono comparire i numeri d'ordine attribuiti dal fornitore ed eventuali norme relative allo stabilimento. Il Ministro dell'Interno fissa inoltre il numero massimo di giochi di dadi che un casinò può gestire.
Ad ogni seduta sono messe a disposizione di ogni tavolo tre coppie di dadi in perfetto stato, diversi da quelli utilizzati nelle precedenti partite. Al termine di ogni seduta i dadi vengono controllati al "micrometro", con una squadra e con un apparecchio destinato a verificarne l'equilibrio. I dadi usati o rovinati sono distrutti in presenza di un funzionario che deve verificare regolarmente che i dadi non siano appesantiti o truccati.

Il tavolo da gioco
Il tappeto verde del craps non ha niente a che vedere con quello di qualsiasi altro gioco conosciuto, e per quanto uno conosca l'inglese, la sua complessità può lasciare perplessi. E questo tanto più, visto che è possibile puntare secondo un'infinita serie di combinazioni e di chance.

Chi perde vince
I croupier dividono tra loro le mance lasciate dai vincenti secondo precise regole gerarchiche. Si tratta di quanto è dato "per il personale" più per attirare la buona sorte che per filantropia. Comunque sia, i croupier sono di fatto gli unici impiegati dello Stato che siano interessati alle perdite e non ai guadagni del loro datore di lavoro.

IV - Il personale

Il personale addetto al tavolo da craps comprende un capo tavolo, due croupier e una persona, definita *stickman*, che si occupa dei dadi. Il capo tavolo è responsabile della chiarezza e della regolarità del gioco e dei pagamenti. Può ad esempio negare ad un giocatore un turno di lancio se questi viola ripetutamente le regole relative al lancio dei dadi.
Il *dealer* sono incaricati di raccogliere le puntate perdenti e di pagare quelle vincenti. Effettuano anche, se i giocatori lo richiedono, le opera-

zioni di cambio di contante e di gettoni. Lo *stickman* deve invece verificare il buono stato dei dadi e deve passarli ai giocatori, ed è il solo ammesso a fare le dichiarazioni richieste dallo svolgimento del gioco.

V - Funzionamento del gioco

Il craps si gioca su un tappeto verde dove sono posate le puntate di un numero illimitato di giocatori e che permette 23 distinte possibilità. A turno, i giocatori lanciano i due dadi con i quali realizzano un punteggio dal quale dipende l'esito delle puntate effettuate.
I giocatori guidano dunque a turno la partita. Secondo i numeri segnati dai dadi e in relazione alle combinazioni decise dalle puntate effettuate, i giocatori possono perdere o vincere. Il fatto che i dipendenti del casinò non ricoprano alcun ruolo attivo nello svolgimento del gioco, se non quello di pagare o di ritirare le puntate perdenti del tappeto, non è certo la particolarità meno rilevante di questo gioco, dato che proprio in questo sta il segreto del suo successo nei paesi anglosassoni e al contrario lo scarso interesse dimostrato dai giocatori francesi e di lingua neolatina in genere, che rifiutano la sua complessità.

VI - Regole particolari

Ritiro della puntata
Una delle particolarità del craps è che molte delle possibilità "giocabili" possono dare luogo a dei colpi nulli, in seguito ai quali il giocatore è libero di ritirare la sua puntata o di rilanciarla per il colpo successivo.

Il lancio
I dadi sono passati successivamente ai giocatori in senso orario partendo, all'inizio di partita, da colui che si trova alla sinistra dei croupier. Se un giocatore rinuncia al suo turno, i dadi passano al successivo.
Prima di lanciare, il giocatore deve innanzitutto depositare la sua posta sulla linea detta *win* o su quella detta *don't win* e può in seguito giocare su tutte le altre combinazioni ammesse.
Dal momento in cui sono fatti i giochi ed è stato annunciato "*Rien ne va plus*" a chiusura delle puntate, il giocatore che è di turno deve lanciare immediatamente i dadi senza mescolarli. Può tuttavia chiedere che siano cambiati prima del suo lancio iniziale.

I dadi vanno lanciati nel senso della lunghezza del tavolo e in modo tale che vadano a fermarsi dalla parte opposta a quella dalla quale sono stati lanciati, dopo che almeno uno abbia colpito il bordo in opposizione al lanciatore.
I dadi devono rotolare e non scivolare e, affinché il tiro sia valido deve fermarsi sul tappeto di piatto. Nel caso di dadi rotti, sovrapposti, finiti a cavallo di un gettone o caduti dal tavolo, lo *stickman* annuncia "colpo nullo" e il giocatore rilancia nuovamente.

La filantropia lo impone
Indipendentemente dalle condizioni imposte a vantaggio del Comune dall'accordo con il casinò, in Francia viene effettuato un ulteriore prelievo del 15% sul ricavato proveniente dai giochi a vantaggio di opere di assistenza, di prevenzione, di igiene o di pubblica utilità.

VII - Combinazioni e chance

I giocatori di craps possono utilizzare quattro possibili tipi di combinazioni, suddivise come segue: combinazioni semplici o multiple, combinazioni associate e le *place bets*.

Combinazioni semplici
Sono nove e sono pagate alla pari.

Win. Le puntate possono essere effettuate sul *win* solo prima del tiro iniziale di un giocatore. Questa chance vince quando i due dadi realizzano 7 o 11 punti, perde con un totale di 2, 3 o 12. Se compare un totale diverso, il risultato resta sospeso, cioè le puntate non sono né vincenti né perdenti. Tali totali, 4, 5, 6, 9 o 10 sono detti il "punto", che il croupier segna ponendo un segnalino sulla casella con il numero corrispondente. Da quel momento la sorte delle puntate sul *win* dipenderà dal lancio successivo dei dadi: sarà vincente se si ripete il "punto", perdente se esce il 7 e sospesa se escono le altre cifre. I dadi cambiano mano quando esce il 7 che è perdente.

Don't win. Le puntate sul *don't win* possono essere effettuate solo prima del tiro iniziale di un giocatore. Al contrario del *win*, questa chance vince con il 2 o il 3, perde con i 7 o l'11 e fa colpo nullo con il 12. Con tutti gli altri totali, 4, 5, 6, 8, 9 e 10, il risultato è sospeso ed essi diventano il "punto". La puntata sul *don't win* sarà in seguito vincente se esce il 7 e perdente se si ripete il "punto".

Come. Si può puntare sul *come* in qualsiasi momento dopo il primo lancio di dadi. Questa chance vince se escono il 7 o l'11 con il lancio che segue la puntata di partenza e perde nelle medesime condizioni se escono

Falsificazione dei gettoni: centomila franchi di false placca
Qualche tempo fa al Palazzo del Mediterraneo a Nizza, un abile falsario, che non mancava di pazienza, fabbricò un certo numero diplacche da 10.000 vecchi franchi in plastica, che andò a cambiare nella sala da baccara. La perdita per il casinò ammontò a 10 milioni di vecchi franchi, sui quali lo Stato percepì le tasse, dato che le deduzioni per truffa o assegni a vuoto sono ammesse solo dopo che sono passati tre anni dalla denuncia.

il 2, il 3 o il 12. Per tutti gli altri punteggi, la posta è piazzata sulla casella che porta il numero in questione e, a partire dal lancio successivo, vince se esce il numero sul quale si trova, perde se esce il 7 e resta sospesa nel caso escano gli altri numeri.

*Don't come.*Questa combinazione si può giocare in qualsiasi momento del gioco dopo il primo lancio dei dadi. Al contrario del *come*, questa chance vince se escono il 2 o il 3 con il lancio che segue immediatamente l'inizio delle puntate. Perde, nelle stesse condizioni, con il 7 o l'11 e fa colpo nullo con il 12. Per tutti gli altri punteggi si piazza la puntata sulla casella del numero in uqestione e, a partire dal lancio seguente, si vince se esce il 7 e si perde se esce il numero sul quale si trova la puntata. Le puntate piazzate su *win*, *don't win*, *come* e *don't come* non possono essere ritirare e devono rimanere in gioco finché abbiano vinto o perso.

Field. Può essere giocato in qualunque momento della partita. Vince se, con il lancio che segue la puntata di partenza, i dadi realizzano un totale di 2, 3, 4, 9, 10, 11 o 12 e perde se escono gli altri numeri. È pagata alla pari, salvo per il 2 e il 12 che sono pagati doppio.

Big 6. Può essere giocata in qualunque momento della partita. Vince con un totale di 6 punti formati con una combinazione qualsiasi di dadi e perde con il 7. In seguito ad un tiro non decisivo, il giocatore può ritirare la sua puntata.

Big 8. Si gioca nelle stesse condizioni e offre le medesime possibilità del grande 6: perde con un totale di 7 e vince con una combinazione qualsiasi che realizzi un 8.

Meno di 7. Può essere giocata in qualunque momento della partita. Vince se il totale dei punti realizzati dai dadi è inferiore a 7, perde se è uguale o superiore a tale cifra.

Più di 7. Si gioca nelle stesse condizioni e offre le medesime possibilità della precedente, ma vince se il totale realizzato è superiore a 7 e perde se è uguale o inferiore a tale cifra.

Le combinazioni multiple
Sono otto e si possono giocare in qualunque momento della partita.

Le hardways. I giocatori puntano sulla comparsa di un totale di 4, 6, 8 e

10, realizzato però unicamente con dadi doppi (doppio due, doppio tre, doppio quattro, doppio cinque). Questa chance vince se escono i doppi dadi scelti, perde con il 7 o se il totale non è formato con i dadi doppi. Il doppio due e il doppio cinque sono pagati 7 volte la posta. Il doppio tre e il doppio quattro vincono nove volte la posta. Le puntate possono essere ritirate se il colpo non è decisivo.

Il gioco del 7. Questa chance vince se esce il 7 e perde con tutti gli altri totali. È pagata quattro volte la posta.

Il gioco dell'11. Vince se esce l'11 e perde con tutti gli altri totali. È pagata 15 volte la posta.

Any craps. Questa chance vince se escono il 2, il 3, o il 12 e perde con tutti gli altri totali. È pagata 7 volte la posta.

Craps 2. Vince se esce il 2 e perde con tutti gli altri totali. È pagata 30 volte la posta.

Craps 3. Vince se esce il 3 e perde con tutti gli altri totali. È pagata 15 volte la posta.

Craps 12. Vince se esce il 12 e perde con tutti gli altri totali. È pagata 30 volte la posta.

Horn. Questa chance combina il craps con il gioco dell'11. Vince se escono il 2, il 3, il 12 o l'11 e perde con tutti gli altri totali. È pagata 4 volte la posta.

Le combinazioni associate

Le combinazioni associate sono di quattro tipi e possono assommarsi a quelle semplici in attesa, potendo sempre essere ritirate dopo un lancio non decisivo. Sono dette associate perché il loro destino è legato al destino delle puntate già impegnate sulle chance semplici per le quali il "punto" è noto. Vale a dire in seguito ad un lancio di dadi non decisivo.

Associata al win. La chance associata al *win* vince con il "punto", perde con il 7 e fa colpo nullo con gli altri totali. È pagata due a uno se escono il 4 o il 10, tre a due se escono il 5 o il 9 e sei a cinque se escono il 6 o l'8.

Associata al don't win. La chance associata al *don't win* vince con il 7, perde con il "punto" e fa colpo nullo con gli altri totali. Il pagamento è uguale a quello dell'associata al *win*.

Associata al come. L'associata al *come* vince, perde e fa colpo nullo nelle stesse condizioni del come ed è pagata come la chance associata al *win*.

Associata al don't come. L'associata al *don't come* vince, perde e fa colpo nullo nelle stesse condizioni del *don't come* ed è pagata come la chance associata al *don't win*.

Place bets

Le *place bets* sono due e si possono giocare in qualunque momento sui numeri 4, 5, 6, 8, 9 o 10 e la posta può essere ritirata in caso di colpo non decisivo.

Right bet. Questa chance è vincente se il "punto" corrispondente esce prima del 7, perde se esce il 7, altrimenti fa colpo nullo. La scommessa è pagata 7 per 6 se il "punto" è 6 o 8; è pagata 7 per 5 se è 5 o 9 e 6 pagata per 5 se il "punto" è 4 o 10.

Wrong bet. Questa chance è vincente se il 7 esce prima del "punto" cercato, perde se esce il "punto", altrimenti fa colpo nullo. La scommessa è pagata 4 per 5 se esce 6 o 8; è pagata 5 per 8 se esce 5 o 9 e 5 per 11 se il "punto" è 4 o 10.

Relazione crimine-casinò
Il crimine e il gioco qualche volta hanno concluso, in tutti i paesi del mondo, curiosi e vantaggiosi matrimoni. Grazie all'aiuto di croupier e talvolta del personale stesso, molti tra i più grandi casinò europei sono stati teatro di imbrogli sensazionali. In Francia e in Italia alcuni casinò sono stati sospettati di gestire il danaro proveniente da ricatti della mafia italiana. In Costa Azzurra morti, sparizioni e rapimenti sono i tributi pagati dal gioco alla guerra tra bande rivali. Ad Atlantic City i crimini sono triplicati con l'arrivo del gioco nel 1975. Nel Nevada, unico Stato americano che con il New Jersey autorizzi i giochi di casinò, il tasso d'alcolismo, di suicidi, di omicidi, di violenze, di furti è il più elevato in tutta la nazione. La statistica più recente riporta che nel 1979 ci sono stati negli Stati Uniti 71.907 arresti legali al gioco, numero che rappresenta tuttavia l'1% degli arresti totali. A Las Vegas si sa che almeno 5 dei 15 principali stabilimenti da gioco appartengono alla mafia.

VIII - Le puntate

Il minimo delle puntate è fissato in ogni casinò dal suo regolamento. Il massimo è fissato dallo stabilimento all'inizio della stagione e in relazione alle variazioni del minimo.
Sulle combinazioni multiple il massimo è calcolato in modo che la vincita possibile sia uguale a quella permessa per il massimo delle combinazioni semplici o al più uguale a tre volte questa vincita.
Sulle combinazioni associate al *win* e al *come* il massimo è determinato dall'ammontare della posta piazzata sullecombinazioni semplici corrispondenti.
Sulle combinazioni associate al *don't win* e al *don't come* il massimo è fissato in relazione al "punto" giocato, cioè per il 4 e il 10 al 200% dell'ammontare della posta piazzata sullacombinazione semplice corrispondente; per il 5 e il 9 al 150% di tale ammontare, per il 6 e l'8 al 120% dello stesso ammontare.
Sulle *right bet* il massimo è in funzione del "punto" giocato ed è uguale al massimo delle poste sullecombinazioni semplici per il 4, 5, 9 e 10, e al 120% di tale massimo per il 6 e l'8.
Sulle *wrong bet* il massimo è in funzione del "punto" giocato ed è uguale al 125% del massimo delle poste sulle combinazioni semplici per il 6 e l'8, al 160% dello stesso massimo per il 5 e il 9 e al 220% per il 4 e10.

La ricerca del punto
Bisogna sapere che le probabilità di uscita sono diverse in relazione al punteggio che si vuole ottenere. Affinché abbiate la possibilità di ritirare o di mantenere la vostra scommessa su un colpo non decisivo, dovete anche sapere che se si considerano gli 11 punteggi realizzabili con i due dadi ce ne sono alcuni che offrono più possibilità di uscire di altri: ad esempio il 7 offre, migliori probabilità, subito prima del 6 e dell'8.
Per fare
2 punti (1 e 1) le probabilità sono 1 su 36
3 punti (1 e 2, 2 e 1) le probabilità sono 2 su 36
4 punti (1 e 3, 3 e 1, 2 e 2) le probabilità sono 3 su 36
5 punti (1 e 4, 4 e 1, 2 e 3, 3 e 2) le probabilità sono 4 su 36
6 punti (1 e 5, 5 e 1, 2 e 4, 4 e 2, 3 e 3) le probabilità sono 5 su 36
7 punti (1 e 6, 6 e 1, 2 e 5, 5 e 2, 3 e 4, 4 e 3) le probabilità sono 6 su 36
8 punti (2 e 6, 6 e 2, 3 e 5, 5 e 3, 4 e 4), le probabilità sono 5 su 36
9 punti (3 e 6, 6 e 3, 4 e 5, 5 e 4) le probabilità sono 4 su 36
10 punti (4 e 6, 6 e 4, 5 e 5) le probabilità sono 3 su 36
11 punti (5 e 6, 6 e 5) le probabilità sono 2 su 36
12 punti (6 e 6) le probabilità sono 1 su 36

IX - I pagamenti

Come è già stato precisato nella descrizione delle caratteristiche delle combinazioni semplici, multiple o associate che seguono le chance giocate, le puntate vincenti sono pagate in un modo che può sconcertare i giocatori neofiti o poco esperti al gioco del craps. Ciò che li disturba è che le vincite sono raramente dei rapporti interi: potranno ad esempio essere 5 su 8, o 9 su 5, il che significa, che se voi vincete, nel primo caso, per 8 pezzi giocati ve ne spettano 5 (più la vostra puntata) e, nel secondo, che per 5 pezzi giocati ve ne spettano 9, oltre la vostra puntata.

X - I vantaggi

Il craps si impone all'attenzione dei giocatori per la mobilità del vantaggio offerto al casinò in relazione alle scelte dei giocatori: tale vantaggio per il casinò può variare dallo 0,5% al 16,67%.

— Sulle combinazioni semplici il vantaggio è del 1,41%.
— Sulle combinazioni associate alle combinazioni semplici tale vantaggio scende allo 0,6%.
— Sulle *place bets*, giocando 4 o 10 è del 6,67%
giocando 5 o 9 è del 4%
giocando 6 o 8 è del 1,52%.
— Sul *field*, il vantaggio è del 5,55%
— Sul big 6 e sul big 8 è dello 0,09%.
— Sulle combinazioni multiple il vantaggio è il seguente:
- sulle *hard ways* 4 e 10 = 11,1%
- sulle *hard ways* 6 e 8 = 9,09%
- sul gioco del *craps 12* = 13,89%
- sul gioco del *craps 3* = 11,1%
- sul gioco del *craps 2* = 13,89%
- sul gioco dell'*any craps* = 11,1%
- sul gioco dell'11 = 11,1%
- sul gioco del 7 = 16,67%

Da ciò risulta dunque che il gioco sulle combinazioni semplici è più interessante di quello sulle combinazioni multiple, sebbene queste consentano vincite maggiori.

A voce alta e chiara
Le somme anticipate e il danaro che rimane alla fine della partita sono contati attentamente di fronte al pubblico e molto lentamente, affinché gli assistenti possano seguire l'operazione in tutti i dettagli.
La somma risultante è annunciata ad alta voce ed è subito trascritta in un libro a disposizione di tutti i presenti, che così possono verificare che la somma riportata sia esattamente corrispondente a quella annunciata.

Altri giochi

Il Keno

È un gioco che fu introdotto dai cinesi che lavoravano alla costruzione della ferrovia transpacifica. Senza entrare nei dettagli, si può dire che si tratta di una via di mezzo tra la tombola e il bingo.
Avete a disposizione un biglietto diviso in due parti uguali: uno è yin, in alto, l'altro yang, in basso. In alto ci sono 40 caselle numerate da 1 a 40, e in basso altrettante, sempre numerate da 1 a 40.
Un contenitore, come nella tombola, racchiude delle biglie i cui numeri corrispondono a quelli delle carte. Si procede all'estrazione e al primo giocatore che ha coperto il totale dei numeri della sua carta va il premio maggiore chiamato "bingo". Durante la partita si vincono molti altri premi per punteggi inferiori al bingo.

Il big 6

Si tratta di un gioco di estrema semplicità che si gioca con una grande ruota: per ogni numero che esce è pagata la cifra corrispondente (il 15 è pagato 15 dollari, ad esempio). Solo i jolly sono pagati 40 a 1. Il vantaggio per il banco è enorme, poiché varia tra il 15 e il 20%.

Giochi praticati in Asia

Tra i giochi abitualmente praticati in tutti i casinò del mondo (boule, roulette, baccara), in Estremo Oriente si possono trovare molte specie di giochi tipicamente cinesi o vietnamiti che a noi talvolta sembrano incomprensibili.

Banco in cinese
Ogni anno in tutta la Francia, la polizia scopre e fa chiudere almeno una quindicina di bische clandestine. Il vecchio controllore generale dei giochi, Michel Ganzdoz, sostiene di averne fatti chiudere più di cento in cinque anni. Più tutti quelli che si "lasciano vivere dopo aver preso informazioni" sulla teppa che li dirige. Ultimamente la polizia è invece messa in crisi dalle comunità asiatiche, i cui giochi sono assai complessi e difficili da classificare secondo le norme penali. Come poter distinguere sul tappeto le 13 carte che sembrano un gioco abitualmente tollerato, dal Fan Fan che è invece un gioco d'azzardo proibito?

Il gioco del "gamberetto e del pesce"
Il tavolo da gioco è diviso in quattro settori, su ognuno dei quali è disegnato un uccello, un pesce, un granchio o un gamberetto. Si punta su ogni settore e il croupier fa ruotare su un piatto un dado a quattro facce sulle quali sono riprodotte le figure disegnate sul tavolo.

Il "ba quan"
È un gioco molto popolare al quale si dedica con passione il popolo minuto del Vietnam. Il tavolo da gioco è diviso in quattro caselle. Una tazza piena di fagioli è rovesciata sul tavolo stesso e i fagioli sono contati quattro a quattro e sono separati dal mucchio mediante un bastoncino. Se non restano fagioli in più, il croupier ha vinto tutte le puntate, se ne restano uno, due tre o quattro, sarà tale numero restante ad indicare la casella vincente.

Il gioco del "nido di gamberi"

Questo gioco di carte da 120 figure (92 bianche e 28 rosse) ha dato origine in seguito al *mah-jong* tuttora praticato in Vietnam, anche se il *mah-jong* lo sta sempre più rimpiazzando. I vietnamiti e i cinesi giocano a *mah-jong* ad una velocità straordinaria, facendo ticchettare gli liossi che sostituiscono le carte. Lungo molte strade si è perseguitati da questo ticchettio. Da fanatici scommettitori quali sono, i vietnamiti trovano ancora ogni sistema possibile per giocare del danaro, come in combattimenti di uccelli, di pesci, di grilli, di galli e nel lancio dei piccioni.

Il gioco dei 36 animali

Il gioco comprende 36 animali, o meglio 36 simboli. Ai giocatori vengono distribuiti dei fogli stampati sui quali essi segnano il simbolo prescelto; le scommesse vengono poi depositate avvolte in tali fogli. All'inizio del gioco il croupier sceglie un simbolo che viene infilato in un sacchettino di tela appeso al soffitto. Al momento del tiro il sacchetto è tirato giù e aperto in pubblico.

Il "xoc dia"

Il tavolo da gioco è diviso per tutta la lunghezza in due parti uguali, una bianca e una nera. Il giocatore può puntare sul bianco o sul nero, cioè sul pari o sul dispari. Il croupier, aiutato da un assistente, verifica le puntate e poi deposita sul tavolo un piatto con una tazza capovolta contenente quattro monete. Le scuote e solleva la tazza: il numero della moneta che cade sul lato "testa", a seconda se pari o dispari, determina la vincita o la perdita.

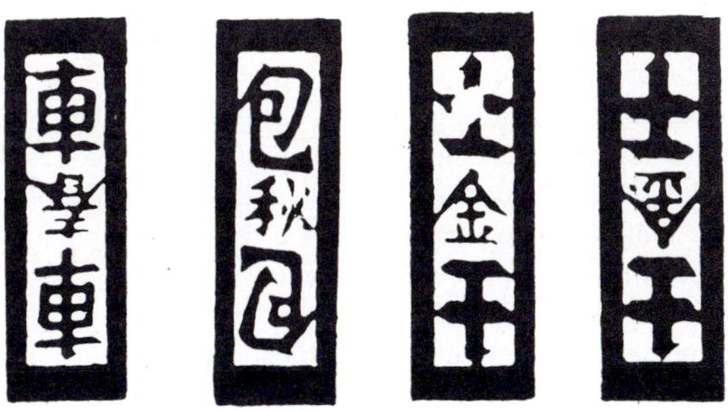

REGOLAMENTO NEI CASINÒ FRANCESI

I - Condizioni per l'apertura

L'autorizzazione ad aprire un casinò è concessa dal Ministro dell'Interno dopo un'indagine e in relazione ad un capitolato d'oneri estremamente limitato. Un'ordinanza di autorizzazione fissa la durata della concessione e prevede il tipo di giochi d'azzardopermessi, il loro svolgimento, le misure di sorveglianza, le condizioni di ammissione nelle sale da gioco, gli orari di apertura e di chiusura e le condizioni di riscossione per tutti i prelievi previsti dalla legge. L'autorizzazione può essere revocata dal Ministro dell'Interno in caso di inosservanza del capitolato.

II - Accesso ai casinò

L'accesso alle sale da gioco dei casinò è subordinato alla presentazione di un documento di ammissione.

Non sono ammessi nelle sale da gioco:
I minori di 21 anni, anche se sposati o emancipati, i militari in uniforme, tutte le persone per le quali il Ministero dell'Interno ha previsto l'esclusione, coloro che volontariamente hanno provocato misure di divieto, gli individui in stato di ebbrezza che possono provocare incidenti e intralci al normale svolgimento dei giochi, gli "incapaci", in seguito a richiesta del tutore legale, o del loro curatore, i condannati che godono del beneficio del rinvi, o quelli in libertà condizionata.

Interdetti volontari
Coloro che si ritengono incapaci di resistere al demone del gioco compilano, nei dovuti modi, una domanda di interdizione volontaria. La decisione in merito, che è sempre positiva in caso di un interdetto volontario, è presa da una commissione superiore dei giochi, che ha sede al Ministero dell'Interno. L'interdizione, comunicata dall'amministrazione a tutti i casinò, è valida all'inizio per 5 anni, ma si rinnova automaticamente se il giocatore non ne richiede l'annullamento.
Un numero di persone compreso tra 6.000 e 10.000 si è così allontanato, volontariamente e per sempre, dai tavoli da gioco.

La lista nera
In Francia ci sono 12.000 persone cui è ufficialmente proibito l'accesso ai casinò, una metà volontariamente, l'altra per truffa, scandalo o debiti di gioco.
Ma ogni grande casinò ha, in più, una propria lista di giocatori non desiderati: è la lista nera, che comprende qualche migliaio di nomi.
Giocatori che hanno prestato la loro carta a minorenni, qualche indossatrice d'alta moda che ha "sollecitato" un prestito a grossi giocatori, un barone tedesco che ha minacciato di schiaffeggiare una giocatrice di baccara, un commerciante lionese visto nel treno Nizza-Montecarlo a segnare un mazzo di carte: i tipi indesiderabili variano davvero all'infinito.

Sono automaticamente ammessi nelle sale da gioco senza alcuna procedura o limite:
Il prefetto di dipartimento, il sotto-prefetto di *arrondissement*, il sindaco, gli assessori del comune dove si trova il casinò, il direttore generale della Pubblica Sicurezza, il direttore, il vicedirettore e il capufficio dei servizi dei giochi, i membri dell'ispettorato generale dell'amministrazione, i funzionari del servizio dei giochi, i funzionari di polizia incaricati della sorveglianza dei casinò, i magistrati della procura, i giudici istruttori dei tribunali di competenza nel comune dove si trova il casinò, il direttore della contabilità pubblica, gli ispettori e gli ispettori generali della

Finanza, i dipendenti dell'Intendenza di Finanza, il tesoriere municipale, il funzionario incaricato di controllare la tassazione sulle carte d'ingresso del casinò, tutti i funzionari indicati dai Ministeri della Finanza, dell'Interno e degli Affari economici.

III - Abbigliamento

Il direttore di un casinò, in qualunque luogo del mondo, può condizionare l'ingresso ad una sala da gioco a particolari condizioni di abbigliamento. Può inoltre decidere che per potervi entrare sia di rigore, a partire da un'ora fissata, l'abito da sera.

IV - Orari di apertura

Gli orari d'apertura e di chiusura variano da un casinò all'altro e sono fissati dall'ordinanza che ne autorizza la gestione. Tuttavia il prefetto, recentemente denominato commissario della Repubblica, può, in occasione di una serata di gala eccezionale, ritoccare gli orari di chiusura. Per i giochi detti "di cerchio", come baccara, chemin de fer, *ecarté*, le sale da gioco possono rimanere aperte oltre l'orario fissato ogni volta che il numero dei giocatori presenti e l'andamento della partita siano di natura tale da giustificare una simile concessione. Le sale da gioco non possono tuttavia rimanere aperte più di 20 ore senza interruzione.

V - Il personale

In Francia, tutti i membri del personale di gioco, dirigenti o impiegati, devono essere francesi o membri della comunità europea, devono essere maggiorenni e godere dei diritti civili e politici. Tutti devono poi essere autorizzati dal Ministero dell'Interno, che può revocarli dall'incarico se non rispettano le regole riguardanti il proprio ruolo, oppure anche per semplici considerazioni di opportunità, a suo insindacabile giudizio.
In ordine gerarchico, dopo la Direzione generale si trova il direttore dei giochi, il vice-direttore, il capo partita principale, il primo cassiere, il capopartita e il capo del personale di gioco. Il personale di gioco è composto da impiegati che hanno funzioni ben precise, in relazione ad un sistema dal quale non possono uscire.

Capotavolo (chef de table): è sottomesso direttamente agli ordini del capo partita ed ha la responsabilità del funzionamento del tavolo da gioco e del personale addetto al servizio al tavolo.

Vice capotavolo (aous-chef de table): in caso di necessità sostituisce il capotavolo con le sue stesse prerogative e responsabilità.

Capo del gioco della boule (chef de boule): è sottomesso all'autorità del capopartita della boule e di un membro del comitato direttivo dei giochi, e ha la responsabilità del funzionamento del tavolo, o dei tavoli, da gioco e del personale addetto ad essi.

Vice capo della boule (sous-chef de boule): sostituisce il capogioco della boule e ne assume le stesse prerogative e responsabilità.

Croupier: si trova sotto la diretta responsabilità del capotavolo ed è incaricato dello svolgimento materiale del gioco.

Assistente del croupier (bout de table): è definito così l'impiegato che si trova alle estremità del tavolo da gioco e che deve aiutare il croupier nello svolgimento materiale del gioco stesso.

Cambiavalute (changeur): deve rimanere in piedi di fianco al croupier con la cassa contenente una somma fissata in anticipo dalla direzione. È incaricato di cambiare il danaro in placche o gettoni e di rifornire il croupier di moneta in caso di necessità.

Cassiere (caissier): ha la responsabilità della cassa.

Contabile (comptable des jeux): è addetto alla contabilità relativa ai giochi dello stabilimento.

Addetto alle carte (cartier): è incaricato al controllo delle carte e dei distributori utilizzati nei vari giochi autorizzati nello stabilimento.

Rifornitore (ravitailleur): deve rifornire di placche o di gettoni, in caso di necessità, i vari tavoli da gioco.

Addetto alla "cagnotte" (compteur de cagnottes): è incaricato di contare i piatti contenenti il danaro in presenza di un membro del comitato direttivo del casinò.

Addetto ai biglietti (tickettier): è incaricato della contabilità dei biglietti nel baccara.

Segretario all'ingresso (secrétaire aux entrées): deve controllare la tessera per l'ammissione nelle sale da gioco e svolgere tutte le operazioni legate a tale commissione.

Fisionomista (physionamiste): è incaricatoal controllo dell'accesso alle sale da gioco dei clienti provvisti di tessera d'ingresso.

Usciere (huissier): ha il compito di aprire le porte della sala da gioco ai clienti dopo il controllo effettuato dal fisionomista.

Valletto (valet de pied): è incaricato di prestare attenzione alle necessità dei giocatori.

Portiere (portier): accoglie i clienti all'ingresso del casinò.

Controllore (controleur): controlla gli ingressi alla boule.

Fattorino di sala (chasseur de salle): è a disposizione dei giocatori , in particolare per loro eventuali commissioni personali.

VI - Le poste e le puntate

Il direttore responsabile del casinò ha la possibilità di aumentare, all'inizio e anche durante la stagione, per tutti i tavoli o solo per alcuni, il minimo della posta fissato dall'ordinanza di autorizzazione concessa allo stabilimento. È tenuto allora ad aumentare il massimo, l'ammontare in gettoni del fondo di cassa e, in caso, quello dei fondi di garanzia del suo stabilimento. I giochi possono essere praticati solo con danaro contante: tutte le scommesse a parola sono proibite. Le somme sono rappresentate da banconote e da monete, o da gettoni o placche, fornite dallo stabilimento.

VII - I materiali

Gli apparecchi e i materiali impiegati per i giochi devono essere tutti, senza eccezioni, di tipo autorizzato dal Ministero dell'Interno.

Chi ha i gettoni?
A Beaune, l'azienda di Daniel Senard impiega 48 persone che fabbricano ogni anno un milione di gettoni o placche di valore diverso. È il fornitore ufficiale di più di trecento casinò, coprendo da solo il 65 per cento del mercato e realizzando un giro di affari di circa 10 milioni di franchi (1983). Un banale gettone di Senard è composto da nove strati di acetato di cellulosa in colori diversi e si maschera con dei trucchi che lo rendono più difficile da imitare di certe banconote.
Non si contano davvero più i sistemi adottati nella fabbricazione per tutelare la "moneta" per casinò. Finestrelle create dalla sovrapposizione di cerchi di diverso colore, inserti di tulle e di lamine traforate all'interno degli strati in plastica, colorati che variano in relazione all'esposizione alla luce, inclusione di calamite o di metallo, colori fluorescenti, scritte con inchiostro invisibile, inserimento di piastrine elettriche etc.

Le carte
I mazzi di carte utilizzati nei casinò sono raggruppati in sestine (sei mazzi) e devono essere con il dorso in tinta unita. Il numero massimo di sestine che può essere detenuto da un casinò è fissato per ogni gioco dal Ministro dell'Interno.
— Ogni sestina è personalizzata dal fabbricante con un numero d'ordine.
— Tutte le sestine, nuove o usate, devono essere conservate in un armadietto che si trovi in posizione visibile nella sala da gioco e di cui l'unica chiave sia in mano ad un membro del comitato direttivo.
— I mazzi usati, segnati, consumati, devono essere distrutti in presenza di un funzionario di polizia che verifichi che ogni mazzo sia completo.
— Al termine della partita devono essere ricostituiti secondo l'ordine di fabbricazione e devono subire un esame che consenta di rivelare eventuali segni.
— Le sestine sono estratte dai depositi solo al momento dell'uso. Se sono nuove, vanno aperte sul tavolo da gioco. Il pubblico è tenuto a verificare che la fascia di chiusura sia intatta.

— All'estremità di ogni tavolo il croupier deve, prima di mescolare, separare le carte in due mazzetti: uno in cui le figure siano visibili, l'altro con le figure rovescie. Egli deve rovesciare allora in un'unica volta il primo mazzetto sul secondo e poi procedere a mescolare le carte.

Non c'è bisogno di delitto...
Non è affatto necessario che un giocatore commetta un delitto per essere giudicato indesiderabile e perché sia colpito da divieto. In qualunque momento e senza che sia necessario fornirgli spiegazioni, la direzione di un casinò può comunicargli tale divieto: è sufficiente che il giocatore sembri sospetto per un motivo qualsiasi...

VIII - Le mance

Gli impiegati delle sale da gioco sono autorizzati ad accettare le mance che sono loro offerte dai giocatori con un semplice cenno di ringraziamento. Non possono infatti tenerle in proprio possesso, nemmeno in parte, e chi le riceve deve subito versarli, in un salvadanaio.

Il personale del casinò di Calvi

IX - Sorveglianza e protezione

La fisionomia e il "fisionomista"

Un fisionomista non vi scorderà mai più. Al momento dell'iscrizione, con il vostro nome, egli registra i vostri connotati secondo un codice rapido e preciso e il vostro viso resterà per sempre impresso nella sua memoria. Per diventare un buon fisionomista bisogna sì essere dotato, ma possedere anche almeno dieci anni di esperienza. Inoltre bisogna avere intuito e saper distinguere a colpo d'occhio il "giocatore" dal "turista". Lui vi dirà che contano solo i lineamenti del volto: "Un viso può avere dieci o vent'anni ma sarà sempre lo stesso viso." Così egli guarda, osserva, scrive e anche disegna le migliaia di persone che, sera dopo sera, gli passano davanti: giovane, alto, moro, con una cicatrice sulla fronte, con quale dentatura, naso, attaccatura dei capelli. E infine, per le donne, se sono belle!

Mance

Al personale del reparto giochi, escluso il direttore generale, spettano le mance raccolte ai tavoli, assommate e divise secondo un sistema definito "suddivisione delle poste". Nella maggior parte dei casinò il 75% delle somme così raccolte è distribuito, il 25% spetta invece al casinò.
I croupier hanno tutto l'interesse a fare in modo che i giocatori siano generosi e quindi che essi vincano e che il casinò perda. Il sistema di pagamento delle mance talvolta consente di ottenere risultati sorprendenti.
Così, nel 1980, le mance ricevute dal personale di Divonne rappresentavano il 45% dell'incasso dei giochi, percentuale considerata normale, mentre raggiungevano il 121% a Évian. Il record appartiene tuttavia a Luchon dove in quell'anno il casinò perse 25.000 franchi, mentre le mance hanno raggiunto i 36 milioni di centesimi.
La boule paga le mance inferiori, la roulette quelle più alte.

Un fisionomista di Montecarlo riconobbe un australiano che aveva ricevuto un biglietto per Sidney e non l'aveva rimborsato venticinque anni prima, al tempo in cui il casinò concedeva prestiti ai giocatori rimasti senza soldi, per ritornare a casa.
Ogni fisionomista deve essere in grado di riconoscere i dieci - dodicimila giocatori ai quali è vietato l'ingresso, se si presentano davanti a lui.

I fisionomisti di Montecarlo sono in grado di riconoscere cinquantamila volti e di dare un nome almeno ad altri venticinquemila.
Il lavoro quotidiano, comunque, non è affatto eccitante, perché i clienti interdetti si ostinano ogni sera a voler entrare nel casinò. Ogni mezzo è buono: cotone in bocca, occhiali, barba, gomma americana dietro le orecchie per tenerle più staccate dal viso.
Ma, come dice il fisionomista di un grande casinò: "bisogna essere diplomatici, soprattutto con le signore che vengono a cercare il proprio marito, e si deve sorridere, sorridere sempre e ancora sorridere."

La polizia dei giochi
La sorveglianza di giochi e corse, così come la guerra alle bische clandestine, spetta alla polizia dei giochi e delle corse, che è sottoposta alla direzione dell'ufficio politico della Questura.
È gestita da un vice-direttore coadiuvato da un commissario capo e da tre commissari ed è composta da 86 funzionari.
Un centinaio di funzionari di polizia vegliano dunque sulla moralità della Francia che gioca, ossia su circa venti milioni di persone, tutti i tipi di giochi compresi.
I campi per le corse, la ventina di circoli parigini, ma soprattutto i 137 casinò del territorio, costituiscono il principale ambito d'intervento di questa speciale sezione di polizia, ritenuta incorruttibile.
In effetti quella del gioco è l'industria meglio sorvegliata di tutta la Francia: in ogni casinò, a seconda della sua importanza, ci sono uno, due, talvolta tre rappresentati della polizia giudiziaria addetti ai servizi locali.

In abiti civili, si confondono tra i veri giocatori e devono conoscere il gioco alla perfezione per smascherare truffatori e imbrogli di vario genere. Un ulteriore controllo è esercitato da un ispettore del Ministero della Finanza al quale i casinò pagano regolarmente ogni quindici giorni le imposte.

I truffatori
Il loro mestiere diviene ogni giorno più difficile, poiché l'esperienza ha spinto i casinò a prendere serie precauzioni. Il materiale, carte, dadi, gettoni, è acquistato presso ditte specializzate che non vendono il loro prodotto al pubblico.

X - I casinò e il loro gergo

I giocatori hanno un loro proprio vocabolario, che non sempre i neofiti comprendono. Ecco alcuni termini che permetteranno ai non iniziatidi sembrare meno ingenui di quanto non siano.

A cheval (a cavallo): alla roulette, scommessa piazzata su due numeri.

Arroseur ("annaffiatore"): giocatore che carica il tavolo da roulette con un notevole numero di puntate.

Banco (banco): al baccara, esclamazione di un giocatore che intende giocare contro il banco.

Blind ("cieco"): al poker, scommessa iniziale posata sul tappeto dal giocatore prima di aver visto e toccato le sue carte.

Boudin ("cordone"): pila di gettoni allineati sul tavolo da gioco.

Brûlée (bruciata): carta scartata e annullata d'un tratto durante la partita.

Cadavre (cadavere): si dice di un giocatore che perde regolarmente.

Cagnotte (piatto): incavo sul tavolo che serve a raccogliere le vincite del banco al baccara o al prelievo delle stesse allo chemin de fer.

Crève (malanno): si dice dei giocatori che superano il 21 al black jack.

Chargé (appesantito): si dice dei dadi che contengono un peso, che ha lo scopo di farli cadere più spesso su un lato piuttosto che su un altro.

Clandé (bisca clandestina): casa da gioco, clandestina ma ugualmente funzionante.

Décavé (rovinato): giocatore che non ha più danaro per continuare a giocare.

Descendre à la mine (scendere in miniera): ripetere più volte una puntata.

En plein (in pieno): scommessa su un solo numero particolare alla roulette.

Empalmage ("impalmare"): consiste nel nascondere una carta nel palmo della mano.

Faire la salade ("mischiare l'insalata"): mischiare i mazzi di carte prima di inserirli nel *sabot*.

Flamber (dilapidare): giocare a tutto spiano.

Grande faucheuse ("la grande falciatrice"): la boule.

Grec ("il greco"): baro.

Jeux de contrepartie (giochi di contropartita): tutti i giochi che comportano un confronto tra giocatore e casinò.

Masse (posta): la posta.

Mordre de coin ("mordere l'angolo"): tentare di vedere le carte sollevandone un angolo prima di puntare.

Numéro de la "maison" (numero della casa): lo zero.

N.P.R. : cliente che non è ammesso nei casinò.

Orphelins (orfanelli): gettoni vincenti che restano sul tavolo senza che nessun giocatore li richieda.

Philosophes ("filosofi"): bari.

Pipé (truccato): si dice di dado truccato, di solito piombato.

Ponte (puntatore): giocatore che gioca contro il banco.

Pot (vaso): somma totale puntata in un giro di poker.

Poussette (spinta): consiste nello spingere una puntata su un numero vincente dopo la chiusura delle puntate stesse.

Sabot (distributore): distributore di carte al baccara e allo chemin de fer.

Sixain (sestina): l'insieme dei sei mazzi di carte del *sabot*.

Stickman ("uomo bastone"): croupier addetto al gioco del craps.

Systémier (sistemista): giocatore che gioca con metodi pseudo-matematici.

Tableau (tavolo da gioco): "tappeto verde" sul quale sono riportati i numeri del cilindro.

Tapis-francs (locale malfamato): tavolo da gioco in una bisca clandestina.

Tic-tac: codice di segnali trasmessi con gesta delle mani.

Il museo delle fortune

In Francia sono smascherati ogni anno più di mille bari. Intere bacheche, negli uffici dell'Ispettorato dei giochi, testimoniano il machiavellismo di alcuni di essi. I dadi truccati sono l'infanzia di quest'arte. Si vedono anche delle carte il cui taglio dorato riflette più o meno la luce a seconda che si tratti di un asso o di un dieci. Ci sono legioni di *sabot* truccati ingegnosamente o di false roulette... L'espulsore di carte, portato sotto lo smoking, legato alla coscia sinistra, fa pensare a una protesi: un complesso meccanismo di trasmissione che passa attraverso la schiena e il petto del giocatore sbuca infine dalla manica destra, con un iniettore. È una specie di lunga asta che termina con una pinza che deve prendere la carta non desiderata o al contrario espellerne una al momento più opportuno. Così una semplice contrazione della coscia comanderà l'emissione di una carta. Da vedere sono anche degli apparecchi che trasmettono segnali visivi o uditivi e degli occhiali a raggi infrarossi che rendono trasparenti i mazzi di carte.

AUSTRIA

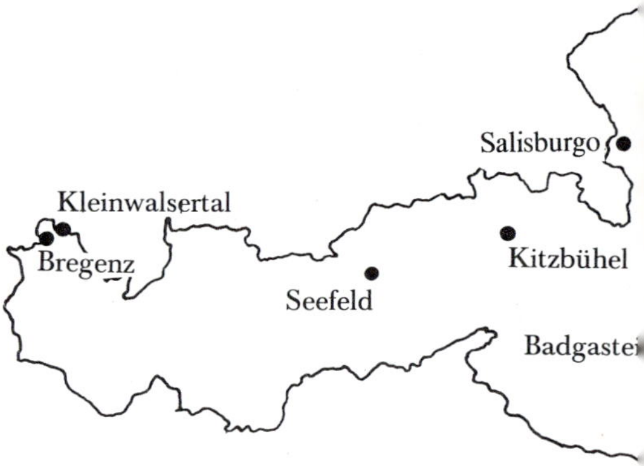

In Austria troviamo dei casinò solo dal 1934. Il primo, l'Hôtel Panhaus Casinò, fu aperto nel Semmering. Tre mesi più tardi, nell'agosto del 1934, fu aperto a sua volta il casinò di Baden che ottenne un successo immediato. Allo stesso anno risale poi la creazione dei casinò di Salisburgo e di Kitzbühel e al 1937, infine, di quello di Badgastein. Quando nel 1938 l'Austria fu annessa al Reich, tutti i casinò furono chiusi, fuorché quello di Baden, che continuò a funzionare durante quasi tutto il periodo delle ostilità.

Bisognerà attendere il 1950 perché i primi stabilimenti riprendano la loro attività: quelli di Badgastein, di Velden e di Salisburgo e poi di Kitzbühel nel 1954, nell'anno seguente quello di Baden, che aveva svolto la funzione di quartier generale per le truppe di occupazione sovietiche. Poi ne furono aperti ancora, specialmente a Vienna, nel 1960, dopo la partenza dall'Austria delle truppe sovietiche. Nel 1967 fu creata una nuova compagnia statale che gestisse queste attività: la Österreichisch Spielbanken A.G., a capo della quale il governo austriaco sistemò un direttore geniale, Leo Wallner, che in breve tempo fece degli undici stabi-

limenti a lui affidati un insieme coerente e molto efficiente sul piano commerciale.
Nei casinò austriaci sono autorizzati tre giochi: la roulette, il black jack, il baccara. È notevole il fatto che questi undici stabilimenti, in un paese sei volte più piccolo della Francia e otto volte meno popolato, realizzino un volume di affari superiore ad un terzo di quello dei 137 stabilimenti francesi. Il segreto di tale riuscita sta nel fatto che Leo Wallner ha saputo realizzare con i suoi casinò un'istituzione veramente popolare. Meglio ancora, questi stabilimenti costituiscono attualmente un vero e proprio pilastro dell'economia nazionale. Essi sponsorizzano un numero notevole di attività sportive, dalle squadre di calcio alle gare di formula 1. Stanno alla base di manifestazioni musicali, artistiche, letterarie e lavorano per la valorizzazione degli artisti austriaci all'estero. I casinò partecipano anche a tutte le forme di promozione turistica del paese.
Le quote finanziarie hanno superato il 20% all'epoca delle Olimpiadi del 1976, dell'Anno dell'infanzia nel 1979, dei giochi invernali di Sarajevo nel 1984. Non si conta poi la loro partecipazione disinteressata alle ope-

re di carità e umanitarie. Il *savoir faire* austriaco è stato riconosciuto da paesi come la Grecia, la Spagna, la Turchia, l'Ungheria. Anche i Paesi Bassi e il Belgio hanno chiesto l'appoggio degli austriaci per la creazione dei propri stabilimenti nazionali. Numerose compagnie di navigazione hanno affidato loro la creazione e la gestione dei casinò galleggianti sulle loro navi da crociera.

Casinoscopia

I casinò austriaci rispettano tutti i medesimi criteri di funzionamento, poiché essi appartengono e sono gestiti da una società nazionale dipendente dallo Stato.
Tavoli da roulette: 72.
Tavoli di baccara: 19.
Tavoli di black jack: 29.
Numero di visitatori: 18 milioni ogni anno.
Età minima: 21 anni.
Abito e cravatta obbligatori, con possibilità di affittarli al guardaroba degli stabilimenti.
Carte di credito accettate.
Diritti di ingresso: 130 scellini al giorno; 400 a settimana (escluso il casinò di Vienna: 150 e 450 scellini).
Date di apertura: tutto l'anno.
Tutti i casinò hanno a disposizione il telex. Tutti i giochi si fanno con scellini (fuorché al casinò di Kleinwaksertak dove è obbligatorio il marco tedesco). Tutte le valute straniere si possono cambiare alle casse degli stabilimenti.

Il papa non ama il baccara

"Il danaro impuro, quello utilizzato per i giochi d'azzardo, è un'offesa alla dignità di quelle persone che al giorno d'oggi si dibattono tra enormi difficoltà", pubblicò nel 1983 l'*Osservatore Romano*, organo di stampa ufficiale del Vaticano. E, prosegue il giornale, "ognuno è tenuto a contribuire allo sviluppo della comunità e il danaro impiegato per il gioco d'azzardo è sottratto a questa funzione, specie quando è speso all'estero."

Badgastein

Casinò di Badgastein - Grand Hôtel de l'Europe
A. 5640 Badgastein
Tel. 064.34.24.65 - Telex 67526

Situato in pieno centro città, a poca distanza dalle più alte cime austriache, il casinò, aperto dal 1937, fu il quarto creato nel paese. Chiuso nel 1938, fu il primo, nel 1950, ad essere riaperto dopo la guerra.

Caratteristiche dello stabilimento
Responsabile:Henrich Rakuschan
Date e orari d'apertura: aperto dal 1 luglio al 3 settembre dalle 15,00 alle 3,00, dal 25 dicembre al 31 marzo dalle 17,00 alle 3,00
Annessi al casinò: bar - ristorante gastronomico - Grand Hotel de l'Europe - Sala con slot machines (5 SCH)

Quali giochi si possono fare?

GIOCHI	NUMERO DEI TAVOLI	MINIMA SECONDO I GIOCHI	MASSIMA
Black jack	2	50/100 SCH	3.000/6.000 SCH
Roulette	3	20/50/100 SCH	25.000/60.000 120.000 SCH
Roulette americana (doppio zero)	1	50/100 SCH	60.000/120.000 SCH
Baccara	1	100 SCH	

Altre informazioni utili
Informazioni turistiche: stazione balneare - stazione di sport invernali - Kurvenwaltung Badgastein 5640 - Tel. 064.34.25.31

Baden

Casinò di Baden
Kurpark, A 2500 Baden
Tel. 022.52.44.496 - Telex 14468

Antica residenza estiva della famiglia imperiale d'Austria, Baden accolse in villeggiatura i più grandi musicisti: Beethoven, Mozart, Strauss. Qui fu aperto, nel 1934, il primo e il più elegante casinò del paese. Chiuso durante la guerra, riaprì nel 1955. Situato oggi in uno stabilimento di cura, il casinò di Baden, con la sua atmosfera di gran classe, è uno dei più raffinati d'Europa.

Caratteristiche dello stabilimento
Responsabile: Rudolf Migacz
Date e orari d'apertura: aperto tutto l'anno dalle 16,00 alle 4,00
Annessi al casinò: ristorante - bar - piano bar - sala da ballo - sala con slot machine (1 scellino)

Quali giochi si possono fare?

GIOCHI	NUMERO DEI TAVOLI	MINIMA	MASSIMA
		SECONDO I GIOCHI	
Black jack	4	50/100 SCH	3.000/6.000 SCH
Roulette	7	20/50/100 SCH	25.000/60.000 120.000 SCH
Roulette americana (doppio zero)	4	50/100 SCH	60.000/120.000 SCH
Baccara Chemin de fer	2	100 SCH	

Altre informazioni utili
Posizione: stazione termale - Vienna 26 km
Informazioni turistiche: Kurverwaltung Baden Hauptplatz 2/2500 Baden - Tel. 02252.86.800

Bregenz

Casinò di Bregenz
A. 6900 GWL Bregenz - Leutbütel 2
Tel. 055.742.51.27 - Telex 57 600.

Piccolo casinò che si trova al terzo piano di un edificio moderno, quello di Bregenz fu inaugurato nel 1975. Oggi funziona in un locale indipendente dell'Hôtel Mercure; la sua posizione geografica vicino al lago di Costanza attrae anche la clientela svizzera e tedesca.

Caratteristiche dello stabilimento
Responsabile: Otmar Lindner
Date e orari d'apertura: aperto tutto l'anno dalle 15,00 alle 4,00
Annessi al casinò: bar - ristorante gastronomico - Hotel Mercure - Sala con slot machine (5 scellini)

Quali giochi si possono fare?

GIOCHI	NUMERO DEI TAVOLI	MINIMA	MASSIMA
		SECONDO I GIOCHI	
Black jack	2	50/100 SCH	3.000/6.000 SCH
Roulette	7	20/50/100 SCH	25.000/60.000 120.000 SCH
Baccara	1	100 SCH	

Altre informazioni utili
Posizione: stazione turistica - Lindau 10 km - Feldkirch 33 km
Informazioni turistiche: Verkehrsverein Bregenz - Inselstrasse 15 - 6900 Bregenz - Tel. 055.74.23.391

Graz

Casinò di Graz
A. 8020 Landhausgasse - Grazes Congress
Tel. 0316.70.25.78 - Telex 32 623.

Inaugurato nell'ottobre 1984, ultimo nato dei casinò austriaci, lo stabilimento di Graz, seconda città d'Austria, è piccolo ma molto piacevole. Il suo arredamento in legno e vetrate gli conferiscc una certa intimità. A pochi chilometri dalle frontiere iugoslave, i giocatori possono ammirare dalle finestre il paesaggio montuoso e forestale.

Caratteristiche dello stabilimento
Responsabile: Hubert Kussek
Date e orari d'apertura: aperto tutto l'anno dalle 16,00 ale 4,00
Annessi al casinò: bar - ristorante gastronomico - sala con slot machines (5 scellini)

Quali giochi si possono fare?

GIOCHI	NUMERO DEI TAVOLI	MINIMA	MASSIMA
		SECONDO I GIOCHI	
Black jack	2	50/100 SCH	3.000/6.000 SCH
Roulette	4	20/50/100 SCH	25.000/60.000 120.000 SCH
Roulette americana (doppio zero)	2	50/100 SCH	60.000/120.000 SCH
Chemin de fer	1	100 SCH	

Altre informazioni utili
Posizione: stazione turistica - Gleisdorf 29 km - Liezen 120 km
Informazioni turistiche: Verkehrsverein Graz, Herrengasse 16 - 8010 Graz - Tel. 0316.705.241

Kitzbühel

Casinò di Kitzbühel
A. 6370 Kitzbühel - Goldener Greif Hotel
Tel. 053.56.23.00 - Telex 511 7122.

Inaugurato nel 1934, chiuso nel 1938, poi riaperto nel 1954, il casinò di Kitzbühel fu il terzo stabilimento creato in Austria. Situato all'incrocio delle piste da sci più famose del mondo, il casinò è arredato secondo il più puro stile tirolese, che non può non stupire, in modo però molto gradevole.

Caratteristiche dello stabilimento
Responsabile: Thomas Deimel
Date e orari d'apertura: aperto dal 1 luglio al 30 settembre dalle 19,00 alle 3,00, dal 25 dicembre al 31 marzo dalle 17,00 alle 3,00
Annessi al casinò: bar - ristorante - Hotel Goldener Greif - sala con slot machine (5 scellini)

La trovata di Leo Wallner
Il solo fatto di mettere piede in un casinò austriaco vi fa guadagnare danaro. In effetti, per entrare in qualsiasi casinò, bisogna pagare un diritto d'entrata... Ma quest'ultimo è automaticamente accompagnato da una consegna gratuita di gettoni il cui importo è superiore al diritto d'entrata. Così, se voi prendete una carta d'entrata da 130 scellini, vi viene consegnato l'equivalente di 150 scellini. E per una carta settimanale da 400 scellini, l'equivalente di 450.

Altre informazioni utili
Posizione: stazione di sport invernali
Informazioni turistiche: Fremdenveskehrsverein Kitzbühel A-6370 - Tel. 053.56.22.72

Quali giochi si possono fare?

GIOCHI	NUMERO DEI TAVOLI	MINIMA SECONDO I GIOCHI	MASSIMA
Black jack	3	50/100 SCH	3.000/6.000 SCH
Roulette	3	20/50/100 SCH	25.000/60.000 120.000 SCH
Roulette americana (doppio zero)	2	50/100 SCH	60.000/120.000 SCH
Baccara	1	100 SCH	
Chemin de fer	1	100 SCH	

Kleinwalsertal

Casino di Kleinwalsertal
A. 6991 Riezlern
Tel. 05517.50.23 - Telex 59 160.

Recente, perché inaugurato nel 1972, ma rifatto completamente nel 1983, il casinò di Kleinwalsertal riaprì nel gennaio 1984 con un arredamento che gli dona un'atmosfera semplice e rilassante. Per la sua posizione geografica la città ha uno statuto del tutto particolare. Si trova in territorio austriaco, ma è economicamente dipendente dalla Repubblica Federale Tedesca, cosicché la moneta utilizzata nel casinò è il marco tedesco.

Complesso di colpa
Il presidente della Fiat, uno dei primi costruttori europei, Giovanni Agnelli, ha deciso dal 1964 di giocare "segretamente" fintanto che sarebbe stato possibile. Nel gennaio del 1964 guadagnò al baccara 35 milioni di vecchi franchi con un banco. Due giorni dopo, i rappresentanti sindacali dei suoi stabilimenti, che avevano saputo la notizia dai giornali, avanzarono la pretesa di un aumento di 40 lire per operaio. E ottennero un rifiuto. In agosto dello stesso anno, sempre dalla stampa, gli operai vennero a sapere che Agnelli aveva perso un banco di 42 milioni di vecchi franchi. Qualche giorno dopo gli chiesero un aumento di 50 lire: e lo ottennero! Lo psicologo definisce questo atteggiamento "complesso di colpa".

Caratteristiche dello stabilimento
Responsabile: Erich Herzfeld
Date e orari d'apertura: aperto tutto l'anno dalle 17,00 ale 3,00 da gennaio a marzo, dalle 19,00 alle 3,00 da aprile a dicembre
Annessi al casinò: bar - ristorante gastronomico - sala con slot machine (1 marco tedesco)

Quali giochi si possono fare?

GIOCHI	NUMERO DEI TAVOLI	MINIMA	MASSIMA
		SECONDO I GIOCHI	
Black jack	2	5/10/20 DM	500/1.000 2.000 DM
Roulette	4	2/5/10 DM	2.400/6.000 12.000 DM
Roulette americana (doppio zero)	1	5 DM	60.000 DM
Chemin de fer	1	50 DM	

Altre informazioni utili
Posizione: stazione turistica
Informazioni turistiche: Verkehrsam Riezlern, 6991 - Riezlern - Kleinwalsertal (5517/5515)

Linz

Casinò di Linz
A. 4020 Schillerpark Hotel
Tel. 073.25.44.87 - Telex 22 503.

A Linz, capitale della Bassa Austria, non poteva mancare il casinò, che è funzionante dal marzo 1982.

Caratteristiche dello stabilimento
Responsabile: Robert Ottisch
Date e orari d'apertura: aperto tutto l'anno dalle 16,00 alle 4,00
Annessi al casinò: bar - ristorante gastronomico - Hotel Schillerpark - sala con slot machine (5 scellini)

Quali giochi si possono fare?

GIOCHI	NUMERO DEI TAVOLI	MINIMA SECONDO I GIOCHI	MASSIMA SECONDO I GIOCHI
Black jack	2	50/100 SCH	3.000/6.000 SCH
Roulette	5	20/50/100 SCH	25.000/60.000 120.000 SCH
Roulette americana (doppio zero)	2	50/100 SCH	60.000/120.000 SCH
Chemin de fer	1	100 SCH	

Altre informazioni utili
Posizione: stazione turistica
Informazioni turistiche: Fremdenverkehrsamt Linz, Altsatdt 17 - 4020 Linz - Tel. 0732.77.482

500

Salisburgo

Casinò di Salisburgo
A. 5020 Salisburgo - Mönchsberg
Tel. 0662.45.65.60 - Telex 633 503.

Principale centro turistico dopo Vienna, Salisburgo, città natale di Mozart, è considerata soprattutto per i suoi festival, i suoi quartieri medievali e i suoi prestigiosi edifici religiosi. Vi si trova un casinò dal 1934, il secondo aperto in Austria. Trasferito dal 1977 nel famoso Cafè Winkler, lo stabilimento ha un arredamento veramente d'avanguardia. Dalla sua terrazza si può scoprire un panorama straordinario.

Caratteristiche dello stabilimento
Responsabile: Herbert Hirschhaüter
Date e orari d'apertura: aperto tutto l'anno dalle 16,00 alle 4,00
Annessi al casinò: bar - ristorante gastronomico - sala con slot machine (5 scellini)

L'uccellino vuole uscire

In ogni casinò esiste un regolamento interno che tutti i clienti sono tenuti a rispettare. Uno dei punti presenti in tutti gli stabilimenti del mondo è il divieto di fotografare. Sono in molti, tuttavia, quelli che per un motivo o per un altro, souvenir, ricatto, colpo giornalistico, tentano di trasgredire questa regola. Non passa stagione senza che in un casinò i sorveglianti non sorprendano un "fotografo" in azione!

Quali giochi si possono fare?

GIOCHI	NUMERO DEI TAVOLI	MINIMA	MASSIMA
		SECONDO I GIOCHI	
Black jack	2	50/100 SCH	3.000/6.000 SCH
Roulette	5	20/50/100 SCH	25.000/60.000 120.000 SCH
Roulette americana (doppio zero)	2	50/100 SCH	60.000/120.000 SCH
Baccara	1	100 SCH	
Chemin de fer	1	100 SCH	

Altre informazioni utili

Posizione: stazione turistica

Informazioni turistiche: Auerspergstrasse 7 - 5020 Salisburgo - Tel. 4262.74.620

Seefeld

Casinò di Seefeld
A. 6100 Seefeld - Kawendelhof Hotel
Tel. 05212.23.40 - Telex 538 5516.

Seefeld ebbe un casinò dal luglio 1969, ma dal 1971 esso fu trasformato in un piccolo casinò in stile tipicamente tirolese, arredato con vecchi attrezzi provenienti da antiche fattorie.

Caratteristiche dello stabilimento
Responsabile: Walter Reichart
Date e orari d'apertura: aperto tutto l'anno dalle 16,00 alle 4,00
Annessi al casinò: bar - ristorante gastronomico - sala con slot machine (5 scellini)

Il conto
Il granduca Dimitri, principe della famiglia imperiale russa, festeggiava a modo suo le perdite al gioco. Un conto, conservato negli archivi di un casinò, ci informa che l'eccentrico principe pagò per sei persone quarantacinque bottiglie di champagne, di cui quindici per il tavolo, venti per annaffiare delle piccole danzatrici, e dieci per rompere gli specchi.

Quali giochi si possono fare?

GIOCHI	NUMERO DEI TAVOLI	MINIMA	MASSIMA
		SECONDO I GIOCHI	
Black jack	3	50/100 SCH	3.000/6.000 SCH
Roulette	4	20/50/100 SCH	25.000/60.000 120.000 SCH
Roulette americana (doppio zero)	2	50/100 SCH	60.000/120.000 SCH
Baccara	1	100 SCH	
Chemin de fer	1	100 SCH	

Altre informazioni utili
Posizione: stazione di sport invernali
Informazioni turistiche: Kurverwaltung Seefeld 6100 - Tel. 052.12.23.13

Velden

Casinò di Velden
A. 9220 Velden - Wörthersee - Hotel Bulfon
Tel. 04274.20.64 - Telex 422 600.

Velden è una tra le più apprezzate città austriache. Situata in una regione chiamata la "Riviera austriaca", possiede un casinò dal 1950. Lo stabilimento, dall'atmosfera molto accogliente, ha preso un'iniziativa unica: quella di installare d'estate dei tavoli da gioco all'aperto, sulle terrazze, da cui si può ammirare un panorama straordinario.

Caratteristiche dello stabilimento
Responsabile: Hermogen Sandermann
Date e orari d'apertura: aperto tutto l'anno dalle 16,00 alle 4,00
Annessi al casinò: bar - ristorante gastronomico - Hotel Bulfon - sala con slot machine (10 scellini)

Quali giochi si possono fare?

GIOCHI	NUMERO DEI TAVOLI	MINIMA	MASSIMA
		SECONDO I GIOCHI	
Black jack	2	50/100 SCH	3.000/6.000 SCH
Roulette	5	20/50/100 SCH	25.000/60.000 120.000 SCH
Roulette americana (doppio zero)	2	50/100 SCH	60.000/120.000 SCH
Baccara	2	100 SCH	
Chemin de fer	2	100 SCH	

Altre informazioni utili
Posizione: stazione termale
Informazioni turistiche: Kurdiraktion Velden - 9220 Velden - Tel. 042.74.21.03

Vienna

Casinò di Vienna
A. 1010 Vienna - Kärntner Strasse 41
Tel. 0222.52.48.36 - Telex 134 854

Creato nel 1961 e installato dal 1969 al Palais Esterhazy, il casinò di Vienna si trova al centro dell'antica città imperiale, in un quartiere vietato al traffico. Molto frequentato dagli austriaci, il casinò della capitale è assai animato.

Caratteristiche dello stabilimento
Responsabile: Robert Franz
Date e orari d'apertura: aperto tutto l'anno dalle 16,00 alle 4,00
Annessi al casinò: bar - ristorante gastronomico - sala con slot machine

Quali giochi si possono fare?

GIOCHI	NUMERO DEI TAVOLI	MINIMA SECONDO I GIOCHI	MASSIMA SECONDO I GIOCHI
Black jack	5	50/100/200 SCH	3.000/6.000 60.000/120.000 SCH
Roulette	3	50/100 SCH	25.000/60.000 120.000 SCH
Roulette americana (doppio zero)	4	50/100 SCH	60.000/120.000 SCH
Baccara	1	100 SCH	
Chemin de fer	1	100 SCH	

Altre informazioni utili
Posizione: città turistica
Informazioni turistiche: Fremdenverkehrsverband Wien Kinderspitalgasse 5, 1090 Vienna - Tel. 0222.43.16.08

BELGIO

Criticati da molti ma benedetti dal Ministero delle Finanze, i casinò in Belgio si trovano in una situazione paradossale che non può non far pensare a quella dei casinò italiani. Le case da gioco non sono autorizzate, ma sono tollerate. La concessione per i giochi, di durata dai venti ai trent'anni secondo i casi, è accordata, in base all'accordo con il Ministero dell'Interno, dalle amministrazioni comunali a una società privata mediante una serie di obblighi da rispettare. Oltre alle tasse imposte sulle vincite, i casinò sono tenuti a un obbligo indiscutibile, quello di impegnare una somma determinata per la promozione turistica. Così ogni casinò belga deve organizzare spettacoli, festival, esposizioni, deve prendere parte attiva alla sistemazione di certi luoghi, e così via. In tutto il territorio nazionale è vietato fare pubblicità diretta ai giochi, così i casinò parlano solamente dei loro "saloni privati" e fanno in modo di organizzare un certo tipo di promozione in relazione alle manifestazioni culturali e artistiche. In Belgio ci sono otto casinò e tutti, durante tutto l'anno, propongono buoni programmi teatrali e spettacoli con divi internazionali. Al di là di tutto ciò, le sale da gioco propriamente dette sono perfettamente arredate e offrono la serie completa dei giochi dei casinò europei.

Knokke-le-Zoute

Zeedikil Albertstrand 509
8300 Knokke Heits
Tel. 050.60.14.71 - 050.60.20.71 - Telex: CASKNO 81131

Il casinò di Knokke-le-Zoute fu costruito su iniziativa del senatore belga Joseph Nellens, importante agente immobiliare di Anversa, che nel 1922 divenne proprietario di 147 ettari di dune. Nel 1926 fece costruire l'Hôtel "Pavillon du lac" e vi installò una sala da gioco.
Il casinò indipendente risale a due anni più tardi e al 5 luglio 1930 l'apertura ufficiale. Fu stipulato un accordo con il comune in base al quale, dopo una concessione di trent'anni, il casinò sarebbe divenuto proprietà comunale. La concessione fu poi rinnovata, nel 1971, per altri vent'anni.

Caratteristiche dello stabilimento
Responsabile: J. Nellens, J. Denies, R. Verhulst
Date e orari d'apertura: aperto tutto l'anno dalle 16,00 alle 3,00 durante la settimana, dalle 15,00 alle 4,00 i week-end
Ingresso: 500 FB
Età minima: 21 anni
Abbigliamento: giacca e cravatta obbligatoria
Annessi al casinò: night club - sala da ballo - ristorante gastronomico - Albergo - Tel. 050.61.06.06

Quali giochi si possono fare?

GIOCHI	NUMERO DEI TAVOLI	PUNTATA MINIMA	PUNTATA MASSIMA
Roulette	8	50/100FB	1.000/4.000 FB
Roulette americana	5	50 FB	1.000 FB
Chemin de fer	3	1.000 FB	
Black jack	4	200 FB	10.000 FB

Il più grande lampadario del mondo
Fabbricato dalla celebre cristalleria veneziana di Murano, è valutato un milione di franchi. Pesa sette tonnellate, ha un diametro di otto metri e mezzo. È costituito da 16000 pezzi e 2000 lampadine. Per la sua pulizia completa, ogni due anni, è impiegata un'equipe di otto persone che lavora per otto giorni. È appeso nel grande salone d'ingresso.

Altre informazioni utili
Posizione: stazione balneare con istituto di talassoterapia - Bruxelles 108 km - Ostenda 33 km
Informazioni turistiche: Zeedijk - 660 Knokke - Tel. 050.60.16.16

500

Blankenberge

Zeedijk 150
8370 Blankenberge
Tel. 050.41.14.25 - 050.41.14.26

Caratteristiche dello stabilimento
Responsabile: Luc Rammant
Date e orari d'apertura: aperto tutto l'anno tutti i giorni a partire dalle 13,30
Ingresso: 100 FB/giorno - 500 FB/settimana
Età minima: 21 anni
Annessi al casinò: bar - ristorante - discoteca

Quali giochi si possono fare?
Roulette francese - roulette americana - black jack - baccara

Altre informazioni utili
Posizione: stazione balneare - Bruxelles 111 km - Ostenda 21 km - Bruges 14 km
Informazioni turistiche: Koning Leopold II - Plein Blan Kenberge - 8370 Blankenberge - Tel. 050.41.29.21

Ostenda

Casinò Kursaal
Lokatie Ousthell - 8400 Ostenda
Tel. 59.70.51.11

Caratteristiche dello stabilimento
Annessi al casinò: bar - ristorante - night club - teatro

Quali giochi si possono fare?
Roulette francese - roulette americana - black jack - slot machine

Altre informazioni utili
Posizione: stazione balneare - Bruxelles 115 km - Bruges 28 km - Dunkerque 55 km
Informazioni turistiche: 8400 Ostenda
Tel. 059.70.11.99 - 059.70.60.17

Middelkerke

Casinò di Middelkerke - Zeedijk
8430 Middelkerke
Tel. 059.30.05.03

Fallito nel 1977, il casinò di Middelkerke riaprì nel 1979, dopo un investimento da parte del nuovo concessionario di circa 25 milioni di franchi. Oggi questo casinò è certamente uno dei più attraenti del Benelux e la sua bella sala da gioco in stile *art decò* attira giocatori da tutto il mondo. Ogni tavolo da roulette è dotato di un computer che dà le ultime venti giocate, il che è molto utile per i sistemi e anche semplicemente per conoscere le tendenze del gioco. Infine, particolare piacevole, ci sono delle croupier molto attraenti che si alternano alla roulette con i loro colleghi maschi.

Caratteristiche dello stabilimento
Responsabile: Luc Rammant
Date e orari d'apertura: aperto tutto l'anno tutti i giorni a partire dalle 15,00
Ingresso: 50 FB
Età minima: 21 anni
Abbigliamento: giacca e cravatta obbligatoria
Annessi al casinò: 2 bar - 2 ristoranti - discoteca - night club - teatro

Quali giochi si possono fare?

GIOCHI	NUMERO DEI TAVOLI	PUNTATA MINIMA	PUNTATA MASSIMA
Roulette francese	4	50 FB	
Roulette inglese	4	50 FB	
Black jack	4	50 FB	
Baccara	1	50 FB	

Altre informazioni utili
Posizione: stazione balneare - Bruxelles 124 km - Ostenda 8 km
Informazioni turistiche: Wapenplein - 8400 Ostenda -
Tel. 059.70.11.90 - 059.70.60.17

Namur

Casinò di Namur - 1, avenue Moreau, 5000 Namur.
Tel. 81.22.30.21

Caratteristiche dello stabilimento
Annessi al casinò: bar - ristorante - night club - teatro

Quali giochi si possono fare?
Roulette francese - roulette americana - black jack - slot machine

Altre informazioni utili
Posizione: stazione turistica - Bruxelles 64 km - Charleroi 39 km
Informazioni turistiche: Pavillon Square Léopold III - 5000 Namur -
Tel. 081.22.28.59

Dinant

Palais Casinò - 28, rue Grande
5500 Dinant
Tel. 082.22.23.74 - 082.22.23.38

La città di Dinant ha dietro di sé una lunga tradizione di gioco. E ci fu anche un tempo in cui la città contava parecchie case da gioco. È da ricordare anche che Dinant fu uno dei pochi posti in Europa dove il gioco d'azzardo non fu mai veramente trascurato durante la seconda guerra mondiale. Come dire che esiste una viscerale tradizione del "tappeto verde".
Lo stabilimento attuale, un autentico piccolo palazzo, data dal 1925 ed è situato in una posizione stupenda ai piedi di imponenti falesie. L'interno, molto raffinato, malgrado la modernità dei materiali impiegati, rivela un'atmosfera calda e intima.

Caratteristiche dello stabilimento
Responsabile: Marc Dubois
Date e orari d'apertura: aperto tutto l'anno, tutti i giorni dalle 16,00 alle 3,00
Ingresso: 50 FB/giorno - 500 FB/anno
Età minima: 21 anni
Annessi al casinò: bar - ristorante gastronomico - sala da ballo - teatro - Hotel La Résidence

Quali giochi si possono fare?

GIOCHI	NUMERO DEI TAVOLI	PUNTATA MINIMA	PUNTATA MASSIMA
Roulette	2	50 FB	2.000 FB en plein 40.000 FB chance semplice
Quick roulette	2	50 FB	2.000 FBen plein 40.000 FB chance semplice
Black jack	1	100 FB	8.000 FB
Chemin de fer	1		

Altre informazioni utili
Posizione: Stazione turistica - Bruxelles 106 km - Namur 18 km - Liegi 74 km
Informazioni turistiche: 37, Grande Rue - 5500 Dinant - Tel. 082.22.28.70

Spa

Casinò di Spa - 4, rue Royale
4880 Spa
Tel. 087.77.20.52

Spa ha l'onore di possedere il casinò più vecchio del mondo. O, per essere più precisi, la più antica autorizzazione, dal momento che, essendo stata la città più volte devastata, saccheggiata, incendiata, anche le case da gioco subirono le stesse traversie.
Durante il XVIII secolo il gioco fu completamente proibito in Francia, sicché Spa diventò il rifugio di tutti i *flambeur*, moltiplicando così salo-

ni e bische. Nell'ottobre 1762, infine, su domanda del principe vescovo d'Asburgo e delle autorità comunali di Spa, il cardinale Jean Théodore di Baviera concesse un'autorizzazione per un certo numero di attività di divertimento, tra cui quella per un edificio che riunisse tutti i giochi della città sotto la sorveglianza della polizia. Il controllo per la regolamentazione dei giochi ha dunque 224 anni, il che costituisce una specie di record. Oggi, con i suoi 300 mq di superficie globale, il casinò di Spa costituisce certamente, con le sue dipendenze, una delle più complete infrastrutture turistiche del Belgio. Segnaliamo infine un fatto poco frequente in Europa: la presenza di croupier ufficiali alla roulette.

Caratteristiche dello stabilimento

Responsabile: H. van Florep

Date e orari d'apertura: aperto tutto l'anno tutti i giorni dalle 15,00 alle 3,00

Ingresso: 50 FB/giorno - 500 FB/anno

Età minima: 21 anni

Annessi al casinò: 2 ristoranti - cabaret - teatro - sala per esposizione

Quali giochi si possono fare?

GIOCHI	NUMERO DEI TAVOLI	PUNTATA MINIMA	PUNTATA MASSIMA
Roulette	6	50/100/200 400 FB	1.500/3.000 5.000 7.000 FB
Roulette americana	6	50/100/200 400 FB	1.000/1.500 2.000/3.000 FB
Quick roulette	1	100 FB	5.000 FB
Black jack	2	100/200/500 1.000 FB	5.000/10.000 20.000 FB

Altre informazioni utili

Posizione: stazione termale - Bruxelles 135 km - Liegi 38 km

Informazioni turistiche: Pavillon des petits jeux - 4880 Spa - Tel. 087.77.17.00 - 087.77.29.13

Liegi

Casinò di Chaudfontaine - Esplanade 1, Chaudfontaine
4930 Liegi
Tel. 041.65.07.41

Dal 1827 si cominciò a praticare il gioco d'azzardo e a danaro in una delle dipendenze dei grandi hôtel dei Bagni. Nel 1872, Chaudfontaine possiede un vero e proprio casinò che conserva fino al 1939, anno in cui l'edificio è abbattuto per fare posto ad un nuovo ed imponente stabilimento. Sfortunatamente con lo scoppio della guerra il casinò fu obbligato a chiudere.
Dal settembre 1945 riaprì le porte e un gran numero di artisti calcò le scene della sua sala da spettacolo: Maurice Chevalier, le *Peter's Sisters*, le *Soeur Etienne*, tra le molte altre celebrità. Questo fatto comportò una tale notorietà per la casa da gioco che ben presto fu necessario ingrandirla nuovamente.
Oggi il casinò di Chaudfontaine non propone solamente i giochi, ma anche spettacoli di divertimento o culturali.

Caratteristiche dello stabilimento
Responsabile: Albert Hilman, Marc Dubois
Date e orari d'apertura: aperto tutto l'anno dalle 15,00 alle 3,00
Ingresso: 50 FB
Età minima: 21 anni
Annessi al casinò: bar - 2 ristoranti - teatro - discoteca

Altre informazioni utili
Posizione: stazione termale - Bruxelles 104 km - Liegi 19 km
Informazioni turistiche: Maison Sauveur - Parc des sources - 4930 Chaudfontaine - Tel. 041.65.18.34

Quali giochi si possono fare?

GIOCHI	NUMERO DEI TAVOLI	PUNTATA MINIMA	PUNTATA MASSIMA
Roulette francese	6	50/500 FB	50.000 100.000 FB
Roulette americana	2	50/500 FB	50.000 100.000 FB
Black jack	2	100/200 FB	5.000/10.000 FB

FRANCIA

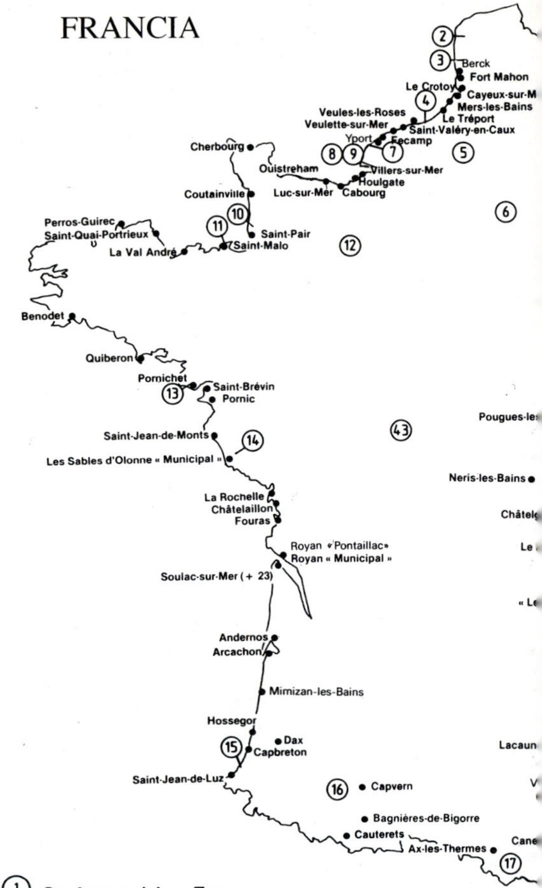

① St-Amand-les-Eaux
② Boulogne-sur-Mer
③ Le Touquet
④ Dieppe
⑤ Forges-les-Eaux
⑥ Enghien
⑦ Etretat
⑧ Trouville
⑨ Deauville
⑩ Grandville
⑪ Dinard
⑫ Bagnoles-de-l'Orn
⑬ La Baule
⑭ Les Sables-d'Olonr
⑮ Biarritz
⑯ Pau
⑰ Font-Romeu
⑱ Amélie-les-Bains
⑲ Le Boulou

● : Casinò dove si gioca solo la boule

① : Casinò dove si praticano anche altri giochi

(20) Palavas-les-Flots
(21) La Grande-Motte
(22) Carry-le-Rouet
(23) Aix-en-Provence
(24) Bandol
(25) Ste-Maxime
(26) St-Raphaël
(27) Mandelieu
(28) Cannes:
- *Palm Beach*
- *Casino des Fleurs*
- *Municipal*

(29) Juan-les-Pins
(30) Antibes
(31) Nice
(32) Beaulieu-sur-Mer
(33) Menton
(34) Aix-les-Bains
(35) Megève
(36) Chamonix
(37) Evian
(38) Divonne
(39) Charbonnières
(40) Montrond-les-Bains
(41) St-Galmier
(42) Vichy
(43) La Roche-Posay
(44) Santenay-les-Bains
(45) Luxeuil-les-Bains
(46) Vittel
(47) Gérardmer
(48) Niederbronn-les-Bains
(49) Calvi
(50) Ajaccio

Aix-les-Bains

Le Grand Cercle, relais de Savoie, rue du Casino,
73100 Aix-les-Bains
Tel. 79.35.16.16.

Il gioco è una tradizione ad Aix: nei suoi hotel lo si praticava già dal XVIII secolo. Un documento firmato dal Consiglio municipale stabilisce che "sarebbe stato conveniente pregare Sua Maestà di concedere alla città il diritto di ospitare, durante la stagione delle acque, il gioco d'azzardo".
Il primo circolo fu inaugurato nel 1824. Honoré de Balzac, Napoleone III, la regina Vittoria, il re Giorgio V, Maupassant, Sarah Bernhardt, si fermarono a giocare ad Aix. Prima della Grande Guerra il casinò manteneva 60 musicisti, 50 coriste e un corpo di ballo da 60 persone. Le ostilità trasformarono il casinò in un ospedale, che fino al 1917 accolse più di 20.000 feriti.
Il casinò fu riaperto nel 1920 e così ripresero i giochi e le feste. Di nuovo si videro ad Aix grandi, eccentrici giocatori e le grandi fortune dell'epoca: alla vigilia della guerra si alternavano le cene di gala e gli anniversari più prestigiosi, mentre si ostentavano anche menù per cani. La guerra 1939-1940 comportò ancora una volta la soppressione dei giochi, ma con la Liberazione essi ripresero e questa volta ai tavoli da gioco si trovavano il duca di Windsor, Antoine Pinay, Michèle Morgan, Ali Khan,

Rita Hayworth e, già da allora, qualche emiro del Medio Oriente. Del suo illustre passato il casinò di Aix oggi conserva la sontuosa facciata, i saloni moreschi con i soffitti dipinti da Salirani e, suo vanto, la sala da gioco.

Caratteristiche dello stabilimento
Responsabile: Gérard Brichet
Date e orari d'apertura: tutto l'anno dalle 16.00 alle 2.00 (alle 3.00 il venerdì e il sabato)
Ingresso: 52 franchi/giorno - 190 franchi/settimana - 900 franchi/tutta la stagione
Abbigliamento: dignitoso, giacca dopo le 20.00
Annessi al casinò: dancing - bar - ristorante - sala da tè
Carte di credito: ammesse

Quali giochi si possono fare?

GIOCHI	NUMERO DEI TAVOLI	PUNTATA MINIMA	PUNTATA MASSIMA
Boule	3	5 FF	200 FF
Black jack	1	50FF	
Roulette	4	10/20 FF	300/60 FF

Altre informazioni utili
Posizione: stazione termale favorevolealla cura dei disturbi reumatici - Chambéry a 16 Km, Ginevra a 77 Km
Informazioni turistiche: Ufficio termale e turistico Tel. 79.35.15.35 - 79.35.05.92

Aix-en-Provence

Casinò municipal, 2 bis, avenue Napoléon Bonaparte
13100 Aix-en-Provence
Tel. 42.26.30.33

Il vecchio e il mare
Dopo un bagno in mare un pensionato di 71 anni, monsieur Léon Rucaud, gentile e ben vestito, entra nel negozio di un gioielliere di Cannes e lo supplica: "Voglio essere arrestato, chiamate la polizia". Il gioielliere lo accontenta e monsieur Rucaud spiega al poliziotto di trovarsi con 25 franchi in tasca, completamente rovinato dopo aver sperperato il suo denaro per trent'anni. Il suo più grande desiderio era quello di essere rinchiuso nel carcere di Grasse, per non "cedere più alla tentazione". La questura di Grasse, insensibile di fronte a questo caso profondamente umano, lasciò solo il vecchio signore a combattere la sua tentazione.
Egli firmò allora degli assegni a vuoto e finalmente fu accontentato!

Caratteristiche dello stabilimento

Date e orari d'apertura: tutto l'anno dalle 16.00 alle 2.00 (alle 3.00 la domenica e i giorni prefestivi)
Ingresso: per la boule 1 franco - 51 franchi/giorno - 200 franchi/settimana - 470 franchi/mese - 970 franchi/anno
Abbigliamento: adeguato, (corretto dignitoso)
Annessi al casinò: bar - ristorante - trasporto gratuito da Aix e da Marsiglia
Carte di credito: accettate, la valuta straniera si cambia alla cassa

Quali giochi si possono fare?

GIOCHI	NUMERO DEI TAVOLI	PUNTATA MINIMA	PUNTATA MASSIMA
Boule	1		
Roulette	7	5 FF	5.000 FF
Chemin de fer	3	100 FF	1.000 FF
30 et 40	2	2 FF	2.000 FF

Altre informazioni utili
Posizione: stazione turistica a 31 Km da Marsiglia e a 80 Km da Avignone
Informazioni turistiche: 2, place de la Libération, 13100 Aix-en-Provence - Tel. 42.26.02.93

500

Amélie-les-Bains

Casinò di Amélie-les-Bains, avenue du Dr Bouix,
66110 Amélie-les-Bains
Tel. 68.39.06.06

Stabilimento costruito nel 1955.

Caratteristiche dello stabilimento
Responsabile: Maurice Malortigue
Date e orari d'apertura: tutto l'anno dalle 19.30 alle 3.00 durante la settimana, dalle 16.00 alle 3.00 domenica e giorni festivi
Ingresso: 50 franchi/giorno
Abbigliamento: corretto
Annessi al casinò: discoteca - night club - ristorante gastronomico - pizzeria - cinema

Quali giochi si possono fare?

GIOCHI	NUMERO DEI TAVOLI	PUNTATA MINIMA	PUNTATA MASSIMA
Boule	2	2 FF	
Black jack	1	20 FF	2.000 FF
Roulette	4	10 FF	10.000 FF
Baccara	1	500 FF	
Banco	1	50 FF	
Chemin de fer	1	500 FF	

Altre informazioni utili
Posizione: stazione termale per le malattie delle vie respiratorie, dell'orecchio e per malattie reumatiche. Perpignan 38 km.
Informazioni turistiche: azienda di soggiorno e turismo Tel. 68.39.01.98.

Parola di gioco, parola d'onore!
La legge non riconosce alcuna azione legale in caso di debiti di gioco o per il pagamento di una scommessa: un giocatore che chieda un prestito ad un altro giocatore che partecipi al medesimo gioco, per continuare a giocare, è esonerato da qualsiasi obbligo di rimborso. Non è onesto, ma legale... Allo stesso modo un casinò che conceda un prestito ad un giocatore contro un assegno, non può perseguirlo per la riscossione se costui si oppone o se l'assegno risulta emesso a vuoto: si tratta di un debito di gioco. Così ha deciso, in Francia, la Corte di Cassazione nel 1962 con una sentenza che fa giurisprudenza.

Antibes

Casinò "La Siesta" - Tel. 93.34.31.68
Casinò "Eden Beach"
Bd Édouard-Baudoin - Tel. 93.61.00.29
06601 Antibes

Quali giochi si possono fare?
Boule, Baccara, Roulette, Black jack

Altre informazioni utili
Posizione: Cannes a 11 Km - Nizza a 23 Km
Informazioni turistiche: 12, Place du Général de Gaulle - 06600 Antibes - Tel. 94.76.95.64

Bagnoles-de-l'Orne

Casinò de Bagnoles-de-l'Orne, 6, avenue Albert-Cousin,
61140 Bagnoles-de-l'Orne
Tel. 33.37.84.00

Lo stabilimento fu creato nel 1927 da Franck Jay-Gould, magnate delle ferrovie negli Stati Uniti.

Caratteristiche dello stabilimento
Responsabile: Rémy Laguaine
Date e orari d'apertura: dal 1 maggio al 30 settembre, dalle 17 alle 19,30 - dalle 21,30 alle 3,00
Ingresso: 2 franchi/giorno per la boule - 50 franchi/giorno per la roulette
Abbigliamento: dignitoso
Annessi al casinò: bar - ristorante - discoteca - golf - cinema
Carte di credito: non ammesse, la valuta straniera si cambia alla cassa

Quali giochi si possono fare?

GIOCHI	NUMERO DEI TAVOLI	PUNTATA MINIMA	PUNTATA MASSIMA
Boule	3	5 FF	
Roulette	2	10 FF	

Altre informazioni utili
Posizione: stazione termale di cura per le flebiti - Flers 27 km - Alençon 48 km
Informazioni turistiche: 2, place de la Gare de Bagnoles-de-l'Orne - 61140 - Tel. 33.37.81.03

500

Bandol

Nouveau casinò, quai du Général De Gaulle,
83150 Bandol
Tel. 94.29.45.88

Creato nel 1927, quando Bandol fu definita stazione climatica con un decreto del 31 luglio 1923, il casinò municipale di Bandol fu completamente trasformato e riaperto il 12 maggio 1982. Le sale da gioco climatizzate accolgono una clientela assidua e varia, attirata dalla varietà dei giochi proposti, dall'ambiente confortevole, dal ristorante panoramico della sala da gioco dal quale si può ammirare tutta la baia di Bandol.
Con il tavolo da craps aperto dopo il 1985, quello di Bandol è l'unico casinò che offra tutta la serie di giochi di contropartita utorizzati in Francia.

Caratteristiche dello stabilimento
Responsabile: René Granchi
Date e orari d'apertura: aperto tutto l'anno, tutti i giorni dalle 16 alle 4,00
Ingresso: 50 franchi/giorno - 185 franchi/settimana - 900 franchi/stagione
Abbigliamento: dignitoso
Annessi al casinò: discoteca - night club - ristorante gastronomico - bar
Carte di credito: ammesse, la valuta straniera si cambia alla cassa

Quali giochi si possono fare?

GIOCHI	NUMERO DEI TAVOLI	PUNTATA MINIMA	PUNTATA MASSIMA
Boule	6	5 FF	200 FF en plein 1.000 FF chance semplice
Black jack	4	20/50 FF	2.000/5.000 FF
Roulette	6	10/20 FF	300 FF en plein 10.000 FF chance semplice
Banco	da 1 a 2 tavoli	50 FF	
Chemin de fer	1	100 FF	
30 e 40	1	10 FF	10.000 FF
Craps	1		

Altre informazioni utili
Posizione: stazione balneare e climatica - Tolone 12 km
Informazioni turistiche: B.P. 45 - 83150 Bandol
Tel. 94.29.41.35 - Telex 400 383 F.

La Baule

Beach Casinò, 24, avenue du Casinò - B.P. 115,
44502 La Baule Cedex
Tel. 40.60.20.23

François André andò a Le Baule per mantenere una promessa che aveva fatto a uno dei suoi compagni durante la guerra. Quest'ultimo infatti aveva spesso celebrato la qualità della sabbia e l'estensione della spiaggia che si trovava ai piedi di Escoublac, paese dove aveva trascorso la propria infanzia: "Dal momento che ti occupi di turismo, un uomo con le tue capacità dovrebbe poter ricavare il massimo da questo luogo quasi sconosciuto."
Morto il suo amico, François André si recò a La Baule: "Il tempo è sempre così bello?" chiese, e la risposta fu positiva.
Incantato, prese immediatamente la decisione di acquistare dei terreni e iniziò rapidamente a costruire l'Hotel Hermitage e 28 campi da tennis. L'anno seguente, dopo aver acquistato dei terreni anche a Pouliguen, iniziò a costruire i campi da golf. Dal 1925 la scena era pronta e La Boule poteva aspirare ad una vita mondana con gli stessi diritti delle sue antenate: Biarritz, Deauville e Le Touquet. Da allora in poi la presenza del casinò si rivelò indispensabile.

Caratteristiche dello stabilimento
Responsabile: Jacques Lorenzi
Date e orari d'apertura: dal 1 giugno al 15 settembre, tutti i giorni dalle 16,30 alle 3,00. Nei week-end, nei giorni festivi e agosto dalle 16,30 alle 4,00
Ingresso: 55 franchi/giorno - 210 franchi/settimana - 940 franchi/stagione
Abbigliamento: dignitoso, di sera è obbligatoria la giacca
Annessi al casinò: tennis - discoteca - sala da ballo - night club - cinema - auditorio - piscine - golf - due ristoranti - Hotel Hermitage 4 stelle, Tel. 40.60.37.00 - Hotel Royal 4 stelle, Tel. 40.60.33.06 - Castel Marie Luise, Tel. 40.60.20.60
Carte di credito: ammesse, la valuta straniera si cambia alla cassa

Quali giochi si possono fare?

GIOCHI	NUMERO DEI TAVOLI	PUNTATA MINIMA	PUNTATA MASSIMA
Boule	6	5 FF	200 FF en plein 1.000 FF chance semplice
Black jack	1	50 FF	2.500 FF
Roulette	4	20 FF	600 FF en plein 20.000 FF chance semplice
Chemin de fer	1	200 FF	A tout va

Altre informazioni utili
Posizione: stazione balneare - St-Nazaire 17 km, Nantes 73 km
Informazioni turistiche: place de la Victoire 44500 La Baule - Tel. 40.24.34.44

Beaulieu-sur-Mer

Casinò de Beaulieu-sur-Mer, 8, avenue Blundell-Maple,
06310 Beaulieu-sur-Mer
Tel. 93.01.00.39

Il casinò di Beaulieu cominciò la sua carriera nel 1945, subentrando a quello di "Villa des Fleurs". Aperto tutto l'anno dal 1981, da questa data si colloca tra i primi cinque casinò francesi. Definito, a ragione, il *Bijou* della Costa Azzurra, costituisce la vera e propria locomotiva dell'economia locale.

Caratteristiche dello stabilimento
Responsabile: Armand Chambaz, Silvano Stella
Date e orari d'apertura: aperto tutto l'anno, tutti i giorni dalle 16,00 alle 4,00
Ingresso: 50 franchi/giorno - 185 franchi/settimana - 900 franchi/stagione
Abbigliamento: abito da passeggio, giacca e cravatta dopo le 20,00
Annessi al casinò: night club - ristorante gastronomico - cinema - Hotel La Réserve 4 stelle, Tel. 93.01.00.01 - Hotel Le Carlton 3 stelle, Tel. 93.01.14.70
Carte di credito: ammesse, la valuta straniera si cambia alla cassa

Quali giochi si possono fare?

GIOCHI	NUMERO DEI TAVOLI	PUNTATA MINIMA	PUNTATA MASSIMA
Boule			
Black jack	4	50/100FF	5.000/10.000 FF
Roulette	7	20/50/100 FF	600/1.500/3.000FF
Banco	1		
Chemin de fer	2	1.000 FF	
30 et 40	1	20 FF	20.000 FF

Altre informazioni utili
Posizione: stazione balneare - Nizza 10 km - Villefranche 4 km
Informazioni turistiche: place de la Gare Tel. 93.01.02.21

500

Biarritz

Casinò Bellevue,
1, place Bellevue
64200 Biarritz
Tel. 59.24.11.22 - 59.24.14.80

Caratteristiche dello stabilimento
Responsabile: M. Citerici
Date e orari d'apertura: aperto tutto l'anno, dalle 16,00 alle 2,00 d'inverno e dalle 17,00 alle 3,00 d'estate
Ingresso: 50 franchi/giorno - 185 franchi/settimana - 900 franchi/stagione
Abbigliamento: dignitoso, giacco dopo le 20,00
Annessi al casinò: bar - night club - ristorante gastronomico
Carte di credito: ammesse, la valuta straniera si cambia alla cassa

Quali giochi si possono fare?

GIOCHI	NUMERO DEI TAVOLI	PUNTATA MINIMA	PUNTATA MASSIMA
Boule	2	5 FF	200 FF
Black Jack	4	20 FF	1.000 FF
Roulette	6	5 FF	150 FF en plein
Baccara	1		

Altre informazioni utili
Posizione: stazione balneare e di talassoterapia
Saint-Sébastien 47 km - Bayonne 8 km
Informazioni turistiche: Tel. 59.24.20.24

L'azzardo in delirio

Le nozze tra l'azzardo e la legge delle probabilità danno talvolta luogo a delle curiosità numeriche. Così, tra le lunghe serie considerate prendono rilievo le seguenti:

- 33 volte il rosso al casinò Arrowhead di Saratoga negli Stati Uniti nel 1943.
- 38 volte il rosso a Montecarlo nel 1941.
- 51 volte il nero a Bad Homburg nel 1960.

Il croupier A. Carbemel, a Cannes nel 1950, fece uscire 4 volte di seguito il numero 14, poi subito dopo il numero 28: la probabilità di questa doppia serie è circa di uno su 95 miliardi.

Il 21 è uscito 5 volte di seguito a Bandol nel 1950.

Nel 1959, in un casinò di Porto Rico, il numero 10 è uscito 6 volte di seguito. A San Juan, sempre a Porto Rico, al craps si osservarono 39 pari consecutivi, ossia una probabilità su 950 miliardi.

A Las Vegas, al famoso Caesar's Palace, il giocatore più sfortunato del secolo, Anthage Robbie, ha perso 51 mani successive a black jack, una possibilità su 2252 milioni!

Boulogne-sur-Mer

Casinò de Boulogne-sur-Mer, 8, boulevard Sainte-Beuve,
62200 Boulogne-sur-Mer
Tel. 21.31.50.95

Caratteristiche dello stabilimento

Date e orari d'apertura: aperto tutto l'anno dalle 21,00 alle 3,00
Ingresso: 50 franchi/giorno
Abbigliamento: dignitoso
Annessi al casinò: bar - ristorante
Carte di credito:non ammesse, la valuta straniera si cambia alla cassa

Quali giochi si possono fare?

GIOCHI	NUMERO DEI TAVOLI	PUNTATA MINIMA	PUNTATA MASSIMA
Boule		2 FF	100FF
Black jack		10 FF	
Roulette		5 FF	

Altre informazioni utili
Posizione: stazione balneare - Calais 34 km - Le Touquet 32 km
Informazioni turistiche: place F. Sauvage
62200 Boulogne sur Mer - Tel. 21.31.68.38

Le Boulou

Casinò du Boulou, route du Perthus,
66160 Le Boulou
Tel. 68.83.01.20

Il casino di Boulou fu costruito nel 1963-1964. All'inizio si trattava di una piccola sala. A partire dal 1971, il casinò ha cambiato locali e si è ingrandito. Nel 1974 fu costruita una nuova sala, enorme ma ben riscaldata, con giardini all'interno e all'esterno. La vicinanza alla Spagna, dove il gioco fu a lungo proibito, ha contribuito allo sviluppo di questo stabilimento.

Caratteristiche dello stabilimento
Responsabile: Jean Sors
Date e orari d'apertura: aperto tutto l'anno - tutti i giorni dalle 17,00 alle 4,00 e dalle 16,00 alle 4,00 nei week-end

Ingresso: 50 franchi/giorno - 185 franchi/settimana - 450 franchi/mese - 900 franchi/anno
Abbigliamento: abito da passeggio; giacca e cravatta
Annessi al casinò: ristorante gastronomico nella sala da gioco - night club
Carte di credito: ammesse, la valuta straniera si cambia alla cassa

Quali giochi si possono fare?

GIOCHI	NUMERO DEI TAVOLI	PUNTATA MINIMA	PUNTATA MASSIMA
Black jack	3	20 FF	2.500 FF
Roulette	5	10 FF	
Baccara	1	50 FF	
Chemin de fer	1	50 FF	
30 et 40	1	10 FF	

Altre informazioni utili
Posizione: stazione termale raccomandata per le malattie del fegato, della bile, della nutrizione per il diabete - Perpignan 21 km
Informazioni turistiche: place de la Mairie
66160 Le Boulou - Tel. 68.83.36.32

L'imperatore Bao Daï
Giocatore inveterato è uno dei personaggi pittoreschi della sala da gioco. Realizzò i suoi più grossi "banco" il giorno della caduta di Diên Biên Phu.

500

Calvi

Casinò "Camargue", route Nationale,
20260 Bastia
Tel. 95.65.08.70 - 95.65.08.98

Stabilimento creato nel 1982, con una sala da gioco di 250 mq. Una sala complementare di 450 mq sarà inaugurata prossimamente. Questo moderno casinò è annoverato tra i più belli di Francia.

Caratteristiche dello stabilimento
Responsabile: Augustin Acquaviva e Marius Taglicozzi
Date e orari d'apertura: aperto dal 1 giugno al 30 settembre - tutti i giorni dalle 22,00 alle 3,00
Ingresso: 50 franchi/giorno - 185 franchi/settimana - 900 franchi/stagione
Abbigliamento: dignitoso
Annessi al casinò: night club - ristorante gastronomico - minigolf - tirassegno
Carte di credito: ammesse, la valuta straniera si cambia alla cassa

Quali giochi si possono fare?

GIOCHI	NUMERO DEI TAVOLI	PUNTATA MINIMA	PUNTATA MASSIMA
Boule	2	2 FF	100 FF
Black Jack	1	10FF	500 FF
Roulette	2	5 FF	100 FF

Altre informazioni utili
Posizione: stazione balneare - Ile Rousse 24 km - Bastia 93 km
Informazioni turistiche: chemin de la Plage
20260 Calvi - Tel. 95.65.08.87

Cannes

Casinò "Palm Beach", place F.D. Roosevelt - B.P. 148,
06400 Cannes
Tel. 93.43.91.12

Questo stabilimento appartiene alla catena di Lucien Barrière, come quelli di Deauville e di La Baule.

Chi va e chi viene
Il grande produttore americano Jack Warner, giocatore appassionato, guadagna 70 milioni di centesimi al baccara il 26 agosto 1966, al casinò di Palm Beach a Cannes.
Dieci anni prima, esattamente il 26 agosto 1956, Jack Warner aveva fatto riaprire in piena notte il banco *a tout va* del medesimo casinò, per tenere il ruolo di banchiere. Nel giro di due ore aveva perso 42 milioni di centesimi. Ma non piangete per lui, anime buone! Qualche giorno prima, il 9 agosto 1956, lo stesso Jack Warner, accompagnato da David Zanick e dal re delle confezioni americane Arthur Cole, aveva fatto saltare il "banco a volontà" del casinò con una vincita di tre milioni e mezzo.

All'alba del XX secolo la grande borghesia, ma anche molti personaggi pittoreschi in cerca di avventura, accorrono a Cannes; Jean Lorrain scrive: "Tutte le folle e tutti i folli della terra si danno appuntamento". Vengono dalla Russia, dall'America, dal Tibet e dall'Africa australe. La guerra del 1914 porta un duro colpo alle sue inimitabili abitudini; un avvenimento imprevisto le ridona la giovinezza. Fino a quel momento soltanto il sole invernale aveva attirato le folle. Durante gli anni trenta il sole estivo ha prevalso e la creazione del casinò di "Palm Beach" ha sottolineato la sua vittoria.
Cominciò a formarsi uno straordinario amalgama: artisti, scrittori, invitati di gala con le loro Rolls e i loro diamanti, giovani vestiti in modo eccentrico, pensionati modesti o celebri, uomini politici e uomini d'affari, divi e campeggiatori, avventurieri e principi decaduti. Appena uscita dalle prove della seconda guerra mondiale, Cannes diviene la capitale internazionale del cinema e il centro di molte altre attrazioni e manifestazio-

ni, come il ballo dei "Piccoli Letti bianchi" o il galà del giorno dell'indipendenza celebrato al Palm Beach da più di mezzo secolo.

Caratteristiche dello stabilimento
Responsabile: J.Francis Ilari
Date e orari d'apertura: aperto tutti i giorni dal 1 gugno al 31 ottobre, dalle 19,00 alle 4,00
Ingresso: 55 franchi/giorno - 210 franchi/settimana - 480 franchi/mese - 940 franchi/stagione
Abbigliamento: dignitoso (giacca obbligatoria)
Annessi al casinò: sala da ballo - night club - piscina - golf - tennis - teatro - ristorante gastronomico - Hotel Majestic 4 stelle, 300 stanze, Tel. 93.68.91.00 - Hotel Montfleury 4 stelle, 235 stanze, Tel. 93.68.91.50
Carte di credito: ammesse, la valuta straniera si cambia alla cassa

Quali giochi si possono fare?

GIOCHI	NUMERO DEI TAVOLI	PUNTATA MINIMA	PUNTATA MASSIMA
Boule	2	5 FF	200 FF
Black jack	4	100 FF	10.000 FF
Roulette	12	50/100 FF	1.500/3.000 FF
Banco	1	500 FF	
Chemin de fer	5	2.000/20.000 FF	20.000/30.000 FF
30 et 40	1	20 FF	20.000 FF

Casinò municipal, jetée Albert-Édouard,
06400 Cannes
Tel. 93.38.12.11

*

* *

Casinò des Fleurs, rue des Belges,
06400 Cannes
Tel. 93.68.00.33

Caratteristiche dello stabilimento

Date e orari d'apertura: aperto dal 1 novembre al 31 maggio, dalle 15,00 alle 4,00
Ingresso: 50 franchi/giorno
Abbigliamento: dignitoso (cravatta alla sera)
Carte di credito: non ammesse, la valuta straniera si cambia alla cassa

Quali giochi si possono fare?

GIOCHI	NUMERO DEI TAVOLI	PUNTATA MINIMA	PUNTATA MASSIMA
Boule		5 FF	
Black jack		100 FF	
Roulette		50 FF	
Chemin de fer		2.000 FF	
30 et 40		20 FF	

Altre informazioni utili
Posizione: stazione balneare - Nizza 33 km - Marsiglia 154 km
Informazioni turistiche: palazzo dei Festival e dei Congressi - 06400 Cannes - Tel. 93.39.01.01

Chamonix

Casinò de Chamonix Mont-Blanc,
12, place J.B.-de-Saussure
74400 Chamonix M.B.
Tel. 50.53.07.65

Il primo stabilimento, precursore degli attuali casinò, fu costruito a Chamonix verso il 1886. La prima domanda con il nome "casinò" fu depositata il 21 maggio 1891. Nasce lo chalet "Villa des Fleurs". Nel 1903 fu costruito un casinò municipale sul nuovo viale della Plage: si trattava di un edificio imponente. L'apertura ufficiale avvenne nel luglio 1905, l'autorizzazione ai giochi nel 1908 con il "baccara a due tavoli, il baccara chemin de fer e i *petits chevaux*". Lo stabilimento risentirà di varie vicende:

arriva la guerra, il casinò municipale, finisce per crollare, nel 1920 infine vengono abbattuti la dipendenza del Mont-Blanc (area della brasserie de Savoie), la "Villa des Fleurs" e altre costruzioni. È pronto così il terreno per il "Grand Casinò de Chamonix" che è la base dell'immobile detto del Kursaal. Il Ministero dell'Interno autorizza i giochi al Casinò Palace che in attesa della nuova costruzione si installa nel 1923 allo Chamonix-Palace. Infine l'area del Kursaal viene lasciata a vantaggio dei giardini dello Chamonix-Palace. A questo seguirà, tre anni più tardi, la costruzione del casinò di Mont-Blanc sull'Arve. Nel frattempo le cose si mettono male per il casinò municipale, il cui degrado continua fino al fallimento nel 1923. Il progetto del casinò sull'Arve è depositato nel 1926, la prima autorizzazione ai giochi nel nuovo palazzo, completato con negozi sull'avenue de la Gare, è del 1928. Il casinò sull'Arve funzionerà fino al 1926, anno di apertura del nuovo casinò del Monte Bianco.

Caratteristiche dello stabilimento
Responsabile:Armand Chambaz e Ellena Gilbert
Date e orari d'apertura: aperto tutto l'anno - tutti i giorni dalle 16,00 alle 4,00
Ingresso: 51 franchi/giorno - 190 franchi/settimana - 455 franchi/mese - 905 franchi/anno
Abbigliamento: dignitoso (giacca alla sera)
Annessi al casinò: ristorante gastronomico - bar
Carte di credito: ammesse, la valuta straniera si cambia alla cassa

Quali giochi si possono fare?

GIOCHI	NUMERO DEI TAVOLI	PUNTATA MINIMA	PUNTATA MASSIMA
Black jack	2	100 FF	5.000 FF
Roulette	6	20/50 FF	600/1.500 FF
Chemin de fer	2	500 FF	25.000 FF
30 et 40	1	10 FF	10.000 FF

Altre informazioni utili
Posizione: stazione di sport invernale - Traforo del Monte Bianco 7 km - Ginevra 83 km
Informazioni turistiche: 24, place de l'Eglise - 74400 Chamonix - Tel. 50.53.00.24

500

Carry-le-Rouet

Casinò municipal, 13620 Carry-le-Rouet
Tel. 42.45.01.58

Quali giochi si possono fare?
Boule e roulette.

Altre informazioni utili
Posizione: stazione turistica - Aix-en-Provence 40 km - Marsiglia 27 km
Informazioni turistiche: 6, boulevard Moulins 13620 Carry-le-Rouet - Tel. 42.45.01.00

Charbonnières-les-Bains

Casinò de Charbonnières-les-Bains, av. Georges-Bassinet,
69260 Charbonnières-les-Bains
Tel. 78.87.02.70 - Telex: CHARBO 310 534 F.

Il primo casinò della città fu inaugurato nel 1882, in un fabbricato di metallo costruito a Parigi per la prima Esposizione Universale. Trasformato in ospedale durante la guerra del 1914-18, fu restituito ai giochi alla fine delle ostilità. Un nuovo casinò, costruito all'inizio degli anni '20, subì alterne vicende fino alla seconda guerra mondiale. Dopo una chiusura durata cinque anni, il ticchettio delle palline d'avorio si fece nuovamente sentire alla fine del 1946 e Charbonnières ritrovò pian piano la sua gloria e le sue speranze. Dall'inizio degli anni '60 lo stabilimento fu rinnovato più volte e da qualche anno lussuosi miglioramenti hanno rifinito questa splendida opera architettonica. Non si può mancare di sottolineare la gentilezza del personale, davvero assai competente.

Caratteristiche dello stabilimento
Responsabile: Albert Raîneau
Date e orari d'apertura: aperto tutto l'anno dalle 15,00 alle 3,00
Ingresso: 51 franchi/giorno-190 franchi/settimana-910 franchi/stagione
Abbigliamento: abito da passeggio, obbligatoria la cravatta
Annessi al casinò: bar - ristorante - night club - cinema
Carte di credito: ammesse, la valuta straniera si cambia alla cassa

Quali giochi si possono fare?

GIOCHI	NUMERO DEI TAVOLI	PUNTATA MINIMA	PUNTATA MASSIMA
Boule	1 cilindro a 4 tappeti	5 FF	200 FF
Black jack	2	50 FF	2.000 FF
Roulette	7	10 e 20 FF	300/6.000 FF
Baccara	1	100 FF	4.000 FF
Chemin de fer	1		4.000 FF

L'elettronica al servizio del gioco d'azzardo

L'elettronica ha fatto la sua prima apparizione nell'arsenale dei bari nel maggio del 1985 al casinò di Charbonnières. Con l'aiuto di complici all'interno, una banda internazionale si è introdotta di notte nello stabilimento e ha manipolato tre roulette adattandovi un dispositivo telecomandato a distanza da un microelaboratore, nascosto senza difficoltà sotto gli abiti. "Un buon lavoro di meccanica e di ebanisteria" diranno i poliziotti. Al momento scelto dai bari, un'asta di acciaio controllata dalla radio permetteva di frenare la biglia e di dirigerla verso una zona di sei numeri.

L'ammontare della truffa è stato valutato in un milione di franchi e sarebbe continuato a lungo se uno dei croupier complici non si fosse fatto scoprire, nascondendo una placca da 1000 franchi, e non avesse rivelato tutto.

Altre informazioni utili

Posizione: stazione termale e di cura le cui acque ferruginose hanno delle proprietà depurative e ricostituenti - Lione 10 km

Informazioni turistiche: 69260 Charbonnières-les-Bains - Tel. 78.87.05.21

Deauville

Casinò d'estate, rue Edmond-Blanc,
14800 Deauville
Tel. 31.88.29.55

Casinò d'inverno, 93, rue Eugène-Colas,
14800 Deauville
Tel. 31.88.29.91

L'attuale casinò fu edificato nel 1911, nel luogo del Grand Hotel. I lavori furono diretti dagli architetti Wibo e Petit: il successo fu immediato. Dopo l'interruzione dovuta alla prima guerra mondiale, durante la quale fu trasformato in ospedale militare, l'afflusso dei villeggianti estivi, la stravagante frenesia che s'impadronì di essi durante gli "anni folli", confermarono il suo ruolo di centro di attrazione a livello internazionale. La crisi economica del 1931 prima, la seconda guerra mondiale poi, segnarono una battuta d'arresto nello sfoggio di un fasto fino ad allora ineguagliato. François André fino al 1962 e dopo questa data *Lucienne Bàrrière* fecero il possibile per creare e migliorare senza sosta tutto quanto era indispensabile all'accoglienza e al benessere, in modo da permettere al casinò di riprendere il corso delle stagioni dei tempi migliori.
In tutti i tempi Deauville è stato il punto d'incontro del jet-set internazionale. È impossibile dunque stendere la lista di tutti quelli che hanno calpestato i tappeti delle sale del casinò, si possono citare: Alfonso XIII, l'Aga-Khan, il Maharadja di Kapurtala, Haïlé Sélassié, Mohammed V, il sultano del Marocco, Winston Churchill, André Citroën, Coco Chanel. Più vicino a noi il re Farouk, lo scià dell'Iran, Ali-Khan, Rita Hayworth, Porfirio Rubirosa e tutti coloro che sono ancora fedeli a una delle più prestigiose stazioni del turismo internazionale.

Caratteristiche dello stabilimento
Responsabile: André Poher
Date e orari d'apertura: casinò d'estate, tutti i giorni dal 16 marzo al 15 settembre, dalle 15,00 alle 4,00; casinò d'inverno, dal 16 settembre al 15 marzo, dalle 15,00 alle 3,30
Ingresso: 55 FF/giorno - 110 FF/settimana - 480 FF/mese - 1.000 FF/anno
Abbigliamento: pomeriggio, abito disinvolto ma elegante - sera, giacca

e cravatta obbligatorie
Annessi al casinò: tennis - piscina - golf - ristorante gastronomico - sala da bridge - teatro - cinema - stabilimento di talasso terapia - Hotel Normand 4 stelle, Tel. 31.88.09.21 - Hotel Royal 4 stelle, Tel. 31.88.16.41 - Hotel du Golf 4 stelle, Tel. 31.88.19.01.

Grosso trasferimento di denaro a Deauville
Domenica, settembre 1976
Al "rien ne va plus" annunciato dal croupier, segue un "mollate la grana!"; "Chiudete il becco!" e "Andiamo a chiudervi nelle latrine!"
È l'incontro tra due mondi nell'ambiente Luigi XVI e rococò del casinò: quello della teppaglia in tuta e passamontagna e quello del gioco, dello smoking e degli abiti da sera. Bruscamente le pistole hanno sostituito i rastrelli, e i sacchi in plastica le casseforti, i bavagli i collier di perle e i "tutti sull'8" si sono trasformati in "pancia a terra".
Risultato del metodo un po' volgare in un mondo levigato, ovattato e cerimonioso: 250 milioni di centesimi. L'unico indizio, precisano i poliziotti, i quattro malviventi hanno rovinato dei gerani e sono scappati dalla finestra.

Casinò d'inverno
Fu inaugurato nel 1959, permettendo a Deauville di avere uno stabilimento di gioco aperto tutto l'anno. Il casinò d'inverno dà il cambio all'illustre e fastoso casinò d'estate il 16 settembre. Sebbene sia assai modesto,

molti giocatori dicono di preferirlo al suo illustre antenato, considerando l'atmosfera intima e calda che ben si accompagna con il suo periodo di apertura, calmo e sereno.

Quali giochi si possono fare?

GIOCHI	NUMERO DEI TAVOLI	PUNTATA MINIMA	PUNTATA MASSIMA
Black jack	1	100 FF	10.000 FF
Roulette	4	20/50 FF	3.000 FF en plein 2.000 FF Chance semplice
Banco	1	100 FF	
Chemin de fer	2	600 FF	

Casinò d'estate

GIOCHI	NUMERO DEI TAVOLI	PUNTATA MINIMA	PUNTATA MASSIMA
Boule	8	5 FF	400 FF
Black jack	3	100 FF	5.000 FF
Roulette	9	20/50/100 FF	600/1.500/3.000 FF
Banque	1	500 FF	
Chemin de fer	4	400 FF	
30 et 40	20	20 FF	2.000 FF

Altre informazioni utili

Posizione: stazione balneare con la presenza di un centro Biotherm, che effettua talassoterapia estetica - Lisieux 29 km - Caen 43 km
Informazioni turistiche: azienda di soggiorno a Deauville -
Tel. 33.88.21.43

Dieppe

Casinò municipal, 3, bd de Verdun,
76200 Dieppe
Tel. 35.82.33.60

In seguito a cambiamenti di mode e costumi, guerre, incendi, saccheggi, il casinò di Dieppe fu ricostruito ben otto volte tra il 1823 e il 1985. Quasi un record per questo stabilimento che è, dopo Forges-les-Eaux ed Enghien, il casinò più vicino alla capitale. Tra il primo stabilimento, soprannominato "la Versailles sulla riva del mare" e le successive costruzioni, il Casinò Mauresque, la Villa Rachel, il Grande e il Nuovo Casinò, scopriamo 150 anni di storia di Francia, dal grande Rossini, che diresse egli stesso numerosi concerti, alla giovane Michèle Morgan, che sognava il cinema... Il casinò di Dieppe è l'unico stabilimento con quello di Vittel dove la direzione offre champagne a cena ai giocatori di black jack che realizzano 21 punti con tre 7.

Storia vera
Il proprietario di un bar a Le Havre aveva conosciuto da un indocinese di passaggio una martingala "infallibile". Andò di corsa al casinò di Dieppe e vinse per tre settimane di seguito... Sicuro del suo successo, vendette il bar e si stabilì definitivamente a Dieppe dove, in due mesi, perse tutti i guadagni precedenti e il ricavo della vendita del suo bar.

Caratteristiche dello stabilimento
Responsabile:M. Brichet
Date e orari d'apertura: aperto tutto l'anno dalle 15,00 alle 3,00 durante i week-end, dalle 16,00 alle 2,00 durante la settimana
Ingresso: 50 franchi/giorno - 185 franchi/settimana - 450 franchi/mese - 990 franchi/anno
Abbigliamento: dignitoso
Annessi al casinò: discoteca - ristorante gastronomico
Carte di credito: ammesse, la valuta straniera di cambia alla cassa

Quali giochi si possono fare?

GIOCHI	NUMERO DEI TAVOLI	PUNTATA MINIMA	PUNTATA MASSIMA
Boule	2	5 FF	200 FF
Black jack	2	20 FF	1.000 FF
Roulette	4	10 FF	300 FF

Altre informazioni utili
Posizione: stazione balneare - Abbeville 63 km - Rouen 61 km
Informazioni turistiche: boulevard du Géneral de Gaulle - 76200 Dieppe - Tel. 35.84.11.77 o 35.84.28.70

Dinard

Casinò de Dinard, 4, bd du Pdt-Wilson,
35800 Dinard
Tel. 99.46.15.71

Caratteristiche dello stabilimento
Responsabile:M. Quenin
Date e orari d'apertura: da luglio a settembre dalle 16,00 alle 3,00
Ingresso: 55 franchi/giorno - 145 franchi/settimana - 470 franchi/mese - 950 franchi/anno
Abbigliamento: dignitoso
Annessi al casinò: bar - discoteca - ristorante gastronomico
Carte di credito: ammesse, la valuta straniera si cambia alla cassa

Quali giochi si possono fare?

GIOCHI	NUMERO DEI TAVOLI	PUNTATA MINIMA	PUNTATA MASSIMA
Boule	4	2 FF	100 FF
Roulette	5	5 FF	1.000 FF

Altre informazioni utili
Posizione: stazione balneare - Dinan 22 km - Rennes 72 km
Informazioni turistiche: 5, rue du Maréchal Leclerc - 35800 Dinard - Tel. 99.46.12.54

Divonne-les-Bains

Casinò de Divonne-les-Bains - place de la Divonne
01220 Divonne-les-Bains
Tel. 50.20.06.63 - 50.20.08.44 - 50.20.05.88.

La denominazione di Divonne-les-Bains, resa ufficiale nel 1892, la sua omologazione quale stazione termale ottenuta nel 1899, l'esistenza di un precedente casinò municipale che funzionò dal 1912 al 1934 alla villa "Beaujeu", e che non cessò la sua attività se non a causa delle ripercussioni della crisi internazionale del 1929, costituirono argomenti in favore dell'apertura di un nuovo casinò. Nel luglio 1953, cioè dieci anni dopo la partenza dei tedeschi e vent'anni dopo la chiusura del primo, il nuovo casinò aprì le porte. La società che lo aveva in gestione, la cui sede sociale inizialmente parigina fu trasferita a Divonne il 9 novembre 1955, decise di costruire un edificio definitivo che corrisponde a grandi linee ai locali attuali, sistemati e migliorati senza sosta per aggiungervi nuovi giochi, ingrandire il salone per gli spettacoli o rinnovare quelli del cabaret e del ristorante. Il casinò si stabilì nei nuovi locali nel 1957. Dal 1961 di-

venne il primo di Francia, primato che ha saputo sempre confermare e mantenere fino ad oggi, con incassi lordi in costante aumento. Tale progressione spiega i successivi riscatti, operati da gruppi intenazionali sempre più potenti. La quota di incassi delle sale da gioco versati nelle casse comunali ha d'altra parte fatto del casinò un vero mecenate.
È infatti quasi tutto merito suo se la stazione che prima della guerra possedeva solo il golf (aperto nel 1931), quale grande dimostrazione di prestigio, ha saputo dotarsi di un complesso di classe internazionale.

Rapina al casinò più sorvegliato di Francia
Nonostante un sistema di chiusura e di bloccaggio elettrico delle uscite, un'attenta sorveglianza mediante telecamere, e malgrado il collegamento diretto con un posto di polizia, due giovani banditi mettono a segno la rapina impossibile al casinò di Divone. Sono le 2.55 del mattino, quando i due malviventi irrompono nella sala da gioco dove si trovano ancora attorno ai tavoli un'ottantina di persone. "Che nessuno si muova, questa è una rapina!". Nessuno ha il coraggio di intervenire: in tre minuti 1.120.000 franchi cambiano di mano. Un cliente tedesco, giocatore di una somma notevole in marchi tedeschi, riesce a fuggire da una finestra: fatica sprecata, visto che i due hanno ignorato la valuta straniera, anche se consistente in grosse cifre, per interessarsi solo ai tagli francesi. Ed infine ripartono per dove sono arrivati: un corridoio dimenticato durante l'installazione del sistema elettrico di sicurezza...

Caratteristiche dello stabilimento
Responsabile: Roger Bonnaud
Date e orari d'apertura: aperto tutto l'anno tutti i giorni dalle 15,00 alle 3,00
Ingresso: 53 franchi/giorno - 188 franchi/settimana - 457 franchi/mese - 986 franchi/anno
Abbigliamento: obbligatoria la cravatta (i jeans sono categoricamente proibiti)
Annessi al casinò: tennis - sala da ballo - night club - cabaret - golf - cinema - ristorante gastronomico - Hotel du Golf 4 stelle - Grand Hotel 4 stelle, Tel. comune ai tre alberghi 50.20.06.63 - Telex 385.716
Carte di credito: ammesse, la valuta straniera si cambia alla cassa

Quali giochi si possono fare?

GIOCHI	NUMERO DEI TAVOLI	PUNTATA MINIMA	PUNTATA MASSIMA
Boule	3	5 FF	200 FF
Black jack	4	100/500	5.000/25.000 FF
Roulette	13	10/20/50 FF	
Roulette americana (doppio zero)	2	50 FF	1.500 FF
Banque	1	100 FF	
Chemin de fer	1	500 FF	4.000 FF

Altre informazioni utili
Posizione: stazione termale di riposo le cui cure si indirizzano alle persone sofferenti di insonnia, di ansia, di stati depressivi, di turbe nevrotiche, di manifestazioni psico-somatiche. Ginevra 18 km - Nyon 13 km
Informazioni turistiche: André Marquis - rue des Bains
01220 Divonne-les-Bains - Tel. 50.20.01.22

Enghien-les-Bains

Casinò municipal, 3, avenue de Ceinture, B.P. 15 et 25,
95880 Enghien-les-Bains
Tel. 34.12.90.00 - Telex: BANOTEL 697 842 F.

Il primo casinò di Enghien "sorse dalle acque" nel 1878. Raso al suolo nel 1908, fu ricostruito l'anno successivo, ma solamente nel 1934 assunse l'aspetto con cui ci appare oggi. Nel 1912 una protesta della Camera dei deputati rimprovera al casinò di Enghien di "rovinare l'operaio". L'anno seguente, dopo una violenta campagna di stampa contro il gioco d'azzardo, i parlamentari approvano un progetto di legge che proibisce i giochi a denaro in un perimetro di 100 km intorno a Parigi. Ma scoppia la guerra e il Senato deve attendere la fine delle ostilità per ratificare la decisione. Nel 1931 una nuova legge autorizza i casinò delle stazioni termali a praticare il gioco d'azzardo senza limiti di distanza "con la riserva che il gioco della boule e quelli simili restino proibiti".
Sebbene il Consiglio di Stato abbia riconosciuto che la roulette non può essere considerato un gioco simile alla boule, tuttavia Enghien non ottiene il diritto di praticarla. Ci fu qualche speranza nel 1981, quando il casinò ottiene un'autorizzazione, speranza vana visto che l'autorizzazione, di tre mesi, non fu mai rinnovata, anche a dispetto del parere favorevole della Commissione dei giochi. Resta comunque a Enghien il re dei giochi, il baccara, praticato in una sala grande come un transatlantico arredata maestosamente.

Da soli i tavoli di chemin de fer e di banque *a tout va* sono sufficienti a collocare ogni anno Enghien, come giro d'affari, tra i quattro primi casinò di Francia.

Più spesso alla roulette che alla catena di montaggio!
La legge è categorica: nessuno stabilimento è autorizzato ai giochi d'azzardo nel raggio di 100 km attorno a Parigi. Unica eccezione Enghien-les-Bains, in base al suo statuto di stazione termale. Ma vi sono proibiti tutti i giochi di contropartita. In altre parole la roulette, come sostiene il legislatore, per "proteggere i figli degli operai dal vizio". Com'è premuroso! È tuttavia da segnalare che i figli degli operai di Lione e di Marsiglia, per esempio, sono considerati come i più resistenti alla tentazione, anche se hanno dei casinò alle porte delle loro città.

Caratteristiche dello stabilimento

Responsabile: Pierre-Jean Ducis
Date e orari d'apertura: aperto tutto l'anno tutti i giorni dalle 15,00 alle 4,00
Ingresso: 70 franchi/giorno - 235 franchi/settimana - 1000 franchi/stagione
Abbigliamento: abito da passeggio, la sera è obbligatoria la cravatta
Annessi al casinò: bar - teatro - 2 ristoranti - Le Grand Hotel 4 stelle - Tel. 34.12.80.00
Carte di credito: ammesse, la valuta straniera si cambia alla cassa

Quali giochi si possono fare?

GIOCHI	NUMERO DEI TAVOLI	PUNTATA MINIMA	PUNTATA MASSIMA
Banco		500 FF	A tout va
Chemin de fer	15	100 FF	60.000 FF

Altre informazioni utili

Posizione: stazione termale raccomandata per le rinofaringiti dell'infanzia, le riniti, le sinusiti, le faringiti e le tonsilliti - 11 km a Parigi
Informazioni turistiche: 2, bd Cotte - 95880 Enghien-les-Bains.

Étretat

Casinò d'Étretat, rue Basset,
76790 Étretat
Tel. 35.27.00.54

Il casinò di Étretat è attualmente l'unico in Francia che offre ai suoi clienti un tavolo da ventitré. Questo gioco è una variante della roulette in cui però i numeri hanno dei rapporti diversi: 1, 2, 3, 4 rendonoventitré volte la puntata, da 5 a 11, undici volte, 12, 13, 14, sette volte.

Caratteristiche dello stabilimento
Responsabile: M. Gosse
Date e orari d'apertura: aperto tutto l'anno tutti i giorni dalle 22,00 alle 3,00 - dal 1 giugno al 15 agosto e i week-end dalle 16,00 alle 20,00
Ingresso: 1 franco/giorno
Abbigliamento: dignitoso
Annessi al casinò: discoteca - night club
Carte di credito: ammesse, la valuta straniera si cambia alla cassa

Una buona natura
Come diceva François André, definito "l'imperatore dei casinò", morto nel 1962: "Il danaro guadagnato al casinò è danaro prestato: la natura stessa del giocatore lo obbliga a ritornarvi sempre. E prima o poi egli perde. Il tempo gioca a favore del casinò."

Quali giochi si possono fare?

GIOCHI	NUMERO DEI TAVOLI	PUNTATA MINIMA	PUNTATA MASSIMA
Boule	3	3 FF	200 FF
23	1	2 FF	40 FF

Altre informazioni utili
Posizione: stazione balneare - Fécamp 17 km - Le Havre 28 km
Informazioni turistiche: place de l'Hotel-de-Ville - 76790 Étretat - Tel. 35.27.05.21

Évian

Casinò Royal, quai Blonay,
74500 Évian-les-Bains
Tel. 50.75.03.78 - Telex: 385 759 CASIROY

Il casinò fu creato nel 1878 nel castello di Blonay, palazzo privato del barone Blonay, sindaco di Evian. Nel 1883 la città completa la costruzione del casinò grazie all'architetto Jules Clerc. Nel 1911 e 1912 l'architetto A. Hébrard ricostruisce il casinò che viene inaugurato il 13 luglio 1912 (la sua è un'imitazione di quelle della cattedrale di Santa Sofia a Istambul). A partire dal 1976 il completo rinnovo: sala da gioco, ingresso, boule, club discoteca, ristorante La Toque royale.Numerose personalità del mondo delle arti, del teatro e così pure principi di ogni nazionalità hanno frequentato e continuano a frequentare il casinò.

Il 17

Sensazionale a Evian: quattro milioni e mezzo vinti in due week-end, in gran parte sulla dozzina di mezzo e sul 17. È questa la vincita più interessante di un miliardario iraniano, M. Panamour. Per essere precisi, questo magnate del petrolio non giocava con gettoni da due franchi, ma sperperava tranquillamente almeno 80.000 franchi al colpo. Il che fa pensare a cammelli e pozzi petroliferi. Si tratta del record di vincite registrate a Evian. Quanto a Monsieur Otto, direttore dei giochi, egli dichiarò alla stampa: "Una peripezia per lo stabilimento, che però ha le spalle robuste".

Caratteristiche dello stabilimento

Responsabile: Robert Lassalle
Date e orari d'apertura: aperto tutto l'anno tutti i giorni dalle 15,00 alle 2,00 (alle 3,00 il venerdì e il sabato)
Ingresso: 53 franchi/giorno - 190 franchi/settimana - 460 franchi/mese - 940 franchi/anno
Abbigliamento: dignitoso (alla sera è obbligatoria la cravatta)
Annessi al casinò: tennis - piscina - golf- night club - ristorante gastronomico - palestra - tiro con l'arco - sauna - centro di idroterapia - Royal Hotel 4 stelle - Tel. 50.75.14.00
Carte di credito: non ammesse, la valuta straniera si cambia alla cassa

Quali giochi si possono fare?

GIOCHI	NUMERO DEI TAVOLI	PUNTATA MINIMA	PUNTATA MASSIMA
Boule	3	5/10 FF	200/400 FF
Black jack	2	50/100 FF	5.000 FF
Roulette	6	50/120 FF	1.500 FF en plein 600 FFen plein
Roulette americana (doppio zero)	1	50 FF	1.000 FFen plein

Altre informazioni utili
Posizione: stazione termale e di cura per le sue acque, che favoriscono il relax e il sonno - Ginevra 45 km - Thonon-les-Bains 45 km
Informazioni turistiche: place d'Allinges - 74500 Évian-les-Bains - Tel. 50.75.14.00

Font-Romeu

Casinò municipal, avenue Emmanuel-Brousse,
66120 Font-Romeu
Tel. 68.30.01.11.

Caratteristiche dello stabilimento

Responsabile: M. Malortigue
Date e orari d'apertura: tutti i giorni dal 20 dicembre a Pasqua e dal 1 giugno al 15 settembre dalle 20,30 alle 4,00
Ingresso: 50 franchi/giorno - 185 franchi/settimana - 450 franchi/mese - 950 franchi/anno
Abbigliamento: dignitoso
Annessi al casinò: discoteca e ristorante
Carte di credito: ammesse, la valuta straniera si cambia alla cassa

Quali giochi si possono fare?

GIOCHI	NUMERO DEI TAVOLI	PUNTATA MINIMA	PUNTATA MASSIMA
Boule	2	5 FF	400 FF en plein 1.000 FF chance semplice
Black jack	2	10 FF	1.000 FF
Roulette	3	5 FF	150 FF en plein 5.000 FF chance semplice

Altre informazioni utili

Posizione: stazione di sport invernali - Perpignan 88 km - Bourg-Madame 18 km
Informazioni turistiche: avenue Emmanuel-Brousse - 66120 Font-Romeu - Tel. 68.30.02.74

Con il brodo in tasca
Un giocatore sfortunato che si era rovinato alla roulette telefonò al direttore del casinò per dirgli che avrebbe avvelenato le riserve d'acqua della città se non gli fosse stato restituito il danaro che aveva perso. Ignorando le minacce, il direttore lo denunciò e la polizia arrestò il ricattatore che portava su di sé una bottiglia con un brodo di coltura della peste bubbonica oltremodo contagioso.

500

Forges-les-Eaux

Grand casinò, avenue des Sources,
76440 Forges-les-Eaux
Tel. 35.90.52.67

Lo stabilimento fu creato nel 1901 dall'architetto E. Fivaz che si ispirò per il cuore del casinò, alla galleria dei ghiacci di Versailles. L'insieme della costruzione, curata in modo ammirevole dopo la sua edificazione, ha veramente un bell'aspetto. Gli amanti delle statistiche devono sapere che Forges-les-Eaux, che offre le roulette più vicine a Parigi, è la stazione che a tutt'oggi, nel mondo, ha ospitato il maggior numero di personalità: da ricordare tra i personaggi del passato Luigi XIII, Madame de Sévigné, Saint Simon, Anna d'Austria, Voltaire, Bonaparte, Benjamin Constant, Madame de Staël, Jules Ferry, André Cheénier e anche Marie Curie.

Bisogna saper aspettare
Si calcola che un croupier di roulette lanci da 400 a 600 biglie al giorno, cioè circa 150000 biglie ogni stagione. Gli specialisti di matematica valutano che, in base a questo, ci vogliono circa dodici anni perché esca cinque volte di seguito lo stesso numero e circa 400 anni perché esca cinque volte un numero predestinato.

Caratteristiche dello stabilimento
Responsabile: Robert Maïssa
Date e orari d'apertura: aperto tutto l'anno tutti i giorni dalle 15,00 alle 3,00 (la domenica dalle 16,00 alle 4,00) - piccolo bus per il parcheggio delle auto da Clichy a Forges-les-Eaux, partenza alle 14,30 il sabato e alle 10,30 la domenica e i giorni festivi
Ingresso: 55 franchi/giorno - 102 franchi/week-end - 460 franchi/mese - 910 franchi/stagione
Abbigliamento: dignitoso
Annessi al casinò: tennis - sala da ballo - piscina - equitazione - palestra - ristorante gastronomico - Hotel du Parc - Hotel Continental 3 stelle - Tel. 35.90.52.67
Carte di credito: ammesse, la valuta straniera si cambia alla cassa

Altre informazioni utili
Posizione: stazione termale le cui acque ferruginose sono indicate contro le debolezze ossee e la sterilità - Rouen 42 km - Amiens 70 km
Informazioni turistiche: Parc de l'Hotel-de-Ville - 76440 Forges-les-Eaux - Tel. 35.90.52.10

Quali giochi si possono fare?

GIOCHI	NUMERO DEI TAVOLI	PUNTATA MINIMA	PUNTATA MASSIMA
Boule	3	5 FF	250 FF
Black jack	2	50 FF	2.500 FF
Roulette	6	20 FF	600/20.000 FF chance semplice
Banco	1		A tout va
Chemin de fer	3	200 FF	10.000 FF

Gérardmer

Casinò municipal, avenue Ville-de-Vichy,
88400 Gérardmer
Tel. 29.63.15.45

Caratteristiche dello stabilimento
Responsabile: Pin e Bellotti
Date e orari d'apertura: aperto dal giovedì alla domenica tutto l'anno - tutti i giorni dal 1 aprile al 30 settembre dalle 16,00 alle 3,00
Ingresso: 50 franchi/giorno - 185 franchi/settimana - 900 franchi/stagione
Abbigliamento: dignitoso
Annessi al casinò: discoteca - cinema - teatro - ristorante gastronomico
Carte di credito: ammesse, la valuta straniera si cambia alla cassa

Quali giochi si possono fare?

GIOCHI	NUMERO DEI TAVOLI	PUNTATA MINIMA	PUNTATA MASSIMA
Boule	2	2 FF	80 FF en plein 400 FF chance semplice
Black jack	1	10 FF	500 FF
Roulette	3	5 FF	150 FF en plein 5.000 FF chance semplice

Altre informazioni utili
Posizione: stazione di sport invernali - Épinal 41 km - Colmar 52 km
Informazioni turistiche: place des Déportés - 88400 Gérardmer - Tel. 29.63.08.74

La Grande-Motte

Casinò de la Grande-Motte, avenue du Casinò,
34280 La Grande-Motte
Tel. 67.56.54.03

Stabilimento creato nel 1970.

Caratteristiche dello stabilimento
Responsabile: François Malortique
Date e orari d'apertura: aperto tutto l'anno (chiuso in febbraio) tutti i giorni dalle 21,00 alle 4,00
Ingresso: 55 franchi/giorno - 500 franchi/mese - 900 franchi/stagione
Abbigliamento: dignitoso
Annessi al casinò: ristorante gastronomico - night club - cabaret
Carte di credito: ammesse, la valuta straniera si cambia alla cassa

Quali giochi si possono fare?

GIOCHI	NUMERO DEI TAVOLI	PUNTATA MINIMA	PUNTATA MASSIMA
Boule	4	5 FF	200 FF
Black jack	3	20 FF	1.000FF
Roulette	4	10 FF	300 FF
Banco	1		
Chemin de fer	1		

Altre informazioni utili
Posizione: stazione balneare
Informazioni turistiche: azienda di soggiorno: M. Bodard - Place du 1er Octobre - 34280 La Grande Motte - Tel. 67.56.62.62

> **È la mia passione, dottore!**
> Di tutte le passioni, quella per il gioco è la più tenace: non si affievolisce mai. Il professor Edmund Bergler, trasferitosi negli Stati Uniti, si è dedicato al trattamento dei grandi giocatori che sono, a suo parere, dei grandi malati. Nella sua opera *Psicologia dei giocatori*, egli sostiene che il giocatore di fronte al tavolo provi una sensazione di "piacere-dolore". Egli scrive: "Il fatto che una persona ricavi del piacere da un avvenimento che per definizione comporta un risultato incerto, non ha senso. La persona sana di mente fa il possibile per evitare le situazioni che comportino un margine di rischio. Il giocatore, malato, cerca precisamente questo tipo di incertezze".

500

Grandville

Casinò club de Grandville, place du Maréchal-Foch,
50400 Grandville
Tel. 33.50.00.79

Caratteristiche dello stabilimento
Responsabile: M. Briault
Date e orari d'apertura: aperto tutti i week-end da aprile al 31 dicembre - aperto tutti i giorni luglio e agosto dalle 17,30 alle 20,00 e dalle 22,00 alle 3,00
Ingresso: 2 franchi/giorno per la boule - 50 franchi/giorno per il black jack
Abbigliamento: dignitoso
Annessi al casinò: discoteca
Carte di credito: non ammesse, la valuta straniera si cambia alla cassa

Quali giochi si possono fare?

GIOCHI	NUMERO DEI TAVOLI	PUNTATA MINIMA	PUNTATA MASSIMA
Boule	4	5 FF	
Black jack	2	5 FF	

Altre informazioni utili
Posizione: stazione balneare - Avranches 26 km - Saint-Lô 55 km
Informazioni turistiche: 15, rue Georges Clemenceau - 50400 Grandville - Tel. 33.50.02.67

Dio ve ne renderà merito!
Nella basilica di Lisieux un'ottantenne, Jeanne Richer, vedova di un capitano di corvetta, frugava nelle borse delle signore assorte nel più profondo raccoglimento: bottino medio, 50 franchi al giorno. Abbastanza per godersi delle ore eccitanti al casinò di Deauville! Incarcerata, nonostante l'età avanzata, protestava: "Io non ho mai imbrogliato!" Ripresa dopo un tentativo di evasione, questo strano personaggio riconobbe di aver sperperato la sua rendita di vedova sul tappeto verde, di essere arrivata alla basilica di Lisieux in autostop, di essere stata bandita da parecchi casinò e di avere sulla propria fedina penale quindici condanne e concluse: "Dipende tutto dal fatto che sono perseguitata dalla sfortuna!"

Juan-les-Pins

Eden Beach Casinò, bd Éd.-Baudoin,
06160 Juan-les-Pins
Tel. 93.61.00.29

Il casinò fu costruito durante gli anni '20 per iniziativa di F.G. Gould. Da molti anni ospita il festival internazionale di bridge di Antibes.

Caratteristiche dello stabilimento
Responsabile: Charles Guilici
Date e orari d'apertura: aperto da aprile a settembre tutti i giorni dalle 21,00 alle 2,00 (boule) - tutti i giorni dalle 17,00 alle 3,00 (roulette)
Ingresso: 55 franchi/giorno - 210 franchi/settimana - 940 franchi/stagione
Abbigliamento: abito da passeggio - cravatta obbligatoria alla sera
Carte di credito: ammesse, la valuta straniera si cambia alla cassa

Quali giochi si possono fare?

GIOCHI	NUMERO DEI TAVOLI	PUNTATA MINIMA	PUNTATA MASSIMA
Boule	6	2 FF	200 FF en plein
Roulette	5	20 FF	600 FF en plein
Baccara	3	500 FF	10.000 FFF

Altre informazioni utili
Posizione: stazione balneare - Cannes 9 km - Nizza 24 km
Informazioni turistiche: place de Gaulle - 06600 Antibes -
Tel. 93.33.95.64

Luxeuil-les-Bains

Casinò municipal, 16 rue Georges-Moulinard,
70300 Luxeuil-les-Bains
Tel 84.40.08.07

Lo stabilimento costruito nel 1959 può vantarsi di avere alla propria guida la decana delle direttrici di casinò: M.me Jacinthe Cazes ha infatti 75 anni. Conosce perfettamente il mestiere e insieme al marito ha diretto uno dei più prestigiosi casinò di Algeri, il "Music Hall". Sua figlia continua la tradizione familiare visto che riveste, con fascino e competenza, il ruolo di capo partita.
C'è da sottolineare che in questo stabilimento il sesso debole è in realtà quello forte, visto che c'è una croupier al black jack.

Geniale!
Alcuni bari hanno dato prova di un'incredibile fantasia. Sono riusciti, con l'aiuto di un croupier, a inserire in un distributore di baccara delle carte assai simili a quelle del casinò. C'è un piccolo particolare, però: le carte erano trasparenti per chi le guardasse con degli occhiali speciali.

Caratteristiche dello stabilimento
Responsabile: Jacinthe Cazes
Date e orari d'apertura: aperto dal 1 novembre al 30 settembre dalle 21,00 alle 2,00 (salvo il lunedì) - dalle 16,00 la domenica
Ingresso: 53 franchi/giorno - 190 franchi/settimana - 950 franchi/stagione
Abbigliamento: dignitoso
Annessi al casinò: sala da ballo - ristorante gastronomico
Carte di credito: ammesse, la valuta straniera si cambia alla cassa

Altre informazioni utili
Posizione: stazione termale - Vesoul 28 km - Belfort 52 km
Informazioni turistiche: 1, rue des Thermes - 70800 Luxeuil-les-Bains - Tel. 84.40.06.41

Quali giochi si possono fare?

GIOCHI	NUMERO DEI TAVOLI	PUNTATA MINIMA	PUNTATA MASSIMA
Boule	2	2 FF	100 FF
Black jack	1	10 FF	500 FF
Roulette	3	5 FF	150 FF

Mandelieu

Casinò de Mandelieu, 06210 Mandelieu,
Tel. 93.49.90.00

Caratteristiche dello stabilimento
Date e orari d'apertura: aperto tutto l'anno

Quali giochi si possono fare?
Roulette americana (minima 10 FF) - Black jack (minima 25 FF) - Craps (minima 25 FF)

Altre informazioni utili
Posizione: stazione balneare - Cannes 8 km - Nizza 38 km
Informazioni turistiche: avenue de Cannes - 06210 Mandelieu - Tel. 93.47.14.39

Megève

Casinò de Megève, 74120 Megève,
Tel. 50.21.25.10

Quali giochi si possono fare?
Boule - Chemin de fer - Roulette americana - Black jack

Altre informazioni utili
Posizione: stazione di sport invernali - Chamonix 36 km - Ginevra 70 km
Informazioni turistiche: rue de la Poste - 74120 Megève - Tel. 50.21.27.28

> **Io? Non ho detto niente!**
> Il croupier che abbia la malaugurata idea di contestare, anche in buona fede, una vincita regolarmente fatta da un giocatore, è passibile 99 volte su 100 di licenziamento immediato, visto che il suo intervento è inteso come un grave insulto pubblico di cui il casinò è obbligato a condividere la responsabilità.

Menton

Casinò du Soleil, 2 *bis*, avenue Félix-Faure,
06500 Menton
Tel. 93.57.11.31

Luogo privilegiato di incontro per tutti gli amanti del lusso, dell'eleganza, dei diversivi piacevoli, il casinò, situato presso la luminosa baia che si può intravedere dalle ampie vetrate aperte sul mare, è stato ed è tuttora un punto di ritrovo per quelli che apprezzano il gioco d'azzardo.

Caratteristiche dello stabilimento
Responsabile: Gérard Ferrante
Date e orari d'apertura: aperto tutto l'anno dalle 16,00 alle 4,00
Ingresso: 53 franchi/giorno - 185 franchi/settimana - 900 franchi/stagione
Abbigliamento: dignitoso

Annessi al casinò: sala da ballo - night club - ristorante gastronomico
Carte di credito: ammesse

Quali giochi si possono fare?

GIOCHI	NUMERO DEI TAVOLI	PUNTATA MINIMA	PUNTATA MASSIMA
Boule	3	5 FF	200 FF
Black jack	3	50 FF	2.500 FF
Roulette	6	20 FF	600 FF
Chemin de fer	1	200 FF	4.000 FF

Altre informazioni utili
Posizione: stazione balneare - Nizza 28 km - Montecarlo 9 km
Informazioni turistiche: O.M.A.P., Palais de l'Europe - avenue Bayer - 06500 Menton - Tel. 93.57.57.00

La squadra della tigre

Il "Servizio delle corse e dei giochi" è ancora comunemente denominato "brigata dei giochi". Se sulla carta non esiste più, la fama del suo nome gli è rimasta. Perché nacque nel 1871 allo stesso tempo dei giochi pubblici.

Gli ispettori dei giochi sono tutti degli specialisti che si sono formati nei laboratori della "brigata". I suoi locali in via d'Aguessa a Parigi hanno delle apparecchiature che non hanno nulla da invidiare a quelle di un circolo da gioco. Vi si esperimentano tutte le martingale, tutti gli imbrogli, tutti i trucchi immaginabili.

I tecnici di questo "laboratorio" sono riusciti, per esempio, nel 1978, dopo aver smontato e rimontato i cilindri della roulette, a scoprire il trucco che permetteva da tre anni a una dozzina di giocatori professionisti di "fare saltare il banco" della maggior parte dei casinò francesi.

Montrond-les-Bains

Casinò de Montrond-les-Bains, route de Roanne,
42210 Montrond-les-Bains
Tel. 77.54.41.13

Caratteristiche dello stabilimento

Responsabile: François Stromboni
Date e orari d'apertura: aperto tutto l'anno dalle 15,00 alle 3,00 nei week-end e nei giorni festivi - dalle 16,00 alle 3,00 durante la settimana
Ingresso: 50 franchi/giorno
Abbigliamento: dignitoso
Annessi al casinò: sala da ballo - piscina - bar
Carte di credito: ammesse, la valuta straniera si cambia alla cassa

Quali giochi si possono fare?

GIOCHI	NUMERO DEI TAVOLI	PUNTATA MINIMA	PUNTATA MASSIMA
Boule	6	2 FF	200 FF en plein 1.000 FF chance semplice
Black jack	1	20 FF	1.000 FF
Roulette	3	10 FF	300 FF en plein 10.000 FF chance semplice
Chemin de fer	1		

Altre informazioni utili

Posizione: stazione termale raccomandata per le malattie della nutrizione, dell'intestino, del fegato, dei reni e contro il diabete, l'obesità e l'artrite - Saint-Étienne 27 km - Lyon 68 km

Informazioni turistiche: 1, rue des Écoles - Montrond - Tel. 77.94.64.74

Le slot machine

Le slot-machine, apparecchi automatici che permettono di guadagnare monetine, sono state proibite in Francia con il decreto del 31 agosto 1937: un residuo del Fronte popolare. In seguito erano state tollerate fino al giorno in cui il fisco scoprì che una di queste macchine dal costo di 25000 franchi rendeva al suo proprietario da 8000 a 15000 franchi alla settimana. La malavita aveva preso in mano questo mercato così redditizio: cinquantamila macchine e 13 miliardi di franchi nel 1983. Il 30 giugno 1983 il Parlamento proibì in Francia questi apparecchi, che invece quasi tutti i paesi sviluppati hanno autorizzato a certe condizioni. Detto questo, se in Francia ne è vietato l'uso, il possederle non è illegale. Entrano ormai nell'ambito dei giochi da divertimento purché non ci siano somme di danaro in palio. Quello che doveva capitare, è capitato: le partite gratuite divengono a pagamento di sottobanco in tutti i bistrot di Francia.

Nizza

Casinò Rhul: *Société niçoise des bains de mer*
15, rue Alberti, 06100 Nizza
Tel. 93.87.95.87

Caratteristiche dello stabilimento
Responsabile: Toussaint Torre
Date e orari d'apertura: aperto tutto l'anno tutti i giorni dalle 15,00 alle 3,00
Ingresso: 55 franchi/giorno - 195 franchi/settimana - 450 franchi/mese - 900 franchi/stagione
Abbigliamento: dignitoso
Annessi al casinò: bar - ristorante - night club - cabaret

Quali giochi si possono fare?

GIOCHI	NUMERO DEI TAVOLI	PUNTATA MINIMA	PUNTATA MASSIMA
Roulette	9	20/50 FF	600/1.500 FF
Roulette americana (doppio zero)	2	20/50 FF	600/1.500 FF
Black jack	9	50/100/500 FF	2.500/5.000 25.000 FF
Baccara	3	100 FF	
Banco aperto	1	100 FF	
Craps	1	50/100 FF	
30 et 40	1	20 FF	20.000 FF

Altre informazioni utili
Posizione: stazione balneare - Cannes 33 km
Informazioni turistiche: centro informazioni stazione S.N.C.F. - avenue Thiers - Tel. 93.87.07.07

Niederbronn-les-Bains

Casinò municipal, place des Thermes,
67110 Niederbronn-les-Bains
Tel. 88.09.68.88
Telex: 890 151 GRANTEL

La prima autorizzazione ai giochi (boule e baccara) fu accordata con l'ordinanza ministeriale del 18 marzo 1927, valevole per tre mesi l'anno, dal 15 giugno al 15 settembre. Il 25 aprile 1935 furono autorizzati anche la roulette e il trente-et-quarante. Le sale da gioco restavano aperte dal 1 marzo al 15 ottobre; nel 1938 i giochi furono autorizzati da Pasqua al 15 febbraio.
Nel giugno 1940 i tedeschi occuparono Niederbronn. Il casinò servì da alloggiamento per le truppe e poco dopo divenne una caserma del *Reichsarbeitsdienst*, mentre il parco divenne il cortile della caserma. Nel 1944, alla partenza del *Reichsarbeitsdienst*, il casinò ospitò le truppe di ripiegamento e si trasformò ben presto in cantiere di guerra. L'edificio fu danneggiato dai bombardamenti.
Al momento della Liberazione, il casinò era distrutto all'80 per cento. Nel 1946, i giochi furono allestiti nell'ala ovest del Grand Hotel adibito a questo scopo. Il piano di ricostruzione del casinò fu approvato il 1 marzo 1950, l'inaugurazione avvenne il 14 maggio 1953. Il casinò di Niederbronn-les-Bains si colloca attualmente tra i migliori di Francia.

Caratteristiche dello stabilimento
Responsabile: Claude Olga Dchwoerer-Rentz
Date e orari d'apertura: aperto tutto l'anno dal lunedì al giovedì dalle

16,00 alle 2,00, venerdì e sabato dalle 16,00 alle 3,00, domenica e giorni festivi dalle 15,00 alle 2,00
Ingresso: 55 franchi/giorno - 200 franchi/settimana - 900 franchi/stagione
Abbigliamento: dignitoso (la cravatta è obbligatoria)
Annessi al casinò: sala da ballo - night club - ristorante gastronomico - palestra - cinema - teatro - Grand Hotel 3 stelle - Tel. 88.09.02.60
Carte di credito: ammesse, la valuta straniera di cambia alla cassa

Quali giochi si possono fare?

GIOCHI	NUMERO DEI TAVOLI	PUNTATA MINIMA	PUNTATA MASSIMA
Boule	2	5 FF	200 FF
Black jack	2	10 FF	500 FF
Roulette	8	10 FF	300 FF

Altre informazioni utili
Posizione: stazione termale e climatica raccomandata contro le difficoltà locomotorie, i reumatismi, le artriti, problemi circolatori, le nevralgie, la gotta, l'ipertensione, l'obesità, la cellulite, la sciatica e la sterilità - Strasburgo 50 km - Saverne 38 km
Informazioni turistiche: place des Thermes - 67110 Niederbronn - Tel. 88.09.17.00

Che famiglia numerosa!
Le mance principesche che distribuiva e le somme che dilapidava ai giochi, permettevano al principe Tarki, anziano ministro sudanese della Difesa, tutte le fantasie e tutti i favoritismi possibili. Tra gli altri quello insolito di far entrare nelle sale da gioco del Palm Beach di Cannes i suoi figli minorenni, cosa categoricamente proibita dal Ministro dell'Interno.

500

Palavas-les-Flots

Casinò de Palavas-les-Flots, 1, bd Foch,
34250 Palavas-les-Flots
Tel. 67.68.00.01

Caratteristiche dello stabilimento
Responsabile: Joseph de Chiara
Date e orari d'apertura: aperto tutto l'anno dalle 21,00 alle 4,00, dal mercoledì alla domenica, da ottobre ad aprile
Ingresso: 50 franchi/giorno - 450 franchi/mese - 800 franchi/stagione
Abbigliamento: dignitoso
Annessi al casinò: sala da ballo - ristorante gastronomico - tennis - golf - tiro a segno
Carte di credito: ammesse, la valuta straniera si cambia alla cassa

Altre informazioni utili
Posizione: stazione balnere - Montpellier 12 km - Sète 28 km
Informazioni turistiche: Hotel de Ville - 34250 Palavas-les-Flots - Tel. 67.68.02.34

Quali giochi si possono fare?

GIOCHI	NUMERO DEI TAVOLI	PUNTATA MINIMA	PUNTATA MASSIMA
Boule	4	5 FF	200 FF
Black jack	2	10 FF	1.000 FF
Roulette	3	5 FF	150 FF
Baccara	1	50 FF	
Banco	1	50 FF	
Chemin de fer	1		

Le dita nel naso!
Un truffatore si guadagnò a lungo da vivere sfruttando la credulità dei giocatori. Avendo notato che un segnapunti aveva un piccolo tic e si grattava il naso, disse: "Io sono d'accordo con lui. Quando si gratta il naso mi segnala che il rosso deve uscire." Il baro aveva una possibilità su due di vincere. In questo caso, chiedeva una percentuale sulla vincita.

500

Pau

Casinò municipal, parc Beaumont,
64000 Pau
Tel. 59.27.06.92

Caratteristiche dello stabilimento
Responsabile: Claude Faure
Date e orari d'apertura: aperto tutto l'anno (tranne martedì e mercoledì) dalle 20,00 alle 3,00
Ingresso: 2 franchi/giorno (la boule) - 50 franchi/giorno (gli altri giochi)
Abbigliamento: dignitoso

Annessi al casinò: discoteca
Carte di credito: ammesse, la valuta straniera si cambia alla cassa

Quali giochi si possono fare?

GIOCHI	NUMERO DEI TAVOLI	PUNTATA MINIMA	PUNTATA MASSIMA
Boule		2FF	
Black jack		10 FF	
Roulette		2 FF	
Roulette americana (doppio zero)		2 FF	

Altre informazioni utili
Posizione: stazione turistica - Tarbes 40 km - Lourdes 40 km
Informazioni turistiche: place Royale - 64000 Pau - Tel. 59.27.27.08

La mancia più grossa del mondo
La più grossa mancia nella storia del gioco è stata data da un giovane argentino di 25 anni, Renaldo Rosen. Dopo aver guadagnato parecchie decine di milioni, lasciò al croupier una mancia di 70000 franchi dicendogli: "È per voi, a patto che ve la giochiate." Ma il personale non può giocare. "Giocherò io al posto vostro", disse il giovane argentino puntando la maggior parte della somma sul 26 e i numeri vicini.
Il numero uscì e il croupier intascò una mancia corrispondente a 120 milioni di centesimi. Durante la serata della vigilia, Renaldo Rosen aveva già distribuito mance generose. In due giorni i dipendenti dei tavoli della roulette incassarono così più di 2 milioni di gratifica.

La Roche-Posay

Casinò municipal, 86, avenue Georges-Deloppe,
86270 La Roche-Posay
Tel. 49.86.20.10

Il primo casinò di La Roche-Posay fu costruito nel febbraio 1922. Si trattava di una costruzione provvisoria in legno. L'anno seguente si cominciò la costruzione del castello di Posay che sarebbe diventato il Grand Casinò, con una sala da teatro, un parco, un nuovo ingresso e, naturalmente, una sala da gioco. Ma solo nel 1926 i giochi furono infine trasferiti nei nuovi locali.

Caratteristiche dello stabilimento
Responsabile: Jean Paul Gabrielli
Date e orari d'apertura: aperto tutto l'anno (tranne ottobre) dalle 19,30 alle 3,00 durante la settimana, dalle 16,00 alle 4,00 la domenica e i giorni festivi
Ingresso: 55 franchi/giorno - 200 franchi/settimana - 500 franchi/mese - 950 franchi/stagione
Abbigliamento: dignitoso
Annessi al casinò: piscina - night club - discoteca - relax - Hotel di Château de Posay 4 stelle - Tel. 49.86.20.10
Carte di credito: ammesse, la valuta straniera si cambia alla cassa

Quali giochi si possono fare?

GIOCHI	NUMERO DEI TAVOLI	PUNTATA MINIMA	PUNTATA MASSIMA
Boule	2	5 FF	200 FF en plein 1.000 FF chance semplice
Black jack	2	10 FF	1.000 FF
Roulette	3	5 FF	150 FF
Chemin de fer	1		

Altre informazioni utili
Posizione: stazione termale raccomandata per le malattie della pelle e per le ustioni - Chatellerault 23 km - Poitiers 49 km
Informazioni turistiche: place de la Mairie - 86270 - La Roche-Posay - Tel. 49.86.20.37

500

Les Sables-d'Olonne

Casinò des Sports, La Rudelière,
85103 Les Sables-d'Olonne
Tel. 51.32.58.31 - 51.32.43.08

Creato nel 1928, collocato in un complesso di tre ettari, il casinò è stato interamente rinnovato all'esterno nel 1967 e all'interno nel 1985.

Caratteristiche dello stabilimento
Responsabile: Jeaninne Hoffmann
Date e orari d'apertura: per la boule è aperto tutto l'anno - per la roulette da Pasqua ad ottobre dalle 19,00 alle 4,00
Ingresso: per la boule 5 franchi/giorno, 50 franchi/anno; per la roulette 70 franchi/giorno - 185 franchi/settimana - 450 franchi/mese - 900 franchi/anno
Abbigliamento: dignitoso
Annessi al casinò: tennis - sala da ballo - night club - minigolf - palestra
Carte di credito: ammesse, la valuta straniera si cambia alla cassa

Casinò municipal: 30, promenade Amiral-Lafargue-
85103 Les Sables-d'Olonne - Tel. 51.32.05.40

Casinò de la Plage: 1, promenade Joffre -
85103 Les Sables-d'Olonne - Tel. 51.32.05.40

Quali giochi si possono fare?

GIOCHI	NUMERO DEI TAVOLI	PUNTATA MINIMA	PUNTATA MASSIMA
Boule	3	5 FF	200 FF
Black jack	2	10 FF	50 FF
Roulette americana (doppio zero)	4	5 FF	100 FF

Altre informazioni utili
Posizione: stazione balneare - La Roche-sur-Yon 31 km - Nantes 90 km
Informazioni turistiche: rue du Mal-Leclerc - 85100 Les Sables-d'Olonne - Tel. 51.32.03.28

500

Saint-Amand-les-Eaux

Casinò de Saint-Amand-les-Eaux,
1303, rue de la Fontaine-Bouillon,
59230 Saint-Amand-les-Eaux
Tel. 27.48.19.00 - Telex 820 372 FST AMAND

Stabilimento creato nel 1903.

Caratteristiche dello stabilimento
Responsabile: Isidore e Richard Partouche
Date e orari d'apertura: aperto tutto l'anno: sabato dalle 17,00 alle 4,00, domenica e giorni festivi dalle 16,00 alle 4,00, lunedì, giovedì e venerdì dalle 21,00 alle 3,00
Ingresso: 55 franchi/giorno - 1000 franchi/stagione
Abbigliamento: dignitoso (obbligatoria la giacca alla sera)
Annessi al casinò: tennis - sala da ballo - night club - piscina - ristorante gastronomico - birreria - Hotel du Casinò 3 stelle - Tel. 27.48.50.37
Carte di credito: ammesse, la valuta straniera si cambia alla cassa

Quali giochi si possono fare?

GIOCHI	NUMERO DEI TAVOLI	PUNTATA MINIMA	PUNTATA MASSIMA
Boule	3	5 FF	200 FF
Black jack	2	10 FF	500 FF
Roulette	3	10 FF	300 FF
Roulette americana (doppio zero)	2	5 FF	100 FF
Chemin de fer	1	100 FF	1.500 FF

Altre informazioni utili
Posizione: stazione balneare raccomandata per il trattamento dei reumatismi e delle malattie delle vie respiratorie - Lille 39 km - Valenciennes 14 km
Informazioni turistiche: Ufficio turistico, Tour Abbatiale - 59230 Saint-Amand - Tel. 27.48.67.09

Saint-Galmier

Casinò municipal, bd du Docteur-Cousin,
42330 Saint-Galmier
Tel. 77. 54.01.99

Caratteristiche dello stabilimento
Responsabile: François Bighelli
Date e orari d'apertura: aperto tutto l'anno dalle 20,00 alle 2,00, il sabato la domenica e le feste dalle 15,00
Ingresso: per la boule: 2 franchi/giorno - per la roulette 50 franchi/giorno
Abbigliamento: dignitoso
Annessi al casinò: sala da ballo - piscina
Carte di credito: ammesse, la valuta straniera si cambia alla cassa

Quali giochi si possono fare?

GIOCHI	NUMERO DEI TAVOLI	PUNTATA MINIMA	PUNTATA MASSIMA
Boule	5	2 FF	200 FF en plein 1.000 FF chance semplice
Roulette	3	5/10 FF	150/300 FF

Grazie, Monsieur Sartine!
L'origine del servizio ai giochi della prefettura di polizia risale al luogotenente generale di polizia Antoine Sartine, nominato nel 1759. I suoi agenti impedivano già a quell'epoca le estorsioni violente e reprimevano le truffe. Il nome di Sartine si accompagna anche ad altre attività, quali la pulizia delle strade, il rinforzo della loro illuminazione, l'organizzazione del soccorso agli annegati, la creazione della *Halle au Blé*, lo scavo di molte fognature, la creazione di una scuola di disegno gratuita per gli operai, che è all'origine dell'insegnamento tecnico, e infine la riapertura dei circoli e delle case da gioco.

Altre informazioni utili
Posizione: stazione climatica - Lione 60 km - Saint Étienne 22 km
Informazioni turistiche: bd G.-Cousin - 42330 Saint-Galmier - Tel. 77.54.06.08

500

Saint-Raphaël

Casinò de Saint-Raphaël, square Gand,
83700 Saint-Raphaël
Tel. 94.95.10.59

Caratteristiche dello stabilimento
Date e orari d'apertura: dal 1 febbraio al 31 ottobre dalle 20,00 alle 3,00
Ingresso: 1 franco per la boule - 50 franchi per gli altri giochi
Abbigliamento: dignitoso
Annessi al casinò: bar - ristorante
Carte di credito: non ammesse

Quali giochi si possono fare?

GIOCHI	NUMERO DEI TAVOLI	PUNTATA MINIMA	PUNTATA MASSIMA
Boule		5 FF	
Black jack		20 FF	
Roulette		10 FF	
Roulette americana (doppio zero)		10 FF	

La mancia meno generosa
Vecchio aviatore di Mussolini, marito di una parente del generale Franco, numero uno dell'industria farmaceutica spagnola, nel corso degli anni questo giocatore spagnolo ha seminato il panico tra il croupier di Divonne-les-Bains per la sua fenomenale memoria. Fu così che nel 1972 arraffò 3 milioni di franchi in dieci giorni.
Sua debolezza, lo champagne. Una sera che le bottiglie vuote si ammucchiavano intorno a lui, un croupier esclamò: "Questa volta, ci scommetterei, è cotto."
Allora perse 900.000 franchi. Due ore più tardi cambiava l'ultimo gettone da 50.000 franchi. All'una del mattino, non solo si era già rifatto delle perdite, ma aveva rialzato il suo utile di 400000 franchi, che si fece arrotolare dentro un giornale. Prima di andarsene lanciò al croupier una mancia di... 50 centesimi.

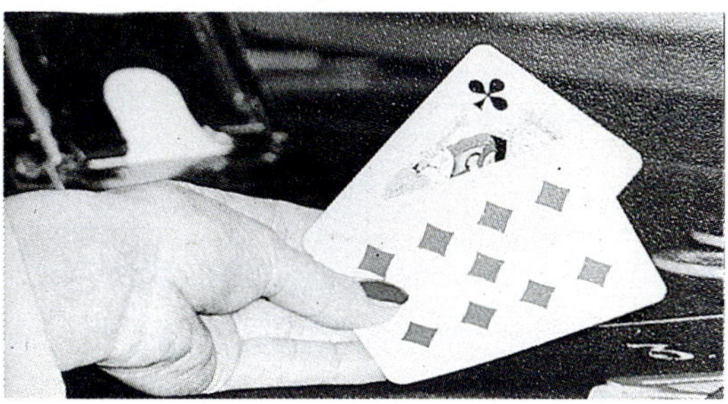

Altre informazioni utili
Posizione: stazione balneare - Cannes 43 km - Draguignan 33 km
Informazioni turistiche: place de la Gare - 83700 Saint-Raphaël - Tel. 94.95.16.87

500

Sainte-Maxime

Casinò Beach, 13 av. du Gen.-de-Gaulle,
83120 Sainte-Maxime
Tel. 94.96.12.96

Stabilimento creato nel 1928.

Caratteristiche dello stabilimento
Responsabile: Bernard Vidal
Date e orari d'apertura: aperto dal 1 maggio al 30 settembre tutti i giorni dalle 21,00 alle 5,00
Ingresso: 60 franchi/giorno - 250 franchi/settimana - 900 franchi/stagione
Annessi al casinò: sala da ballo - night club - ristorante
Carte di credito: ammesse, la valuta straniera si cambia alla cassa

Quali giochi si possono fare?

GIOCHI	NUMERO DEI TAVOLI	PUNTATA MINIMA	PUNTATA MASSIMA
Boule	4	5 FF	200 FF
Black jack	2	50 FF	2.500 FF
Roulette	2	20 FF	600 FF

Altre informazioni utili
Posizione: stazione balneare - Fréjus 21 km - Hyères 57 km
Informazioni turistiche: promenade Simon Lorière - 83120 Sainte-Maxime - Tel. 94.96.14.19

500

Santenay-les-Bains

Casinò des Sources, av. des Sources,
21590 Santenay
Tel. 80.20.61.00

Il casinò risale all'inizio del secolo. Allora si chiamava Kursaal, nome che porterà fino al 1957 prima di diventare il casinò di Sources, quando fu acquistato dalla famiglia Ginoux.

Caratteristiche dello stabilimento
Responsabile: Pierre e Yves Ginoux
Date e orari d'apertura: aperto tutto l'anno (escluso gennaio) dalle 21,00 alle 3,00, la domenica e giorni festivi dalle 17,00 alle 4,00
Ingresso: 52 franchi/giorno - 190 franchi/settimana - 950 franchi/stagione
Abbigliamento: dignitoso (giacca obbligatoria alla sera)
Annessi al casinò: sala da ballo - night club - ristorante - Hotel Santana 2 stell - Tel. 80.20.62.11
Carte di credito: ammesse, la valuta straniera si cambia alla cassa

Dimmi a che cosa giochi e ti dirò il tuo Q.I.
Lo spirito su cui si basa la regolamentazione dei giochi risale all'inizio del XIX secolo, e dunque appare un po' invecchiato. Così il gioco a danato è permesso se riguarda il bridge e gli scacchi, giochi che si richiamano all'intelligenza e alla scienza illuminata dei giocatori "intelligenti", ma è illegale per quanto riguarda i giochi di puro azzardo, riservati ai comuni mortali… Certuni vogliono vedere in questo una forma di discriminazione sociale.

Quali giochi si possono fare?

GIOCHI	NUMERO DEI TAVOLI	PUNTATA MINIMA	PUNTATA MASSIMA
Boule	2	2 FF	100 FF
Black jack	2	10 FF	500 FF
Roulette	3	5 FF	150 FF
Banco	1	100 FF	
Chemin de fer	1	100 FF	

Altre informazioni utili
Posizione: stazione termale dove si curano le malattie dell'apparato digestivo, i reumatismi e i postumi dei traumi articolari - Beaune 18 km - Chalon-sur-Saône 18 km
Informazioni turistiche: av. de Sources - 21590 Santenay - Tel. 80.20.63.15 - 80.20.61.00

Le Touquet

Casinò de la Forêt, place de l'Hermitage,
62500 Le Torquet
Tel. 21.05.08.76 - 21.05.16.99

Il primo stabilimento fu creato nel 1903. Il casinò attuale è stato inaugurato nel 1912. Molto danneggiato durante la seconda guerra mondiale, fu interamente ricostruito e trasformato nel 1950. Per molto tempo principale casinò di Francia, ospitò nelle sue sale da gioco un gran numero di personalità di tutti i paesi, tra cui il duca di Windsor, Winston Churchill, le *Peter's Sisters*, il re Farouk e ancora Gulbenkian, chiamato anche Monsieur 5% considerati i suoi diritti sui giacimenti petroliferi.

Caratteristiche dello stabilimento
Responsabile: Hubert Benhamou
Date e orari d'apertura: aperto i week-end tutto l'anno, tutti i giorni dal 1 luglio al 30 settembre dalle 16,00 alle 3,00, i week-end dalle 17,00 alle 3,00
Ingresso: 50 franchi/giorno - 200 franchi/settimana - 900 franchi/stagione
Abbigliamento: giacca obbligatoria
Annessi al casinò: sala da ballo - night club - ristorante gastronomico - Hotel White Star - Tel. 21.05.03.11
Carte di credito: ammesse, la valuta straniera si cambia alla cassa

Il baccara in lutto
Di passaggio a Trouville, il 30 agosto 1961, il Signor Pillet-Dejardin, cittadino di Le Havre di 54 anni e affezionato cliente del casinò di Trouville, dichiarando banco al tavolo di baccara cadde giù morto: crisi cardiaca provocata dall'emozione? Il banco infatti era di 100 franchi...

Altre informazioni utili
Posizione: stazione balneare - Boulogne 25 km - Étaples 5 km
Informazioni turistiche: place de l'Hermitage - 62520 Le Touquet - Tel. 21.05.21.65

Quali giochi si possono fare?

GIOCHI	NUMERO DEI TAVOLI	PUNTATA MINIMA	PUNTATA MASSIMA
Boule	3	5 FF	200 FF
Black jack	2	10/20 FF	500/1.000FF
Roulette	6	5/10 FF	150/300 FF
Baccara	2	500 FF	10.000 FF
Chemin de fer	2	500 FF	10.000 FF

Trouville

Casinò de Trouville, place du Maréchal-Foch,
14360 Trouville
Tel. 31.88.76.09

Caratteristiche dello stabilimento
Responsabile: M. Cavallari
Date e orari d'apertura: aperto tutto l'anno dalle 15,00 alle 3,00
Ingresso: 55 franchi/giorno - 190 franchi/settimana - 455 franchi/mese - 905 franchi/anno
Abbigliamento: dignitoso (giacca obbligatoria alla sera)
Annessi al casinò: discoteca - night club - ristorante - Hotel Le Trouville - Beach Hotel
Carte di credito: ammesse, la valuta straniera si cambia alla cassa

La spintarella
È la tecnica più diffusa e più sospetta alla roulette. Bisogna dimostrare molta rapidità e destrezza. Non appena la pallina si è fermata in uno dei numeri del cilindro, si deve spingere il proprio gettone sul numero corrispondente del tappeto, a volte con la collaborazione di qualcuno che crei qualche diversivo per distrarre l'attenzione.

Quali giochi si possono fare?

GIOCHI	NUMERO DEI TAVOLI	PUNTATA MINIMA	PUNTATA MASSIMA
Boule	8	5 FF	200 FF en plein 100 FF chance semplice
Black jack	3	50 FF	2.500 FF
Roulette	6	10/20/50 FF	300/600 1.500 FF
Banco	1		
Chemin de fer	2		
30 e 40	1	10 FF	

Altre informazioni utili
Posizione: stazione balneare - Pont l'Évêque 11 km - Lisieux 29 km
Informazioni turistiche: place du Maréchal-Foch - 14360 Trouville - Tel. 31.88.36.19

Vichy

Casinò de l'Èlysée-Palace, 28, rue Georges-Clemenceau,
03200 Vichy
Tel. 70.98.50.41-70.98.25.17

Nel 1898 l'Alcazar era utilizzato secondo la più pura tradizione del café-concert: nel 1910 diventata l'Elysée-Palace.
Nel 1973, fu intrapresa una nuova opera di trasformazione per rinnovare e rendere più moderne le sale da gioco. Oggi si tratta di un vero e proprio complesso per la distensione e il divertimento che comprende inoltre una sala per gli spettacoli da 700 persone.

Caratteristiche dello stabilimento
Responsabile: Michel Bastien
Date e orari d'apertura: aperto tutto l'anno, tutti i giorni dalle 16,00 alle 3,00
Ingresso: 50 franchi/giorno - 185 franchi/settimana - 700 franchi/mese - 900 franchi/anno
Abbigliamento: dignitoso
Annessi al casinò: sala da ballo - night club - birreria - ristorante - teatro - cinema - Hotel Élisée Palace 3 stelle - Tel. 70.98.25.17
Carte di credito: ammesse, la valuta straniera si cambia alla cassa

Quali giochi si possono fare?

GIOCHI	NUMERO DEI TAVOLI	PUNTATA MINIMA	PUNTATA MASSIMA
Boule	2	2 FF	
Black jack	2	10 FF	
Roulette	5	5 FF	
Baccara	3		
Chemin de fer	2	10 FF	

*

* *

Grand Casinò, 5, rue du Casinò,
03400 Vichy
Tel. 70.31.68.88

Caratteristiche dello stabilimento
Responsabile: Paul Baron
Date e orari d'apertura: aperto dal 30 marzo al 31 dicembre dalle 16,00 alle 3,00
Ingresso: 65 franchi/giorno
Abbigliamento: dignitoso
Annessi al casinò: discoteca - night club - grill - ristorante gastronomico
Carte di credito: ammesse, la valuta straniera si cambia alla cassa

Quali giochi si possono fare?

GIOCHI	NUMERO DEI TAVOLI	PUNTATA MINIMA	PUNTATA MASSIMA
Boule	6	2 FF	100 FF
Black jack	1	10 FF	500FF
Roulette	5	5 FF	150 FF
Baccara	2	50 FF	1.000 FF
Chemin de fer	2	50 FF	1.000 FF

Altre informazioni utili
Posizione: stazione termale raccomandata per le emicranie di origine digestiva, i postumi dell'epatite virale, le turbe del fegato, della bile, per la gastrite, le malattie della nutrizione e i reumatismi, i postumi di traumi o fratture - Clermont-Ferrand 60 km - Thiers 36 km
Informazioni turistiche: 19, rue du Parc-BP113 - 03204 Vichy Cedex
Tel. 70.98.71.94

Vittel

Casinò de Vittel,
88800 Vittel
Tel. 29.08.12.35

La nascita di Vittel è legata al nome di Lous Boulomié, un avvocato del sud della Francia che nel 1853 costruì in via provvisoria una stazione termale allo scopo di sfruttare la sorgente che si trovava nel terreno da lui acquistato. Il successo non si fece attendere: dopo qualche anno la fama di Vittel aveva passato la frontiera e le sue infrastrutture turistiche erano perfette, mancava solo il casinò.
A questo punto, nel 1884, Louis Boulomié chiamò l'architetto Charles Garnier, che aveva già realizzato l'Opera di Parigi e il casinò di Montecarlo. Lo stabilimento così creato contribuì ad attirare a Vittel tutti i nomi di fama internazionale. Nel 1926 fu distrutto da un incendio e fu ricostruito tre anni più tardi, in stile *art decò*, con una splendida sala da gioco di 900 mq illuminata da grandiose vetrate. Proprio in questa sala da gioco il presidente Mitterand, nel 1983, accolse con grande sfarzo quarantadue Capi di Stato africani.
Una caratteristica particolare del casinò di Vittel: la direzione offre champagne a cena a tutti i giocatori che realizzano un 21 a black jack con tre7.

Caratteristiche dello stabilimento
Responsabile: Jean-Jacques Thouvenin
Date e orari d'apertura: da maggio a ottobre aperto tutte le sere dalle 20,00 alle 3,00, e dalle 18,00 alle 3,00 la domenica e i giorni festivi. Aprile, novembre e dicembre aperto il venerdì, sabato, domenica e giorni festivi
Ingresso: 60 franchi/giorno - 200 franchi/settimana - 1000 franchi/stagione
Abbigliamento: adeguato
Annessi al casinò: dancing - night club - ristorante gastronomico
Carte di credito: ammesse, la valuta straniera si cambia alla cassa

Quali giochi si possno fare?

GIOCHI	NUMERO DEI TAVOLI	PUNTATA MINIMA	PUNTATA MASSIMA
Boule	2	5 FF	200 FF en plein 1.000 FF chance semplice
Black jack	2	50 FF	2.500 FF
Roulette	4	10 FF	300 FF en plein 10.000 FF chance semplice
Chemin de fer	1	100 FF	

Altre informazioni utili
Posizione: stazione termale utile contro l'obesità, la cellulite, i calcoli - Nancy 71 km - Épinal 43 km
Informazioni turistiche: Place de la Marne-Vittel - Tel. 29.08.12.72 - Palais de Congrès - Vittel Tel. 29.08.18.30

Dipartimenti e territori d’oltremare

Noumèa

Casinò royal, Rocher à al voile,
Nouméa - Nuova Caledonia
Tel. 687.26.12.60 - 26.16.90

Stabilimento creato nel 1983.

Caratteristiche dello stabilimento
Responsabile: Jean Lafleur
Date e orari d’apertura: aperto tutto l’anno dalle 18,00 alle 2,00
Ingresso: 400 CFA/giorno - 1500 CFA/settimana - 25000 CFA/stagione
Abbigliamento: dignitoso (giacca e cravatta obbligatoria)
Annessi al casinò: piscina - banca - boutique - ristorante - agenzia di viaggio - golf - tennis - squash - bowling - deltaplano - Hotel le Surf - Novotel - Tel. 687.26.66.88
Carte di credito: ammesse, la valuta straniera si cambia alla cassa

Quali giochi si possono fare?

GIOCHI	NUMERO DEI TAVOLI	PUNTATA MINIMA	PUNTATA MASSIMA
Black jack	6	200/500 F CFA	10.000/25/000 F CFA
Roulette americana (doppio zero)	6	100 F CFA	20.000 F CFA
Altri giochi Punto y banco	4	1.000 F CFA	40.000 F CFA

(100 CFA = 5,50 FF)

Altre informazioni utili
Posizione: stazione turistica
Informazioni turistiche: M. Doppler - 25, rue du Mal-Foch - B.P. 688 Noumèa - Nuova Caledonia - Tel. 687.27.26.32

Saint-François

Casinò de la Marina, B.P. 34,
97118 Saint-François - Guadalupe
Tel. 19.590.84.41.44

Stabilimento creato nel 1976.

Caratteristiche dello stabilimento
Responsabile: Alain Bernier
Date e orari d'apertura: aperto tutto l'anno (escluso giugno e il lunedì) dalle 21,00 alle 3,00,
Ingresso: 60 franchi/giorno - 250 franchi/settimana - 1000 franchi/stagione
Abbigliamento: dignitoso
Annessi al casinò: sala da ballo - night club e un complesso di divertimenti - Hotel Hamak
Carte di credito: ammesse, la valuta straniera si cambia alla cassa

Altre informazioni utili
Posizione: stazione balneare - Pointe à Pitre 45 km
Informazioni turistiche: Erick Pottin place de la Victorie 5 square des Banques - 97110 Pointe-à-Pitre - Guadeloupe - Tel. 19.590.82.09.30

Quali giochi si possono fare?

GIOCHI	NUMERO DEI TAVOLI	PUNTATA MINIMA	PUNTATA MASSIMA
Black jack	6	20/50 FF	1.000/2.500 FF
Roulette americana (doppio zero)	4	5/10 FF	100/200 FF
Banco	1	50 FF	10.000 FF en plein 20.000 FF chance semplice
Chemin de fer	1	500 FF	5.000 FF

Il vizio, se di vizio si tratta...
"I casinò addomesticano, rendendoli meno pericolosi, i giochi. Se venissero chiusi, i giocatori si ritroverebbero nelle bische clandestine, senza alcuna garanzia di regolarità né di "sincerità" nelle puntate. E poi, se c'è gente che perde dei milioni, vuol dire che li ha. Il vizio di un giocatore, se di vizio si tratta, rovina solo lui stesso. Il gioco è una passione che si paga come una qualsiasi altra". *René Toutain*

Gosier-les-Bains

Casinò de Gosier-les-Bains, Pointe de la Verdure, B.P., 94
97190 Guadalupe
Tel. 19.590.84.18.33

Stabilimento creato nel giugno del 1980.

Caratteristiche dello stabilimento
Responsabile: Michel Fusier
Date e orari d'apertura: dal 1 ottobre al 24 agosto dalle 21,00 alle 3,00, la domenica dalle 14,00 alle 4,00
Ingresso: 60 franchi/giorno - 250 franchi/settimana - 1000 franchi/stagione
Abbigliamento: dignitoso
Annessi al casinò: sala da ballo - night club - ristorante
Carte di credito: ammesse, la valuta straniera si cambia alla cassa

Quali giochi si possono fare?

GIOCHI	NUMERO DEI TAVOLI	PUNTATA MINIMA	PUNTATA MASSIMA
Boule	2	5 FF	200 FF
Black jack	8	10/50 FF	1.000/2.500 FF
Roulette americana (doppio zero)	6	5/10 FF	100/200 FF
Banco	1	200 FF	

Altre informazioni utili
Posizione: stazione balneare - Pointe à Pitre 13 km
Informazioni turistiche: Eric Rottin - place de la Victorie - 97110 Pointe à Pitre - Guadalupe - Tel. 19.590.82.09.30

Fort-de-France

In Martinica esistono due casinò situati in stabilimenti da cinque stelle. La legge sui giochi è la stessa che è applicata in Francia.

Hôtel Méridien, La Pointe-du-Bout,
97200 Fort-de-France - Martinica

Il casinò si trova all'interno di un albergo che fa parte di una catena con un'ottima reputazione.

Quali giochi si possono fare?
Roulette - black jack - baccara - boule
Annessi al casinò: bar - ristorante - piscina - golf - immersioni subacquee - discoteca - night club - tutti gli sport nautici

Hôtel PLM - Casinò La Batelière,
97200 Fort-de-France - Martinica

Il casinò si trova all'interno di un albergo classificato tra i migliori delle Antille. Il casinò resta chiuso dal 30 aprile al 31 ottobre

Quali giochi si possono fare?
Roulcttc - black jack - baccara
Annessi al casinò: 3 bar - 3 ristoranti - tennis - piscina - boutique - tutti gli sport nautici - discoteca - night club - Hotel con 200 stanze

Qualche mancia

René Smadja dopo aver vinto 700 milioni di centesimi, ha dato al croupier durante la partita 70000 franchi e alla fine 30000, Totale: 100000 franchi.

Joseph Safie, all'ultima boule di trente-et-quarante guadagna 30 milioni di centesimi. Ne lascia 15 come mancia al croupier. Durante i quindici giorni precedenti, ne aveva già distribuite per 8 milioni di centesimi.

Quel giorno hanno guadagnato

Jack Warner, nel 1956, vince 60 milioni di centesimi al baccara in una sera. Nel 1967, il produttore americano vince 300 milioni al baccara. Il re Farouk, nel 1950 vince 90 milioni al baccara in una sera. Jagger, nel 1963, vince 60 milioni al baccara in una sera. Joseph Safié, nel 1961, vince 85 milioni di centesimi alla roulette in due ore. Nello stesso anno il totale dei suoi guadagni in 15 giorni ammonta a 450 milioni di centesimi. Renato Rosen, nel 1972, guadagna 420 milioni di centesimi in tre giorni di gioco a Cannes. Benamou, nel 1966, vince 9 milioni di franchi al baccara, durante la sua stagione a Montecarlo. I fratelli Caltagironi, re delle autostrade italiane, nel 1972, vinsero alla roulette nello stesso giorno. Totale dei guadagni: 500 milioni di centesimi. Caddero entrambi in ginocchio nel casinò per ringraziare la Madonna. Helena Sessa de Cassano, nel 1972, guadagna 300 milioni di centesimi al trente-et-quarante al Palm Beach di Cannes. Renè Smadja vince, nel 1972, 700 milioni di centesimi al trente-et-quarante nello stesso casinò in due sere. Romeo Bassera, nel 1960, vince 130 milioni di centesimi al trente-et-quarante in una sera.

CITTÁ	INDIRIZZO TELEFONO	DATE E ORARI D'APERTURA
Aix-les-Bains	Nouveau Casinò 36, av. Victoria 73100 Aix-les-Bains Tel. 79.35.10.00	Tutto l'anno, tutti i giorni da giugno a settembre: fuori stagione: merc, sab, 21,00 - 3,00
Allègre	Casinò d'Allègre Les Fumades 30500 St-Ambroix Tel. 66.24.82.05	Marzo-15 gennaio 2,00-3,00 (ven, sab), 16,00-3,00 (dom e giorni festivi) giovedì in luglio e agosto
Andernos-les-Bains	Casinò de la Plage "Miami" place L. David 33510 Andernos Tel. 56.82.00.65	Week-end e giorni festivi in inverno, tutti i giorni da luglio a settembre, 17,00-20,00 - 21,00-3,00
Arcachon	Casinò de la Plage 163, bd de la Plage 33120 Arcachon Tel. 56.83.41.44	Tutti i giorni da giugno al 30 set., week-end egiorni festivi; fuori stagione 18,00-20,00 - 21,00-3,00

I Dalton a Benodet

Xavier le Menu e i suoi due figli, Ludovic e Xavier, accaniti giocatori, trascorrevano la vita senza problemi grazie alla rendita del "Galopin", il bar del padre. Una sera andarono al casinò, come d'abitudine, e giocarono per una mezz'ora, poi si impadronirono improvvisamente di un fucile a canne mozze e fecero allineare il direttore e i giocatori presenti con le mani in alto contro il muro. Si appropriarono così dei fondi in deposito dello stabilimento: 12.000 franchi. Dopo di che Xavier le Menu padre dichiarò: "Noi siamo i padroni qui, allora brindiamo! Champagne per tutti!" I camerieri si affrettarono a servire, ostaggi e aggressori bevvero in un pesante silenzio. Verso le quattro del mattino, i tre se ne andarono con il loro bottino. Mezz'ora più tardi la polizia li arrestò a casa loro.

altri casinò...

N. DEI TAVOLI MINIMA MASSIMA	DINTORNI	INFORMAZIONI TURISTICHE
2 tavoli 5 F 200 F	Stazione termale Chambéry: 16 km Genève: 77 km	Rue Jean-Monard Tel. 79.35.15.35
3 tavoli 5 F 200 F 1.000 F	Stazione termale Nîmes: 50 km Alès: 17 km	Bd du Costalet Tel. 66.24.33.36
3 tavoli 5 F 200 F 1.000 F	Stazione balneare Bordeaux: 40 km Facture: 6 km	Avenue du Général-de-Gaulle Tel. 56.83.02.95
4 tavoli 5 F 200 F	Stazione balneare Bordeaux: 64 km	Place du Président Roosevelt Tel. 56.83.01.69

Un patto con il diavolo

Il buddismo e il giudaismo non approvano i giochi a danaro; l'induismo li ignora, lo scintoismo è neutro, i protestanti non si pronunciano, i cattolici sono tutti gesuiti: lo condannano, ma non per iscritto. Anzi, il nuovo codice di diritto canonico, entrato in vigore nel 1983, non riporta alcuna proibizione riguardante il gioco d'azzardo.

Il codice precedente, che data 1918, lo vietava solamente al clero, al quale, a dire il vero, si domandava anche a gran voce di astenersi dalla caccia, cosa che allora aveva scandalizzato il clero polacco.

Non si può dimenticare che tutti i benefici dei giochi, in quanto si tratta di svaghi "per ritemprare anima e corpo" sono stati in ogni tempo messi in prima fila dai vecchi catechismi.

CITTÁ	INDIRIZZO TELEFONO	DATE E ORARI D'APERTURA
Ax-les-Thermes	Casinò allée Couloubret 09110- Ax-les-Thermes Tel. 61.64.22.93	Vacanze, estate e inverno 21,00-4,00
Bagnères-de-Bigorre	Casinò municipal place des Thermes 65200 Bagnères-de-Bigor- re - Tel. 62.95.20.42	Tutto l'anno, da maggio al 31 ottobre, 15,00-3,00 fuori stagione: 17,00-3,00
Balaruc-les-Bains	Nouveau Casinò rue du Mont-Saint-Clair 34540 Balaruc-les-Bains Tel. 67.48.00.56	Tutto l'anno, tutti i giorni salvo il martedì in inverno 21,00-3,00
Bénodet	Casinò de Bénodet avenue de la Plage 29118 Bénodet Tel. 98.57.04.16	Stagione estiva

Casinò di Beaulieu-sur-Mer

N. DEI TAVOLI MINIMA MASSIMA		DINTORNI	INFORMAZIONI TURISTICHE
3 tavoli 2 F	 100 F	Stazione termale Andorre-la-Vieille: 61 km Foix: 42 km	Mairie Tel. 61.64.20.64
3 tavoli 2 F	 80 F 400 F	Stazione termale Tarbes: 21 km Lourdes: 22 km	Place Lafayette Tel. 62.95.01.62
3 tavoli 2 F	 100 F 500 F	Stazione termale Sète: 7 km Montpellier: 29 km	Balaruc-les-Bains Tel. 67.48.50.07
2 F	200 F	Stazione turistica Quinper: 16 km Brest: 88 km	51, av. de la Plage Tel. 98.91.00.14

I *bricoleur* della roulette

Una banda internazionale nel 1976 mette a punto una tecnica di imbroglio che poté essere provata solo nel 1981. L'allegra équipe, composta da jugoslavi, italiani, inglesi e tedeschi, truccava i tavoli della roulette grazie a complicità interne. Si trattava di smontare o di allentare leggermente le viti che fissano quelle lamine verticali che separano ognuno dei 37 numeri del cilindro, in modo che la pallina di avorio si fermi con più facilità negli alveoli con le alette truccate, grazie all'impercettibile spinta impressa a tali alette. Non si vinceva ogni volta, comunque 150 o 200 volte ogni giorno... Secondo gli esperti, la banda aveva un vantaggio del 3% in più del casinò, che di solito ha il 2,7%. Tale differenza di circa il 6%, consentì alla banda, che agì per quattro anni in dodici casinò europei, di accumulare circa 100 milioni di franchi, di cui più di uno nei due soli casinò di Cannes, dove furono modificati sette tavoli da roulette. La mente di questo affare, un tedesco dell'ovest, non fu mai scoperta.

CITTÁ	INDIRIZZO TELEFONO	DATE E ORARI D'APERTURA
Berck	Casinò de Berck Av. de-Gaulle 62600 Berck-Plage Tel. 21.09.09.22	Stagione estiva
Bourbon-Lancy	Casinò del Thermes place St-Léger 71140 Bourbon-Lancy Tel. 85.89.31.96	Dal 15 aprile al 31 ottobre tutti i giorni, dalle 21,00, domenica e giorni festivi dalle 17,00
Bourbonne-les-Bains	Casinò de Bourbonne place des Bains 52400 Bourbonne-les-Bains - Tel. 25.90.10.86	Week-end in aprile e ottobre, tutti i giorni, salvo il lunedì, da maggio a settembre, 21,00-3,00
Brides-les-Bains	Casinò municipal 73600 Brides-les-Bains Tel. 79.55.23.07	Dal 5 aprile al 30 ottobre, 21,30-3,00
Cabourg	Casinò de Cabourg Jardins du casinò 14390 Cabourg Tel. 31.91.11.75	Tutti i giorni dal 15 giugno al 15 settembre, week end e giorni festivi fuori stagione, 22,00-4,00
Canet	Casinò du Canet 6, avenue Canigou 61100 Canet Tel. 68.80.32.25	Dal 15 luglio al 15 settembre, 20,00-3,00
Cap-Breton	Casinò municipal 40130 Cap-Breton Tel. 58.72.13.75	Week-end e giorni festivi da aprile a ottobre, 21,00-3,00; tutti i giorni dal 15 giu. al 15 sett. 21,00-3,00
Capvern-les-Bains	Casinò municipal 65130 Capvern-les-Bains Tel. 62.39.93.54	Stagione estiva

N. DEI TAVOLI MINIMA MASSIMA	DINTORNI	INFORMAZIONI TURISTICHE
2 F 200 F	Stazione termale Abbeville: 46 km Le Touquet: 18 km	Esplanade de Parmentier Tel. 21.09.07.85
2 F 200 F	Stazione termale Moulin: 36 km Nevers: 72 km	Place Allègre Tel. 85.89.18.27
2 tavoli 2 F 100 F 400 F	Stazione termale Chaumont: 52 km	Place des Bouris Tel. 25.90.01.71
2 tavoli 2 F 100 F	Stazione termale Chambéry: 85 km	Tel. 79.55.20.64 Telex: 980 450 S
2 tavoli 5 F 500 F 2.500 F	Stazione balneare Deauville: 19 km Caen: 24 km	Jardins du casinò Tel. 31.91.01.09
6 tavoli 5 F 200 F 1.000 F	Stazione balneare Perpignan: 13 km Narbonne: 72 km	Place de la Méditerranée Tel. 68.80.20.65
4 tavoli 5 F 200 F	Stazione balneare Dax: 42 km Bayonne: 18 km	Avenue du Pdt - Pompidou Tel. 58.72.12.11
2 tavoli 2 F 200 F	Stazione termale Tarbes: 27 km	Place des Thermes Tel. 69.99.50.46

CITTÁ	INDIRIZZO TELEFONO	DATE E ORARI D'APERTURA
Cassis	Casinò municipal av. Dr-Leriche - 13260 Cassis - Tel. 42.01.78.32	Stagione estiva
Cauterets	Casinò de Cauterets esplanade du casinò 65110 Cauterets Tel. 62.92.52.14	Da giugno al 30 settembre, 21,00-3,00
Cayeux-sur-Mer	Casinò de Cayeux Bd du Gal-Sizaire 80440 - Cayeux-sur-Mer Tel. 22.26.60.06	Da aprile a settembre, 19,00-2,00
Challes-les-Eaux	Casinò de Challes-les-Eaux - 73190 Challes-les-Eaux - Tel. 79.85.20.07	Stagione estiva
Châtelaillon Plage	Casinò de Châtelaillon bd de la Rèpublique 17340 Châtelaillon Tel. 46.56.26.24	Stagione estiva
Châtel-Guyon	Casinò de Châtel-Guyon Place Brosson 63140 - Châtel-Guyon Tel. 73.86.00.39	Tutti i giorni dal 2 maggio al 30 settembre, 17,30-19,30 - 21,00-3,00
Cherbourg	Casinò de Cherbourg 2-4, rue des Tribunaux 50100 Cherbourg Tel. 33.43.00.56	Tutti i giorni, salvo i festivi, tutto l'anno, 17,30-19,30 - 21,30-3,00
La Ciotat	Casinò Les Flots Bleus Avenue Wilson 13600 La Ciotat Tel. 42.23.40.63	Stagione estiva

N. DEI TAVOLI MINIMA MASSIMA	DINTORNI	INFORMAZIONI TURISTICHE
Boule, roulette, chemin de fer, 30 et 40	Stazione termale Marseille: 23 km Toulon: 44 km	Place Baragnon Tel. 42.01.71.17
2 tavoli 2 F 100 F	Stazione termale Tarbes: 50 km Lourdes: 30 km	Place de la Mairie Tel. 62.92.50.27
3 tavoli 5 F 250 F 1.250 F	Stazione balneare Abbeville: 30 km	Bd de la Mer Tel. 22.26.61.15
2 F 200 F	Stazione termale Chambèry: 6 km Grenoble: 51 km	Place de la Liberté Tel. 79.35.20.13
2 F 200 F	Stazione balneare Rocherfort: 21 km La Rochelle: 12 km	Allé du stade Tel. 46.56.26.97
3 tavoli 5 F 500 F 2.500 F	Stazione turistica Caen: 119 km	Parc E. Clémentel Tel. 73.86.01.17
3 tavoli 5 F 500 F 2.500 F	Stazione turistica Caen: 119 km	2, quai Alexandre III Tel. 33.43.52.02
2 F 200 F	Stazione balneare Aix-en-Provence: 49 km Marseille: 32 km	2, quai Ganteaume Tel. 91.08.61.32

CITTÁ	INDIRIZZO TELEFONO	DATE E ORARI D'APERTURA
Contrexéville	Casinò de Contrexéville 88190 Contrexéville Tel. 29.08.01.14	Da maggio a settembre tutti i giorni, 21,00-3,00
Coutainville	Casinò de Coutainville avenue du Pdt-Roosevelt 50230 Coutainville Tel. 33.47.06.88	Dal 1 luglio al 30 sett. tutti i giorni, tutto l'anno week-end e giorni festivi, 17,00-20,00 - 22,00-3,00
Le Crotoy	Casinò du Crotoy rue du Phare 80550 Le Crotoy Tel. 22.27.80.11	Week-end e giorni festivi, tutti i giorni in luglio e agosto, fuori stagione 21,30 - 3,00
Dax	Casinò municipal cours de Verdun 40100 Atrium-Dax Tel. 58.74.21.35	Tutto l'anno, 21,30-4,00; week-end e giorni festivi 15,00-4,00
Fécamp	Casinò municipal bd des Belges 76400 Fécamp Tel. 35.28.01.06	Stagione estiva
Fort-Mahon-Plage	Casinò de Fort-Mahon 80700 Fort-Mahon Tel. 22.27.71.13	Stagione estiva
Fouras	Casinò de Fouras place Bugeau 17450 Fouras Tel. 46.84.63.16	Stagione estiva
Grasse	Casinò Le Florida Avenue M.-Duval 06130 Grasse Tel. 93.70.80.20	Stagione estiva

N. DEI TAVOLI MINIMA MASSIMA	DINTORNI	INFORMAZIONI TURISTICHE
2 tavoli 2 F 80 F	Stazione termale Nancy: 75 km Vittel: 13 km	Galerie thermale Tel. 29.08.08.68
3 tavoli 5 F 200 F	Stazione balneare Saint-Lô: 40 km Coutances: 12 km	Place du 28-Julliet Tel. 33.47.01.46
3 tavoli 5 F 200 F	Stazione balneare Abbeville: 20 km	Mairie du Crotoy Tel. 22.27.80.24
2 tavoli 2 F 100 F	Stazione termale Pau: 80 km Bayonne: 49 km	Place Thiers Tel. 58.74.87.33
2 F 100 F	Stazione balneare Le Havre: 40 km Rouen: 69 km	Place Nellet Tel. 35.28.20.51
2 F 100 F	Stazione balneare Berck-Plage: 19 km Abbeville: 36 km	49, rue des Dunes Tel. 22.27.71.28
2 F 100 F	Stazione balneare Rochefort: 13 km La Rochelle: 28 km	Place Bugeau Tel. 46.88.60.69
2 F 100 F	Stazione turistica Cannes: 17 km Nice: 42 km	Place Foux Tel. 93.36.03.56

CITTÁ	INDIRIZZO TELEFONO	DATE E ORARI D'APERTURA
Gréoux-les-Bains	Casinò de Gréoux Av. des Thermes 04800 Gréoux-les-Bains Tel.92.78.03.23	Dal 1 aprile al 31 ottobre salvo domenica e lunedì
Gruissan	Casinò de Gruissan Rés. Le Barberousse le Port - 06130 Gruissan Tel. 68.49.04.81	Stagione estiva
Houlgate	Casinò d'Houlgate 41, av. H. - Dobert 14510 Houlgate Tel. 31.91.60.94	Dal venerdì di Pasqua al 31 dicembre, 16,00-3,00, durante la settimana, 16,00-4,00 festivi e dom.
Hossegor	Sporting Casinò av. Paul-Lahary 40150 Hossegor Tel. 58.43.50.10	Week-end durante tutto l'anno, dal 15 giugno al 15 settembre, 16,00-3,00
Lacaune-les-Bains	Casinò de Lacaune 81230 Lacaune-les-Bains Tel. 63.37.00.12 Tel. 63.37.02.03	Tutti i giorni in estate e inverno, tutti i week-end 16,00-3,00 durante sett., 20,00-3,00 week-end
Luc-sur-Mer	Casinò de Luc -rue Guynemer - 14530 Luc-sur-Mer - Tel. 31.97.32.19 Tel. 31.97.53.53	Tutti i giorni dal 15 giu. al 15 sett. 16,00-19,30, giovedì-sabato (fuori stagione), 22,00-4,00
Mers-les-Bains	Casinò de Mers esplanade Leclerc 80350 Mers-les-Bains Tel. 35.86.22.46	Da giu. a set. tutti i giorni 17,00-20,30 - 21,30-3,00- fuori stagione i week-end 17,00-2,00 - 22,00-3,00
Mimizan-les-Bains	Casinò de la Côte d'Argent - 1, rue du Casinò 40200 Mimizan-plage Tel. 58.09.05.02	Tutti i giorni in luglio, agosto settembre 22,00-3,00; i week-end in maggio e giugno

N. DEI TAVOLI MINIMA MASSIMA	DINTORNI	INFORMAZIONI TURISTICHE
3 tavoli 2 F 100 F	Stazione termale Aix-en-Provence: 51 km Manosque: 15 km	Tel. 92.78.01.08
2 F 100 F	Narbonne: 14 km Carcassonne: 72 km	Rés. Les Hublots-du-Port Tel. 68.49.03.25
3 tavoli 5 F 300 F	Stazione climatica Deauville: 16 km Caen: 27 km	Bd des Belges Tel. 31.91.33.09
3 tavoli 5 F 200 F 1.000 F	Stazione climatica Dax: 42 km Bayonne: 25 km	Place Pasteur Tel. 58.43.51.66
3 tavoli 2 F 100 F 400 F	Stazione climatica Castries: 46 km Béziers: 85 km	Mairie Tel. 63.37.00.18
4 tavoli 5 F 500 F 2.500 F	Stazione balneare Caen: 16 km Cabourg: 29 km	Rue Guynemer Tel. 31.83.33.25
3 tavoli 2 F 100 F	Stazione balneare Dieppe: 30 km Rouen:91 km	Rue Jules-Barni Tel. 35.86.06.14
3 tavoli 2 F 80 F 400 F	Stazione balneare Bordeaux: 85 km La Buheyre: 43 km	60, rue Maurice Martin Tel. 58.09.11.20

CITTÁ	INDIRIZZO TELEFONO	DATE E ORARI D'APERTURA
Mont-Dore	Casinò du Mont-Dore rue Meynandier 63240 Mont-Dore Tel. 73.65.00.58	Tutto l'anno, 17,00-19,00 21,30-3,00
Néris-les-Bains	Casinò municipal rue Boissot-Desserviers 03310 Néris-les-Bains Tel. 70.03.10.01	Tutti i giorni, da maggio a settembre, 17,00-4,00, i week-end da ottobre ad aprile, 21,00-3,00
Ouistreham	Casinò de Riva Bella 21, av. Winston Churchill 14150 Ouistreham Tel. 31.96.54.27	Da maggio al 30 sett. fuori stagione da giovedì a domenica, giorni festivi, 21,00-3,00
Perros-Guirec	Casinò de Perros-Guirec Perros-Guirec 22700 Trestaou Tel. 96.23.20.51	Luglio e agosto 21,00-3,00, dalla domenica delle Palme a fine settembre, salvo lunedì, 21,00-2,00
Plombières-les-Bains	Casinò de Plombières Prom. du Casinò 88370 Plombières-les-Bains - Tel. 29.66.07.93	Stagione estiva

La bella croupier

La prima donna croupier di Francia è stata una diciannovenne di Cannes, Florence Micharof, al casinò di Ouistreham, alle Calvados.

Tra gli articoli di legge che regolamentano le sale da gioco, il numero 8 di una legge del 1923 precisa che questo mestiere è vietato alle donne. Articolo abrogato con un decreto del 25 maggio 1984.

M. Jean Louis Blanchet, direttore del casinò Riva Bella, colse l'occasione al volo per sottolineare che tale provvedimento "consente al sorriso femminile di entrare nelle sale da gioco spesso troppo severe."

N. DEI TAVOLI MINIMA MASSIMA	DINTORNI	INFORMAZIONI TURISTICHE
3 tavoli 2 F 80 F	Stazione termale Issoire: 51 km Clermont-Ferrand:47 km	Place de la Mairie
2 tavoli 2 F 100 F 500 F	Stazione termale Montluçon: 8 km Clermont Ferrand: 83 km	Bd des arènes
4 tavoli 5 F 500 F 2.500 F	Stazione balneare Caen: 14 km Cabourg: 19 km	Place A.-Thomas Tel. 31.97.18.63
3 tavoli 5 F 200 F 1.000 F	Stazione balneare Talassoterapia Lannion: 12 km St. Brieuc: 75 km	21, place de l'Hotel de ville Tel. 96.23.21.15
2 F 200 F	Stazione termale Épinal: 29 km Vittel: 73 km	Rue Stanislas Tel. 29.66.01.30

CITTÁ	INDIRIZZO TELEFONO	DATE E ORARI D'APERTURA
Pornic	Casinò Le Môle quai Leroy 44210 Pornic Tel. 40. 82. 26.87	Stagione estiva
Pornichet	Casinò de Pornichet bd Océanides 44380 Pornichet Tel. 40.61.05.48	Stagione estiva
Pouges-les-Eaux	Casinò de Pouges 58320 Pouges-les-Eaux Tel. 86.68.87.20	Tutto l'anno, da giovedì a sabato, 22,00-3,00
Quiberon	Casinò de Quiberon 2, bd de la Mer 56170 Quiberon Tel. 97.50.23.57	Stagione estiva
La Rochelle	Casinò de La Rochelle allée du Mail 17000 La Rochelle Tel. 46.34.12.75	Stagione estiva
Royan	Casinò municipal Front de Mer 17200 Royan	Stagione estiva
Royan-Pontaillac	Casinò Sporting av. de Pontaillac 17200 Royan Pontaillac Tel.46.39.03.31	Stagione estiva
Sables-d'Olonne	Casinò de la Plage 1, promenade Joffre 85101 Les Sables d'Olon- ne Tel. 51.32.05.40	Tutto l'anno, tutti i giorni estatc, 17,30-3,00 inverno, 21,00-3,00

N. DEI TAVOLI MINIMA MASSIMA	DINTORNI	INFORMAZIONI TURISTICHE
2 F 200 F	Stazione climatica St. Nazaire: 29 km Nantes: 51 km	Place du Môle Tel. 40.82.04.40
2 F 200 F	Stazione climatica La Baule: 6 km Nantes: 71 km	Place A. Briand Tel. 40.61.08.92
3 tavoli 5 F 200 F	Stazione climatica Nevers: 11 km La Charité sur Loire: 13 km	2, rue Sabatier Tel. 83.61.32.36
2 F 200 F	Stazione climatica Talassoterapia Auray: 28 km Vannes: 46 km	7, rue de Verdun Tel. 97.50.07.84
2 F 200 F	Stazione balneare Niort: 63 km Luçon: 40 km	10, rue Fleurian Tel. 46.41.14.68
5 F 200 F	Stazione balneare Saintes: 37 km La Rochelle: 71 km	Palais des Congrès Tel. 46.05.70.34
Boule, roulette francese, chemin de fer, black jack	Stazione balneare Saintes: 37 km La Rochelle: 71 km	Palais des Congrès Tel.46.05.70.34
6 tavoli 5 F 200 F 1.000 F	Stazione balneare La Roche/Yon: 36 km Nantes: 90 km	Rue Maréchal-Leduc Tel. 51.32.03.38

CITTÁ	INDIRIZZO TELEFONO	DATE E ORARI D'APERTURA
La Seyne-sur-Mer	Casinò des Sablettes 575, av. Ch.-de-Gaulle 83500 La Seyne-sur-Mer Tel. 94.94.80.13	Tutti i giorni da luglio a settembre, fuori stagione i week-end, 16,00-19,30 20,30-3,00
Saint-Brévin	Casinò de St-Brévin 44250 St-Brévin l'Ocean Tel. 40.27.21.51	Stagione estiva
Saint-Cyprien	Casinò de Saint-Cyprien Résidence Neptune 66200 Saint Cyprien Tel. 68.21.13.78	Stagione estiva
St-Honoré-les-Bains	Casinò de St Honoré 58360 St Honoré-les-Bains Tel. 86.30.70.99	Luglio e agosto tutti i giorni, 16,00-3,00; fuori stagione i week-end, 18,00-3,00

La danza del ventre

Il principe Fahr, re dell'Arabia Saudita, dopo aver dichiarato che "dopo il comunismo e il socialismo i peggiori mali per l'umanità sono l'alcool e il gioco d'azzardo", scese a Montecarlo nel 1974, seguito da un corteo di principi. Una sera guadagnarono 14 milioni di franchi che pretendevano di avere in liquidi. Ma durante la loro permanenza di tre settimane, persero 7 milioni di centesimi: in biglietti da 500 franchi sono 190.000 tagli. Un testimone racconta di aver visto dei tesorieri aprire una valigia per saldare il conto e sedervisi sopra per riuscire a chiuderla, talmente era piena. Distribuivano mance da 20 a 30.000 franchi come fossero confetti. Un dipendente racconta: "Un cliente come sua altezza può pretendere, e ottenere, qualsiasi cosa, anche la danza del ventre."

N. DEI TAVOLI MINIMA MASSIMA	DINTORNI	INFORMAZIONI TURISTICHE
3 tavoli 2 F 100 F	Stazione balneare Toulon: 10 km Marseille: 66 km	6, rue Léon-Blum Tel. 94.94.73.09
2 F 100 F	Stazione climatica St. Nazaire: 16 km Nantes: 57 km	Place d'Ouessant Tel. 40.27.24.33
2 F 100 F	Stazione climatica Perpignan: 15 km	Quai A. Rimbaud Tel. 68.21.03.33
2 tavoli 5 F 200 F	Stazione termale Nevers: 67 km	Place Firmin - Didot Tel. 86.30.71.70

CITTÁ	INDIRIZZO TELEFONO	DATE E ORARI D'APERTURA
Saint-Jean-de-Luz	Casinò de St-Jean-de-Luz - 64500 Saint-Jean-de-Luz - Tel. 59.26.11.75-59.26.09.09	Tutti i giorni dal 15 giugno al 30 settembre, 21,00 4,00, fuori stagione venerdì e sabato
Saint-Jean-de-Mont	Casinò Le Pastourelle 29, esplanade de la Mer 85160 St-Jean-de-Mont Tel. 51.58.01.02	Stagione estiva
Saint-Malo	Casinò de Saint-Malo Chaussée du Sillon 35400 Saint-Malo Tel. 99.56.00.05	Stagione estiva
St-Pair/Mer	Casinò de St-Pair 50380 St-Pair/Mer Tel. 33.50.06.51	Stagione estiva
Saint-Quay-Portrieux	Casinò de St-Quay av. du Gal-de-Gaulle 22410 St-Quay Tel. 96.70.40.36	Da luglio a settembre, 16,00-3,00
Saint-Valéry-en-Caux	Casinò municipal 76460 St-Valéry-en-Caux Tel. 35.97.06.22	Da giugno al 30 settembre fuori stagione i week-end 12,00-3,00, luglio e agosto sab e dom 16,00-20,00
Salins-les-Bains	Casinò L'Abbaye 39110 Salins-les-Bains Tel. 84.73.01.08	Stagione estiva
Soulac-sur-Mer	Casinò de la Plage 33780 Soulac Tel. 56.59.82.74	Stagione estiva

N. DEI TAVOLI MINIMA MASSIMA	DINTORNI	INFORMAZIONI TURISTICHE
2 tavoli 2 F 100 F	Stazione balneare Biarritz: 15 km Bayonne: 21 km	Place Mal-Foch Tel. 59.26.03.16
2 F 100 F	Stazione climatica Noirmoutier: 32 km Les Sables d'Olonne: 47 km	Av. de la Forêt Tel. 51.58.00.48
5 F 200 F	Stazione climatica Dinard: 13 km Rennes: 69 km	Port des Yatchs Tel. 99.40.84.67
2 F 100 F	Stazione climatica Grandville: 9 km Avranches: 23 km	Place de l'Église Tel. 33.50.52.77
3 tavoli 5 F 200 F 1.000 F	Stazione balneare St-Brieuc: 21 km Lannion: 55 km	Place de Verdun Tel. 96.70.40.64
5 tavoli 2 F 200 F 1.000 F	Stazione climatica Dieppe: 32 km Rouen: 59 km	Place de l'Hotel-de-Ville Tel. 35.97.00.63
2 F 200 F	Stazione termale Besançon: 45 km Dôle: 45 km	Place des Anciennes-Salines Tel. 84.73.01.31
2 F 200 F	Stazione balneare Royan: 10 km Bordeaux: 90 km	Place du Marché Tel. 56.59.86.61

CITTÁ	INDIRIZZO TELEFONO	DATE E ORARI D'APERTURA
Le Tréport	Casinò du Tréport Esplanade de la Plage 7647- Le Tréport Tel. 35.86.35.45	I week-end tutto l'anno, tutti i giorni dal 1 giugno al 30 settembre, 17,00-3,00
Val-André	Casinò La Rotonde 22370 Val-André Tel. 96.72.85.06	Da metà aprile a settembre tutti i giorni; week-end e giorni festivi, fuori stagione, 20,00-2,00
Valras-Plage	Casinò de Valras route Vendres 34350 Valras-Plage Tel. 67.37.36.48	Stagione estiva
Vals-les-Bains	Grand Casinò municipal av. Claude-Expilly 07600 Vals-les-Bains Tel. 75.94.68.38	Da maggio a settembre tutti i giorni, week-end fuori stagione, 18,00-3,00
Veules-les-Roses	Casinò deVeules-les Roses - 1, place Melingue 76960 Veules-les-Roses Tel. 35.97.64.33	Tutti i giorni, luglio e agosto, week-end fuori stagione, 18,00-3,00
Veulettes-sur-Mer	Casinò de Veulettes 76450 Veulettes-sur-Mer Tel. 35.97.53.76	Da giugno a settembre tutti i giorni, week-end fuori stagione, 18,00-3,00
Villers-sur-Mer	Casinò du Méridien 4, place de Fanneau 14660 Villers-sur-Mer Tel. 31.87.01.07	Luglio e agosto tutti i giorni, da giovedì a domenica, da maggio a settembre, 21,00-5,00
Yport	Casinò d'Yport bd Alexandre-Dumont 76111 Yport Tel. 35.27.38.57	Da marzo a settembre tutti i giorni, 22,00-3,00 sabato, domenica, lunedì 16,00-20,00

N. DEI TAVOLI MINIMA MASSIMA	DINTORNI	INFORMAZIONI TURISTICHE
4 tavoli 2 F 100 F	Stazione balneare Dieppe: 30 km Alberville: 37 km	Esplanade de la Plage Tel. 35.86.05.69
3 tavoli 5 F 200 F 1.000 F	Stazione climatica St-Brieuc: 29 km St-Malo: 54 km	Rue Winston-Churchill
2 F 200 F	Stazione balnere Agde: 26 km Béziers: 15 km	24, rue Charles-Thomas Tel. 67.32.36.04
3 tavoli 5 F 200 F	Stazione termale Valence: 80 km Montélimar: 50 km	12, av. Farincourt Tel. 73.37.42.34
4 tavoli 2 F 200 F	Stazione balneare Dieppe: 24 km Fécamp: 34 km	Place de l'Hotel-de-Ville St-Valéry-en-Caux Tel. 35.97.00.63
3 tavoli 2 F 200 F	Stazione balneare St-Valéry: 9 km Dieppe: 64 km	Esplanade du Casinò Tel. 35.97.51.33
2 tavoli 5 F 200 F	Stazione climatica Deuville: 10 km Caen: 40 km	B.P. 18 Tel. 31.87.01.18
4 tavoli 5 F 200 F	Stazione balneare Fécamp: 8 km Le Havre: 50 km	Route de Criquetot Tel.35.27.32.19

GRAN BRETAGNA

Si dice che gli inglesi sono il popolo più amante del gioco al mondo... a parte i cinesi, forse. Le cifre sono indicative: da soli, i 20 casinò londinesi realizzano una volta e mezzo il giro di affari dei 137 stabilimenti francesi.
Quando, nel 1960, fu ristabilita in Gran Bretagna la libertà di gioco, si realizzò finalmente il sogno di ogni cittadino britannico. Una nuova era stava per aprirsi. Ma questa legge non fece altro che aprire le porte agli abusi. I casinò si diffusero nel paese con la sorpresa del Parlamento, l'orrore dei puritani e la costernazione della polizia... Lord Denning, presidente della Corte di Cassazione, dopo aver ordinato la chiusura dei due club più eleganti di Londra, giustificò così il suo parere, dichiarando: "Siamo venuti a conoscenza, causa amare esperienze, che i casinò britannici hanno strette relazioni con le organizzazioni criminali, occupandosi spesso anche di violenti delitti."
I danni di ogni genere provocati dal gioco furono tali che i poteri pubblici tentarono di fare marcia indietro sul terreno sdrucciolevole del liberalismo. Così, nel 1968, il Parlamento adottò una legge, il *Gaming Act*, che fu applicata l'anno seguente, di cui lo scopo dichiarato era quello di ridurre in modo drastico il numero delle case da gioco. La costituzione di un ufficio per i giochi comportava che tutti i proprietari di una casa da gioco dovevano ottenere un certificato prima di poter chiedere una licenza di gioco alle autorità giudiziarie locali. Fu così stabilito un severo controllo della personalità e della reputazione di ogni candidato e dei suoi man-

Viva l'elettricità
In Inghilterra la salvezza dei giocatori attira l'attenzione anche dei medici. Da molto tempo stanno cercando una terapia e in questo campo sono all'avanguardia. Nel 1976, un medico ha realizzato la sceneggiatura di un film che dovrebbe aiutare a guarire i maniaci del gioco. Durante la cura il giocatore si vede sullo schermo mentre sta scommettendo o giocando; vede anche la sua donna che parla del suo "vizio". Nel medesimo tempo egli riceve delle scosse elettriche. Il trattamento richiede dalle 350 alle 450 scosse elettriche a seconda del grado di passione del giocatore!

danti. Per di più, anche il personale doveva ottenere un certificato dall'ufficio per i giochi per poter lavorare in una casa da gioco. I risultati non si fecero attendere. Dei milleduecentosessantacinque stabilimenti censiti dalla polizia nel 1960, non ne esistevano che centottantasette nel 1975, sottoposti a regole di funzionamento draconiane.

Il *Gaming Act*, in più, vietò i casinò nelle città con meno di centoventicinquemila abitanti.

Oggi hanno l'autorizzazione cinquantatré stabilimenti e l'Ufficio dei giochi, diretto da Lord Allen di Abbeydale, è estremamente severo: al minimo passo falso, anche il più prestigioso casinò londinese può perdere la licenza. Così , ad esempio, il gruppo Lad Broke, il maggior proprietario di casinò del paese, nel 1978 non ha ricevuto il permesso di rinnovare la licenza dei suoi quattro casinò a Londra perché aveva messo sui parabrezza delle vetture parcheggiate dei permessi di entrata al casinò: infatti in Inghilterra tutte le forme di pubblicità alle case da gioco sono vietate. Così pure gli spettacoli e, per quanto riguarda le bevande alcoliche, esse pure possono essere servite solo in certi luoghi e in orari molto precisi e limitati.

Casinoscopia di Londra
Numero dei casinò: 20
Tavoli da roulette: 141
Tavoli da black jack: 105
Tavoli da punto banco: 20
Tavoli da craps: 6
La legge inglese autorizza l'uso di dueslot machine per casinò. C'è un punto sul quale la legislazione britannica non transige: la vendita di alcolici. In tutti i casinò i bar chiudono alle ventitré e, più tardi, si servono solamente tè, caffè, o bevande dolci (succhi di frutta, limonata). Nei ristoranti vini e liquori possono essere consumati solo fino alla mezza precisa.
Date e orari d'apertura: tutto l'anno dalle 14,00 alle 2,00 o alle 4,00 secondo lo stabilimento.
Giro di affari annuale: 2.200 miliardi di lire.
Età minima: 18 anni.
Formalità previste all'iscrizione: la legge prevede che per frequentare un casinò uno debba esservi membro. Cioè bisogna aver pagato una quota annuale (o a vita) come diritto di iscrizione. Si può essere accettati come membri del casinò solo quarantotto ore dopo aver completato le formalità per l'iscrizione. In certi casi lo stabilimento pretende in più che il nuovo iscritto sia presentato da due membri del casinò.
Informazioni: *British Casinò Association* Empire-House, 175, Piccadilly - London - WIV 9 DB - Tel. 01.493.30.33
Segretario generale: R.D. Stephens.

Il fatto di dover attendere due giorni dopo essersi iscritti per poter avvicinare un tavolo da gioco, rinvia allo stesso principio: in 48 ore i candidati al gioco possono rifletterci su e cambiare idea.
Già sotto la regina Vittoria un editto prevedeva che "lo Stato si prefigge di non incentivare il bisogno di giocare dei suoi sudditi". Al giorno d'oggi niente è cambiato, lo Stato resta dello stesso parere.
Pertanto, non molto tempo fa, un rapporto ufficiale concludeva: "Non conosciamo alcun paese al mondo dove le occasioni di gioco siano così numerose". Il fatto è che dalle corse dei cavalli a quelle dei levrieri, dalle lotterie nazionali al lotto sportivo, l'inglese gioca tre volte di più che il francese. Egli scommette tanto sull'elezione di un nuovo papa, quanto sul sesso del futuro figlio di lady "D". E i rialzi legali dei *bookmaker* favoriscono questo clima ludico. Nei casinò inglesi sono previsti quattro giochi: la roulette inglese o francese, il black jack, il craps, il punto banco. Tutto considerato, la caratteristica principale dei casinò inglesi sta nell'importanza delle puntate massime autorizzate, da due a tre volte superiori, secondo i giochi, di quelle autorizzate negli altri paesi europei.

Londra

Aspinalls Curzon

20-23, Curzon street
London WIY-7 AD
Tel. 01.629.44.00.

Ingresso: 100 £/anno
Annessi al casinò: bar - 2 ristoranti - sala per poker e backgammon

Quali giochi si possono fare?

GIOCHI	NUMERO DEI TAVOLI	PUNTATA MINIMA	PUNTATA MASSIMA
Roulette	6	5 £	400 £
Black jack	4	5 £	5.000 £
Punto banco	1	25 £	25.000 £

Barracuda Club

1, Baker street
London WI
Tel. 01.935.50.13

Ingresso: 25 £ a vita

Quali giochi si possono fare?

GIOCHI	NUMERO DEI TAVOLI	PUNTATA MINIMA	PUNTATA MASSIMA
Roulette	6	1 £	400 £
Black jack	4	2 £	1.000 £
Punto banco	1	5 £	5.000 £
Craps	1	1 £	500 £

Annessi al casinò: bar - ristorante - sala per poker e backgammon

Peggio dell'alcol
Qualche rispettabile scienziato sostiene che i danni provocati dal gioco nel XX secolo sono più gravi di quelli provocati dall'alcool nel XIX. In Inghilterra, comunque!

500

Casanova Club

52 Grosvenor street
London WI
Tel. 01.499.91.61

Ingresso: 10 £/anno

Quali giochi si possono fare?

GIOCHI	NUMERO DEI TAVOLI	PUNTATA MINIMA	PUNTATA MASSIMA
Roulette	7	2 £	400 £
Black jack	4	10 £	5.000 £
Punto banco	1	20 £	10.000 £

Annessi al casinò: bar - ristorante - sala da poker

Charlie Chester Casinò

12, Archer street
London WI
Tel. 01.734.02.55

Ingresso: 5 £ a vita

Quali giochi si possono fare?

GIOCHI	NUMERO DEI TAVOLI	PUNTATA MINIMA	PUNTATA MASSIMA
Roulette	5	1 £	50 £
Black jack	4	1 £	200 £
Punto banco	1	2 £	300 £
Craps	1	1 £	200 £

Confessione di un giocatore anonimo
Tom B., conduttore di taxi a Londra, è un giocatore accanito a tal punto, e perde ogni giorno così tanto danaro, che certe mattine è obbligato a far pagare le corse in anticipo per poter mettere la benzina nel suo "cab".

500

Clermont Club

44, Berkeley square
London WI
Tel. 01.403.55.98

La reputazione di questo club è all'altezza della quota che si deve versare per potervi entrare. I più grandi giocatori lo considerano uno dei cinque migliori casinò del mondo.

Ingresso: 250 £ a vita

Quali giochi si possono fare

GIOCHI	NUMERO DEI TAVOLI	PUNTATA MINIMA	PUNTATA MASSIMA
Roulette	3	1 £	4.000 £
Black Jack	2	10 £	10.000 £
Punto banco	1	25 £	10.000 £

Annessi al casinò: bar - ristorante - sala riservata a bridge poker

Il cittadino britannico medio
Un britannico medio, bambini e donne compresi, spende circa 600.000 lire ogni anno per giocare.

Connoisseurs Casinò Club

Royal Garden Hotel - Kensington High street
London W8
Tel. 01.603.11.55

Ingresso: 50 £ a vita

Quali giochi si possono fare?

GIOCHI	NUMERO DEI TAVOLI	PUNTATA MINIMA	PUNTATA MASSIMA
Roulette	3	1 £	400 £
Black jack	2	5 £	10.000 £
Punto banco	1	5 £	10.000 £

Annessi al casinò: bar - ristorante

Crockford's Club

30, Curzon Street
London WI
Tel. 01.493.77.71

Un ambiente sbalorditivo, dove non è raro incrociare membri della famiglia reale tra la più importante concentrazione del gotha londinese.

Ingresso: 150 £/anno

Annessi al casinò: 2 bar - 2 ristoranti - sala per poker e bridge

Quali giochi si possono fare?

GIOCHI	NUMERO DEI TAVOLI	PUNTATA MINIMA	PUNTATA MASSIMA
Roulette	7	5/25 £	400/8.000 £
Black jack	6	10 £	2.000 £
Punto banco	1	10 £	10.000 £

L'invenzione del sandwich

Quando la nuova commissione per i giochi decise di chiudere il Crockford Club, il più antico club di giochi dell'alta società londinese che passava per un vero e proprio "inferno di gioco", tutta l'Inghilterra fremette. Non era stato il duca di Wellington in persona che l'aveva creato nel 1924?

Qualche cittadino britannico si ricordò con emozione che all'interno delle sue auguste mura lord Sandwich, che era un giocatore troppo intento per scendere al ristorante a pranzare, ebbe per la prima volta l'idea di mettere della carne fredda tra due fette di pane.

Il re Farouk, cliente di tutti i casinò del mondo

Cromwell's Mint Casinò

45 Cromwell road
London SW7
Tel. 01.589.40.41/46.05

Ingresso: 5 £ a vita

Quali giochi si possono fare?

GIOCHI	NUMERO DEI TAVOLI	PUNTATA MINIMA	PUNTATA MASSIMA
Roulette	4	1/5 £	100/2.000 £
Black Jack	5	3 £	1.000 £

Annessi al casinò: bar - ristorante

Non sono io, è lui!
"Mi chiamo Dick P., sono dipendente del metrò di Londra e quando saprete quello che ho fatto penserete che sono un disgraziato. Un giorno ho rotto il salvadanaio dei miei quattro bambini, ho preso tutti i soldi che c'erano e sono andato a spenderli su un tavolo da roulette. Rientrando a casa, ho fatto finta di credere che erano stati i marmocchi a spendere tutti i loro risparmi e li ho riempiti di botte."

Gloucester Sporting Club

4-18, Harrington Gardens
London SW7
Tel. 01.373.71.34

Ingresso: 15 £ a vita

Quali giochi si possono fare?

GIOCHI	NUMERO DEI TAVOLI	PUNTATA MINIMA	PUNTATA MASSIMA
Roulette	4	50 d	200 £
Black jack	5	1 £	2.000 £
Craps	1	1 £	500 £

Annessi al casinò: bar - ristorante - sala per poker e bridge

Golden Horseshoe Casinò

79-81, Queensway
London W2
Tel. 01.727.35.08.

Ingresso: 5 £ a vita

Quali giochi si possono fare?

GIOCHI	NUMERO DEI TAVOLI	PUNTATA MINIMA	PUNTATA MASSIMA
Roulette	5	50 d	100 £
Black jack	6	1 £	200 £
Punto banco	1	2/10 £	300/5.000 £

Annessi al casinò: bar - ristorante - sala per poker e bridge

Il regno delle grosse braccia

La legge del 1961 rese legali i *bookmaker* in Inghilterra permettendo così a chiunque di aprire un club. E di creare poi al suo interno un casinò. Ma la giurisdizione inglese non consente ai proprietari di casinò di denunciare un giocatore indebitato. Allora, per recuperare il proprio danaro, gli stabilimenti si misero ben presto a impiegare dei "duri" che andassero a "convincere" i giocatori... a domicilio.

E dal recuperare i debiti, i "duri" passarono alla "protezione" ...obbligatoria dei casinò. I colpi di pistola risuonarono sempre più spesso. Come nel 1870, epoca in cui solo a Londra c'erano un migliaio di case da gioco di tale stampo, quando poco a poco il buon vecchio gangsterismo trovò, nella dolce Inghilterra di Wilson, un nuovo e lucroso campo di attività.

500

International Sporting Club

45 Park Lane
London WI
Tel. 01.629.16.57

Ingresso: 25 £/anno

Quali giochi si possono fare?

GIOCHI	NUMERO DEI TAVOLI	PUNTATA MINIMA	PUNTATA MASSIMA
Roulette	10	1 £	200 £
Black jack	4	5 £	2.000 £
Punto banco	1	10 £	10.000 £

Annessi al casinò: 3 bar - 3 ristoranti

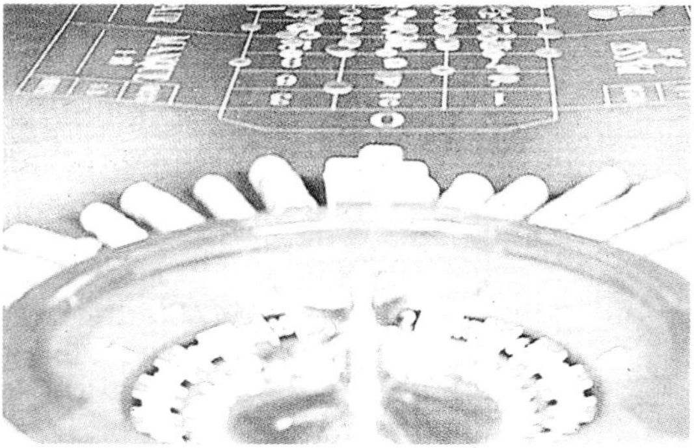

Golden Nugget Casinò

22-32, Shaftesbury avenue
London WIU - 7DB
Tel. 01.734.62.11

Ingresso: 1 £ 15 d/anno

Quali giochi si possono fare?

GIOCHI	NUMERO DEI TAVOLI	PUNTATA MINIMA	PUNTATA MASSIMA
Roulette	14	50 d	100 £
Black jack	10	3 £	1.000 £
Punto banco	1	5 £	2.000 £

Annessi al casinò: bar

London Park Tower Casinò

101 Knigtsbridge
London SWI
Tel. 01.235.95.95

Ingresso: 50 £ a vita

Quali giochi si possono fare?

GIOCHI	NUMERO DEI TAVOLI	PUNTATA MINIMA	PUNTATA MASSIMA
Roulette	5	5 £	400 £
Black jack	4	5 £	2.000 £
Punto banco	1	10 £	10.000 £

Annessi al casinò: bar - ristorante

Maxims Casinò Club

Palace Gate
London W8
Tel. 01.581.03.37.

Ingresso: 50 £ a vita

Quali giochi si possono fare?

GIOCHI	NUMERO DEI TAVOLI	PUNTATA MINIMA	PUNTATA MASSIMA
Roulette	6	1 £	400 £
Black jack	5	5 £	2.000 £
Punto banco	1	20 £	10.000 £

Annessi al casinò: bar - ristorante

Traslocava tutti i giorni
Negli anni '50, John Aspinall introdusse a Londra lo chemin de fer a puntata praticamente illimitata. La legge impediva che il gioco fosse praticato per due volte di seguito allo stesso indirizzo, allora Aspinall mise in piedi una rete di appartamenti di amici che non era altro se non una catena di sale da gioco. Il suo stabilimento attuale si trova, legalmente, presso il Clermont Club, famoso per il suo lusso e soprattutto per la ricchezza della sua clientela.

Sportsman Club

3, Tottenham Court road
London WIP - 9DA
Tel. 01.637.54.64.

Ingresso: 3 £ 45 d/anno

Quali giochi si possono fare?

GIOCHI	NUMERO DEI TAVOLI	PUNTATA MINIMA	PUNTATA MASSIMA
Roulette	13	1 £	200 £
Black jack	9	2 £	1.000 £
Punto banco	1	5 £	5.000 £
Craps	1	1 £	500 £

Annessi al casinò: bar - ristorante - sala per poker, bridge, backgammon

Stakis Regency Club

61-66, Russel square
London WC1
Tel. 01.833.18.81

Ingresso: 15 £/anno

Quali giochi si possono fare?

GIOCHI	NUMERO DEI TAVOLI	PUNTATA MINIMA	PUNTATA MASSIMA
Roulette	6	1 £	400 £
Black jack	4	3 £	1.000 £
Punto banco	1	5 £	10.000 £

Annessi al casinò: bar - ristorante

Regency Casinò, Londra

I settemilatrecento indesiderabili di Brighton
Il primo casinò inglese dopo la liberalizzazione del gioco d'azzardo, quello di Brighton, aprì il 4 giugno 1962. Dal primo giorno si rimandò indietro della gente, che non era certo bella gente: settemilatrecento persone, per l'esattezza. Settemila nomi conosciuti grazie alla polizia francese: quelli di tutti i truffatori che saccheggiavano la Riviera... e gli altri trecento appartenenti alla teppaglia britannica.

500

Victoria Casinò

150-162, Edgeware road
London W2
Tel. 01.262.77.77

Ingresso: 15 £ a vita

Quali giochi si possono fare?

GIOCHI	NUMERO DEI TAVOLI	PUNTATA MINIMA	PUNTATA MASSIMA
Roulette	14	1 £	400 £
Black jack	9	5 £	10.000 £
Punto banco	3	5 £	10.000 £
Craps	2	1 £	1.000 £

Annessi al casinò: bar - ristorante - sala per bridge, poker e stud poker

Il re del calcolo mentale
È grazie, o a causa, di un inglese che non si gioca più la sestina intera dei *sabot*. Questo prodigioso calcolatore giocava al trente et quarante solamente all'ultimo e al penultimo colpo.
A quel punto sapeva già, avendo visto quali carte erano passate, quanti punti erano rimasti nel mazzo e guadagnava quasi ad ogni colpo. Nel giro di qualche mese aveva messo in difficoltà il casinò di Montecarlo. Finché un croupier scoprì un procedimento, da quel momento in poi applicato a tutti i giochi di carte in tutti i casinò del mondo: non giocare più il gioco intero. Come premio per la sua fantasia, ricevette 10.000 franchi.

500

Palm Beach Casinò

30 Berkeley street
London WI
Tel. 01.493.65.85

Il Palm Beach Casinò è l'unico club londinese in stile francese. È là, del resto, che si può trovare l'unico tavolo di roulette francese in tutta la città.

Ingresso:35 £/anno per gli Inglesi - 50 £/anno per gli stranieri

Quali giochi si possono fare?

GIOCHI	NUMERO DEI TAVOLI	PUNTATA MINIMA	PUNTATA MASSIMA
Roulette	11	1 £	400/5.000 £
Black jack	8	5 £	5.000 £
Punto banco	1	10 £	10.000 £

Annessi al casinò: bar - ristorante

I giocatori anonimi
Esistono delle associazioni che raggruppano gli alcolisti anonimi e i pentiti. Nei paesi anglosassoni esistono delle associazioni dello stesso tipo per i giocatori: i *Gambler Anonymous* . Se vi trovate a Londra una sera disperati e avete perso tutti i vostri soldi, l'onore e le vostre ultime speranze, non suicidatevi. Chiamate invece ad Abbey 4252 o, perché no, alla succursale di Las Vegas al 702.385.77.32.

Rendez-Vous Casinò Club

Hilton Hotel - 22, Park Lane
London WI1 - 2 HH
Tel. 01.491.85.86

Ingresso: 10 £/anno

Quali giochi si possono fare?

GIOCHI	NUMERO DEI TAVOLI	PUNTATA MINIMA	PUNTATA MASSIMA
Roulette	5	2 £	400 £
Black jack	5	5 £	5.000 £
Punto banco	1	25 £	10.000 £

Annessi al casinò: bar

Il regno della *passe* inglese
Prima della regolamentazione del 1968, i casinò inglesi offrivano il massimo dei servizi. Così, molti degli stabilimenti in quest'epoca avevano delle croupier donne interamente a disposizione dei clienti.
Attorno ai tappeti di panno verde, come sotto le lenzuola di raso, dominava il regno della *passe* inglese, nel pieno senso della parola.

Ritz Casinò

Ritz Hotel - Piccadilly
London WI
Tel. 01.491.46.78.

Il Ritz è considerato uno dei club più distinti di Londra. L'arredamento è sontuoso e il servizio è ritenuto tra i più efficienti e premurosi d'Europa.

Ingresso: 25 £/anno

Annessi al casinò: bar - ristoranti

Quali giochi si possono fare?

GIOCHI	NUMERO DEI TAVOLI	PUNTATA MINIMA	PUNTATA MASSIMA
Roulette	7	2/5 £	400/10.000 £
Black jack	5	10 £	5.000 £
Punto banco	1	25 £	10.000 £

Il vecchio capo del rack britannico combatte lo chemin de fer
Quando l'Inghilterra si accorse di aver concesso un po' troppo rapidamente la libertà ai giochi e che i truffatori avevano proliferato in tutto il territorio, creò una Commissione dei giochi incaricata di risanare il settore del gioco d'azzardo. Tale Commissione ebbe come presidente sir Stanley Raymond, il vecchio capo dei ferrovieri britannici. Si sarebbe potuto desiderare di meglio per combattere lo chemin de fer clandestino?

500

CASINÒ BRITANNICI DELLE PROVINCE

La *British Casinò Association* raggruppa novantuno casinò britannici in provincia. Contrariamente ai casinò londinesi, non è prevista alcuna tassa di iscrizione per entrarvi, con tre eccezioni, che si trovano però nei dintorni:

— il casinò Victory di Bournemouth, che esige un'iscrizione annuale di due sterline;

— il casinò Palace dell'isola di Man, che richiede un'iscrizione a vita di 50 sterline;

— il casinò Newton di Torquay, che vuole un'iscrizione a vita di 5 sterline.

Le puntate minime o massime previste sono più o meno le stesse nei diversi stabilimenti:

— minimo 25 pence e massimo 10 o 20 sterline per la roulette, arrivando in qualche casinò al massimo di 100 o 200 sterline;

— minimo 50 pence o una sterlina e massimo 100 o 200 sterline per il black jack;

— minimo una sterlina e massimo 200 o 500 sterline al punto banco;

— minimo una sterlina e massimo 100 sterline per il craps.

NOME DEL CASINÒ	INDIRIZZO	TELEFONO
Wirral Sporting Club	Birkenhead 23,27, Oxton road Quarry Bank Place	051.653.71.17 051.653.66.67
Cromwells Sporting Club	Birmingham Colmore Row	021.236.00.47
Highfield Club	31/33, Park road Mosely	021.449.32.49
Midland Wheel Club	2, Norfolk road Edgbaston	021.454.37.25
New Raimbow Casinò	1, Portland road Edgbaston	021.454.10.33
Castle Casinò	Blackpool 64, Queens Promenade	0253.526.28
Riviera Club (solo estivo)	97, The Promenade	0253.261.95
Tiberius Sporting Casinò	Station road	0253.427.32
Carlton Club	Bolton Brownlow Way	0204.381.811
Wilton Casinò Club	2, Maw Desley street	0204.385.295
Bournemouth Casinò Club	Bournemouth Royal Bath Hotel Russel Cotes road	0202.25.052

NUMERO DI TAVOLI			
ROULETTE	BLACK JACK	PUNTO BANCO	CRAPS
3	4		
6	4		
5	2	1	
6	2	1	
10	4		
6	4	1	1
3	2	1	
5	2	1	
6	3	1	
5	3	1	
3	3	1	

NOME DEL CASINÒ	INDIRIZZO	TELEFONO
Curzon Sporting Club	9, Yelverton road	0202.23.260
Victory Sporting Club	Terrace road 37, Boston road	0202.26.065
Gaming-Club Napoleaon	Bradford	0274.391.820
Internationale Casinò Club	Brighton 6-8, Preston street	0274.725.101
Sergeant York Sporting Club Casinò	88-92, Queens road	0273.265.14
Beau Nash Casinò	Bristol 28, St. Nicolas street	0272.22.753
Tiberius Sporting Club Casinò	7-9, the Triangle South Clifton	0272.24.693
Stakis Regency Casinò	Ladbroke Dragonara Hotel Redcliff Way	0272.213.189
Annabelles' Casinò Club	Coventry 11-12, King William street	0203.23.256
The 100 Club	100a, The Precinct	0203.20.392
3c's Club	Mosely Avenue	0203.593.796
Grand Club Casinò	Derby 2 Colyear street	0332.368.880
Carlton Casinò	6 Friar Gate	032.368.074

NUMERO DI TAVOLI			
ROULETTE	BLACK JACK	PUNTO BANCO	CRAPS
3	3	1	
4	3		
6	3	1	
5	3		1
8	4		1
4	3		1
5	3		
4	3		
4	2	1	
4	2	1	
4	2	1	
6	2		
6	2		

NOME DEL CASINÒ	INDIRIZZO	TELEFONO
Metropole Casinò	Dudley St. John's House Union street	0384.231.665
Club Casinò	Great Yarmouth Gorleston 100, High street	0493.662.520
Hove Sporting	Hove Albany Mews 28, Fourth Avenue	0273.720.261
Bonapartes Gaming Club	Huddersfield 15, Station street	0484.29.900
Stakis Regency Casinò	Hull 15, Dock street	0482.27.932
Bonapartes Gaming Club	Leeds 20, New Briggate	0532.445.393
Club Continental and Casinò	Moortown Corner House Harrogate Road	0532.695.051
Soames Sporting Casinò Club	Westminster Buildings New York street	0532.448.386
Annabelles' Casinò	Leicester 11, Cank street	0533.538.937
Metropole Casinò Club	17,19 East Bond street	0533.250.36
Wedgerwood Sporting Club	32, Charles street	0533.586.97

NUMERO DI TAVOLI			
ROULETTE	BLACK JACK	PUNTO BANCO	CRAPS
4	2	1	
4	1		
5	3		
4			
4	2		
4	2		
6	3	1	
5	2	1	
4	2		
8	3		
5	3		

NOME DEL CASINÒ	INDIRIZZO	TELEFONO
Carlton Casinò	Liverpool 76-80, West Derby road	051.260.81.99
Metropole Casinò	1-3, Temple Court	051.236.86.76
Stanley Adelphi Casinò	Copperas road	051.708.88.66
Metropole Casinò Club	Luton 1, Skimpot road	058.259.11.48
Sergeant York Sporting Club	Westside Centre 50, Dunstable road	058.241.41.66
Cromford Club	Manchester- 10 Canal street	061.228.31.41
Metropole Casinò Club	40, Princess street	061.236.30.34

Casinò Princess, Glasgow

NUMERO DI TAVOLI			
ROULETTE	BLACK JACK	PUNTO BANCO	CRAPS
6	2	1	
4	2	1	
6	3	1	
9	4		
7	5		
4	2		
7	3	1	

Casinò Regency, Birmingham

NOME DEL CASINÒ	INDIRIZZO	TELEFONO
Sergeant York Sporting Casinò	2, Empire street	061.834.84.33
Soames Sporting Club Casinò	35a/39a, George street	061.236.71.21
Stanley Midland Casinò	Mount street St Peter's Square	061.236.52.92
The Thanet Casinò	Margate 18,19, Marine Gardens	084.322.62.40
Stakis Regency Casinò	Middlesborough Fry street	064.221.00.00
Grey	New Castle - Upon Tyne Greys Court - Grey street	063.232.09.00
Casinò Royal Club	Fenkle street	063.232.41.94
Tiberius Sporting Club Casinò	1/4, Forth Lane	063.261.00.16

Una cassaforte riconoscente

Quando nel 1968 i francesi Gilbert Benhaim e Joseph Kaida riscattarono il celeberrimo casinò londinese Crockford, trovarono nella cassaforte dello stabilimento l'equivalente di 500.000 sterline in assegni scoperti, assegni firmati dai nomi più noti dell'aristocrazia britannica. Che fare? Niente, per questioni di prestigio, ma soprattutto per il fatto che i debiti di gioco in Gran Bretagna non erano riconosciuti.

NUMERO DI TAVOLI			
ROULETTE	BLACK JACK	PUNTO BANCO	CRAPS
6	3		1
8	4	1	
5	2	1	
3	1		
3	2		1
5	3		
5	2	1	
5	2	1	

Dio salvi il black jack
Il gioco è totalmente lecito in Inghilterra e gli inglesi investono in questa attività il 9% circa del loro prodotto nazionale lordo. Ossia quasi il doppio di quanto destinano alla difesa nazionale, alla casa o alla salute. Le scommesse a danaro sono in Gran Bretagna superiori al risparmio volontario, e i casinò sono tra gli intermediari finanziari più importanti delle banche.

NOME DEL CASINÒ	INDIRIZZO	TELEFONO
Rubicon Sporting Club	Northampton Regent street	060.242.916
Victoria Club	Nottingham 16-18, Victoria Club	060.250.67.35
Wilton Sporting Club	1-9 Bridlesmith Gate	060.258.18.00
The Grand Casinò Club	Plymouth 2, Union street	075.228.930
Olimpic Casinò	6-8, Union street	075.266.89.22
Soames Sporting Club Casinò	Portsmouth 18-24, Osborn road	070.582.15.12
Tiberius Sporting Club	Savoy Building South Parade	070.573.22.77
Tiberius Sporting Club	Ramsgate - The Pavilon Harbour Parade	084.358.56.78
Reading Casinò Club	Reading 108a, Kings road	073.455.15.1
Reading Sporting Club	2, Bridge street Cavensham	073.447.11.35
Club Continental Casinò Club	Scarborough St. Nicolas Cliff	072.337.66.73
Bonapartes	Sheffield 53-55, Arundel Gate	074.227.69.3
Grand Casinò Club	Southport - Lord street	070.437.74.27

NUMERO DI TAVOLI			
ROULETTE	BLACK JACK	PUNTO BANCO	CRAPS
10	6		
4	2		1
3	2		
5	3		
5	3		
4	3	1	
3	2		
6	3		
2	2		
3	3		
4	2		
4	2		
3	2		

NOME DEL CASINÒ	INDIRIZZO	TELEFONO
Napoleon's Gaming Club	844, Ecclesall road	074.266.11.5
Tiberius Sporting Club Casinò	Queens road	074.277.433
Silhouette Casinò Club	Southampton 4-5, St. Michael's square	070.322.78.59
Tiberius Sporting Club	11a, Cranbury Terrace	070.336.955
Grand Casinò Club	Southport - 180, Lord street	070.437.427
Soames Club Casinò	Southsea - 18, Osborne road	070.582.15.12
Tiberius Sporting Club	Pleasurama Center South Parade	070.573.22.77
The Stockport Casinò	Stockport Manchester road	061.432.81.12
Churcill's Casinò	Stockon Trent 16, Broad street	078.223.499
Grosvenor Sporting Club	Sunderland 1A, North Bridge street	078.345.551
Newton's Casinò	Torquay 50/54, Union street Torquay	080.324.901
Rubicon Sporting Club	Wolverhampton - Thornley street - Wolverhampton	090.223.267

NUMERO DI TAVOLI			
ROULETTE	BLACK JACK	PUNTO BANCO	CRAPS
5	2		
6	3	1	
7	3	2	
8	3		
6	3		
5	3		
7	3		
4	2		
3	2		
3	2		
4	2		
8	3		

GALLES

NOME DEL CASINÒ	INDIRIZZO	TELEFONO
Les Croupiers	Cardiff - 32, St. Mary street	022.230.652
Tiberius Sporting Club Casinò	Greyfriars road	022.242.991
Kingsway Casinò	Swansea Northampton road	079.249.080
Society Club	235/236, High street	079.255.693

SCOZIA

Blue Chip Club	Aberdeen 218, Hardgate	022.458.08.13
Stakis Regency Casinò	59, Summer street	022.423.94.4
Casinò Chevalier	Dundee 124, Seagate	038.224.77.7
Stakis Regency Casinò	163, Seagate	038.227.00.2
Casinò Martell	Edinburgh 7-11, Newington road	031.667.77.63
Royale Chimes Casinò Club	3, Royal Terrace	031.556.10.55

NUMERO DI TAVOLI			
ROULETTE	BLACK JACK	PUNTO BANCO	CRAPS
10	7		1
5	3		
6	3		
5	3		
4	2		
3	2		
3	1		
4	2		
3	2	1	
4	2	1	

NOME DEL CASINÒ	INDIRIZZO	TELEFONO
Stakis Regency Casinò	14, Picardy place	031.557.35.85
Berkeley Casinò	Glasgow 34, Berkeley street	041.248.49.74
Casinò Chevalier	95, Hope street	041.226.38.56
Princess Casinò	528, Sauchiehall street	041.332.81.71
Stakis Regency Casinò	15, Waterloo street	041. 221. 41.41

ISOLA DI MAN

Palace	Palace Hotel Central Promenade Douglas	062.474.521

Come al cinema
Il grande attore americano George Rafts, specialista nel ruolo di gangster che girò più di duecento film, fu espulso dall'Inghilterra, con il divieto di tornarvi nuovamente. Motivo: l'attore aveva delle percentuali in alcuni casinò e i suoi rapporti con la mafia americana cominciavano a diventare troppo conosciuti.

NUMERO DI TAVOLI			
ROULETTE	BLACK JACK	PUNTO BANCO	CRAPS
3	2	1	
3	3		
2	2	1	
3	3		
9	2	1	
5	4	1	1

Gli inglesi si annoiano!

Gli inglesi hanno sempre avuto una passione per il gioco e le scommesse. È una tradizione.

Ma perché giocano così tanto anche oggi?

Psicologi e sociologi sono d'accordo nell'affermare che "gli inglesi si annoiano. La società del tempo libero ha prodotto un popolo senza cultura."

ITALIA

Sotto la camicia di ogni italiano batte un cuore di giocatore. E se lo Stato è liberale in materia di gioco d'azzardo in generale, perché esso gli procura considerevoli introiti, si mostra tuttavia molto più restrittivo in materia di casinò. È vero che, secondo la legge, le case da gioco non dovrebbero esistere. Ma come tutte le regole anche questa ha la sua eccezione. Quattro per la verità: Sanremo, Venezia, Campione e Saint Vincent. Alcune autorizzazioni furono concesse prima della guerra (tra il 1927 e il 1936), evidentemente per ragioni turistiche, e furono mantenute in seguito, causando una valanga di domande di concessione. Ma la Repubblica, come prima la dittatura e la monarchia, resistette inflessibile. Nessun nuovo stabilimento da gioco in Italia.
Da qualche anno, azioni giudiziarie denunciano le imprese esistenti alle autorità, poiché i casinò attuali funzionano in virtù di decreti fascisti che sono decaduti e non sono più presenti nella costituzione attuale. In un paese che dipende in gran parte dal turismo ci si può attendere da un giorno all'altro la legalizzazione dei giochi al casinò. Il giro di affari dei quattro stabilimenti italiani è stato per il 1984 di poco più di 1226 miliardi di lire, con due milioni di visitatori, ossia due volte di più dei 137 casinò francesi.

Campione

Aperto tutto l'anno.

Quali giochi si possono fare?
Roulette - black jack - baccara - trente et quarante

Posizione: Lugano 10 km - Milano 72 km
Informazioni turistiche: Riva Alvertolli, 5 - Lugano - Tel. 091.21.46.64

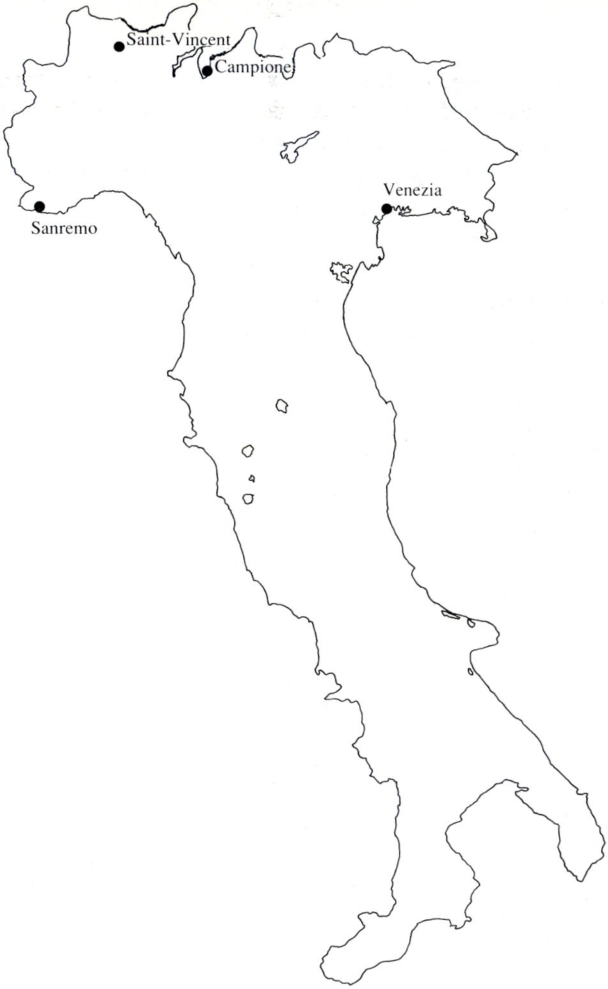

Le banconote del riscatto
Il casinò di Campione restò chiuso per molto tempo. Una perquisizione permise di trovarvi dei biglietti di banca provenienti da vari riscatti versati dalle famiglie per la liberazione di persone rapite dalla mafia.

5 agosto 1959: Venezia
Croupiers e dipendenti del casinò di Venezia, in tutto più di cinquecento persone, proclamarono, in piena stagione, uno sciopero che durò cinquantatré giorni. Motivo: la direzione aveva deciso di sostituire il tradizionale smoking con una divisa, beige o blu secondo le stagioni, con i calzoni bordati con una spighetta rossa.
"In-sop-por-ta-bi-le! — ha spiegato il capo della ribellione — avremmo l'aspetto di postini!"

500

St-Vincent d'Aosta

Aperto tutto l'anno.

Quali giochi si possono fare?
Roulette - black jack - baccara - trente et quarante

Posizione: Livorno 61 km - Siena 110 km
Informazioni turistiche: Piazza Umberto - Tel. 0565.71.533

Meglio servirsi da soli
In Italia, il casinò di Saint Vincent d'Aosta trovò, controllando la contabilità, più gettoni di quanti ne possedesse. Spiegazione: il fornitore del casinò aveva fatto riprodurre i suoi gettoni per il proprio personale che andava a giocarli ai tappeti verdi del casinò.

Venezia

Casinò Municipale di Venezia
Lido (sede estiva) Tel. 041/52.26.356
Cannareggio (sede invernale) Tel. 720444

Primo luglio 1938: al Lido, viene ufficialmente aperto al pubblico il Casinò municipale, nella nuova sede costruita a spese del Comune sull'area del forte delle Quattro Fontane.
Non erano passati nemmeno due anni da quando (16/07/1936) un primo regio decreto legge aveva esteso a Venezia i benefici accordati nel 1927 al Comune di Sanremo ed un secondo, del Ministero dell'Interno del 30/07 successivo, aveva autorizzato il Comune "in deroga alle vigenti leggi e con efficacia giuridica nei confronti dei terzi, all'esercizio dei giochi d'azzardo".
Era stato lo stesso Galeazzo Ciano, al suo arrivo a Venezia per l'inaugurazione della Mostra internazionale del Cinema il 10 agosto del 1935 a comunicare alle autorità cittadine che il duce in persona "aveva deciso di accordare il permesso di aprire una casa da gioco", sottolineando che, negli intendimenti del governo, "essa avrebbe dovuto diventare, in breve tempo, la più elegante d'Europa".
Bellezze al bagno, turisti danarosi e goderecci, stelline dello schermo, notti di luminarie e di avventure amorose per ministri, gerarchi e ricchi

imprenditori in cerca d'evasione sulla spiaggia del Lido o nell'atmosfera decadente degli antichi palazzi patrizi sul Canal Grande adibiti ad albergo: gli ingredienti c'erano tutti perché una casa da gioco fosse aperta con la prospettiva di costante frequenza e lauti guadagni.
In effetti, la città traeva già ormai quasi totalmente le sue risorse dal turismo e l'incentivarne il flusso non poteva che risultar gradito a tutte le categorie, dal gondoliere all'albergatore.
Ma l'amministrazione cittadina si riprometteva un altro grosso vantaggio dai proventi dell'istituendo Casinò: la possibilità di risanare definitivamente il proprio bilancio e l'acquisizione dei "mezzi finanziari" per fronteggiare gli oneri rilevanti che sarebbero derivati al Comune dal noto progetto di legge, in corso avanzato di studio, per il consolidamento del suo abitato. "Tali oneri il bilancio del Comune non potrebbe in alcun modo sostenere, né é d'altra parte il caso di pensare che la benefica legge per il consolidamento di Venezia possa essere a lungo differita se non si vuole pregiudicare, forse in maniera irrimediabile, la sua stessa esistenza".
Non solo: come mezzo secolo prima, fin dal primo apparire dell'idea, il Casinò in città viene visto, nella brutta stagione (quando il Lido è "desolatamente vuoto"), come l'occasione propizia per offrire un'allettante attrattiva in più a quel turismo d'*élite* che pur continuava a frequentare gli alberghi di lusso e come possibile punto di partenza di altre iniziative nel campo dello "spettacolo" che avrebbero potuto risvegliare anche l'interesse della sonnacchiosa popolazione residente.
Su vari palazzi si posarono gli occhi degli amministratori per scegliere la sede del Casinò nel centro storico, ma alla fine si decise di acquistare palazzo Giustiniani ed alcune casette retrostanti, abbattute le quali si sarebbe meglio potuto attrezzare lo storico palazzo di quelle sale e quei servizi che si reputano necessari per la gestione di un casinò.
I motivi addotti a giustificazione della scelta sono facilmente intuibili: stupenda posizione sul Canal Grande con "vista incantevole", vicinanza a S. Marco, facilità di accesso sia pedonale che tramite i servizi pubblici...
Ma c'era una seconda, decisiva, ragione che aveva spinto verso l'acquisto di Palazzo Giustiniani: la vicinanza del Ridotto.
Nel Casinò non sarebbe stato necessario costruire nemmeno un piccolo teatro: bastava un semplice cavalcavia ed i giocatori dal nuovo grande salone, adorno di stucchi e di specchi, che si sarebbe ricavato a ridosso dell'antico palazzo dopo la demolizione dei fabbricati retrostanti, con po-

chi passi si sarebbero ritrovati nella magica atmosfera della vecchia casa da gioco del Settecento fatta chiudere "dalla Signoria nel 1774 per le ingenti sostanze che vi si dilapidavano".
Lo stesso giorno, mentre dalla fine di ottobre erano cominciati e progredivano velocemente i lavori a palazzo Giustiniani, veniva appaltata alla ditta Donella Domenico la costruzione di un fabbricato da adibirsi a Casinò al Lido nella zona delle Quattro Fontane, "compreso e in parte sovrapposto alle strutture murarie della casamatta dell'ex-forte, le quali in parte saranno demolite, ad eccezione di quelle costituenti il fabbricato ex-caserma che verrà convenientemente incorporato nel nuovo edificio".
Come è noto, la casa da gioco è stata istituita a Venezia allo scopo di attirarvi gli stranieri i quali oltre ad incrementare il movimento turistico, importerebbero in Italia rilevanti some di valuta estera che contribuirebbero a sostenere la bilancia commerciale.
Ora, affinché gli stranieri, allettati a frequentare il casinò siano, non lo si potrà mantenere anche durante l'inverno in un locale così eccentrico e di fortuna, come è quello in cui attualmente trovasi al Lido.
È necessario invece che i turisti predetti abbiano il conforto della vicinanza e della migliore ospitalità e ciò si potrà dare loro se verrà utilizzato come casinò l'ex hotel Europa che, rimesso a nuovo, come ha fatto il Comune e con l'aggiunta dello storico Ridotto, gareggia, a dire dei competenti, con i migliori casinò del mondo.
Sarebbe ben strano che si sapesse che, pur essendovi a Venezia un edificio adatto per casinò in modo perfetto, i giocatori fossero relegati nell'isola del Lido che durante l'inverno non presenta nessuna attrattiva ed è, come si è detto, di difficile accesso a causa della nebbia e delle non infrequenti burrasche lagunari.
Non è fuori luogo aggiungere a questo punto che, ove il casinò fosse mantenuto anche in inverno al Lido, verrebbe frequentato solo dagli italiani delle province limitrofe, con quali inconvenienti è facile immaginare."
Questo memoriale è del 31/07/1937 e risulta l'ultimo tentativo di rimuovere il governo dalle sue decisioni (le stesse argomentazioni — e le stesse critiche da parte cattolica — verranno riprese nel dopoguerra fino alla definitiva apertura del Casinò in città, a Cà Vendramin Calergi, sul finire degli anni '50).
Gli anni che seguirono segnarono in vario modo i due luoghi inizialmente deputati ad ospitare la casa da gioco: palazzo Giustiniani destinato, dopo il veto governativo, "a ritrovo internazionale con particolari attrattive

turistiche", avrebbe visto fucilare 13 partigiani sulle sue macerie dopo l'attentato del 26 agosto del '44 (vi aveva sede in quel momento il comando dell'Ufficio Politico Investigativo organo dalla polizia segreta fascista), e nel dopoguerra, oltre che ospitare la direzione della Biennale e l'ufficio comunale del turismo, avrebbe accolto per molti anni, in quello che avrebbe dovuto essere il salone centrale del Casinò, da tutti ormai conosciuto come "sala delle colonne" oggi mestamente adibito ad "archivio" delle numerosissime pratiche del condono edilizio le manifestazioni più significative del movimento sindacale, politico e culturale della città.
Al Lido, Casinò e Palazzo del Cinema rimangono desolatamente isolati un sogno interrotto: l'emblema di un progetto fermato a metà da quegli eventi bellici che avevano spazzato via gli uomini e le istituzioni che l'avevano pensato e voluto.

Caratteristiche dello stabilimento
Date e orari d'apertura: aperto tutto l'anno - Lido: aprile settembre, Cà Vendramin Calergi: ottobre marzo
Annessi al casinò: Night club - spettacoli - ristoranti - servizi rapidi con motoscafi e ferry-boat

Quali giochi si possono fare?
Roulette - black jack - baccara - trente et quarante

Posizione: Bologna 152 km - Padova 45 km
Informazioni turistiche: San Marco Ascension 71/C

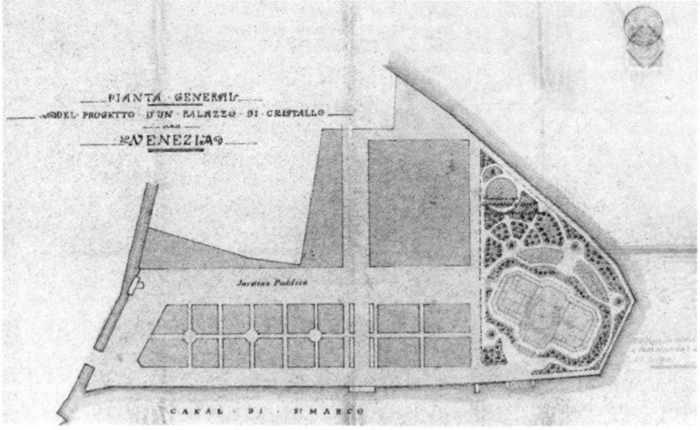

Sanremo

Casinò municipale di Sanremo
16, Corso Inglesi
Tel. 0184.799.01 - Telex 27 - 1013 Casinò.

Il casinò è stato inaugurato nel 1905. La costruzione è in stile Liberty. La sua esistenza è stata tollerata fino al 1929, data in cui fu votata una legge che regolasse la sua attività. Dal 1969 lo stabilimento è sottoposto ad una gestione comunale. I suoi locali sono immensi e, in piena stagione, sono in funzione 41 tavoli da gioco, nei quattro saloni riccamente decorati.

Caratteristiche dello stabilimento
Responsabile: Dott. Giorgio Diaz
Date e orari d'apertura: aperto tutto l'anno dalle 14,00 alle 2,00
Abbigliamento: dignitoso, giacca e cravatta obbligatorie da giugno a settembre
Annessi al casinò: bar - ristorante - discoteca - teatro

Quali giochi si possono fare?

GIOCHI	NUMERO DEI TAVOLI	PUNTATA MINIMA	PUNTATA MASSIMA
Black jack	4	4.000/50.000 L	200.000/500.000 L
Roulette	9 a 20 secondo stagione	10.000/20.000 L	200.000/400.000L en plein
Roulette americana (uno zero)	6	5.000 L	100.000 L en plein
Roulette americana (due zero)	2	2.000 L	20.000
Chemin de fer	1 a 7 secondo stag.	200.000 L	A tout va
30 et 40	2	50.000/100.000 L	500.000 L

Altre informazioni utili
Posizione: stazione turistica - Nizza 60 km - Genova 55 km - Milano 260 km *Informazioni turistiche*: Ufficio turistico di S. Remo - Via Nuvoloni - Tel. 0184.85.615

PAESI BASSI

Pochi paesi europei hanno avuto tanti casinò clandestini quanto i Paesi Bassi prima della legislazione sul gioco. Le bische clandestine pullulavano nel vero senso della parola, nonostante gli energici interventi delle autorità. Per ogni stabilimento scoperto e costretto a chiudere, altri due o tre se ne creavano. Solo nel 1975 il Governo olandese riuscì ad arginare la generazione spontanea delle bische: legalizzando i casinò. E per mantenere il controllo sugli stabilimenti legalizzati lo Stato, come in Austria e in Germania per certi casinò, decise di gestirli lui stesso.
In realtà, fu costretto a questa legislazione dalla fuga di capitali verso i paesi confinanti, e vi vide un modo per assegnare posti di lavoro e per accrescere l'attrattiva turistica di certe regioni del paese.

Fu così che, dal 1976 al 1979, lo stato aprì tre casinò ufficiali a Zandwoort, a Walkenburg e a Scheveningen: fu, come prevedibile, un successo strabiliante. Ma tre stabilimenti per tredici milioni di abitanti si rivelarono ben presto insufficienti e le bische clandestine ripresero le loro illecite e lucrose attività. Le stime ufficiose valutano che quattrocento casinò illegali, di cui più di sessanta ad Amsterdam, fuzionano oggi nel paese. Se si aggiungono a questi stabilimenti a conoscenza della polizia quelli realmente clandestini, ci sono, secondo la polizia olandese, milleseicento locali che funzionano in tutto il territorio. Così, infine, nel 1983 le autorità annunciarono ufficialmente la decisione di aprire nel 1992 cinque nuovi casinò di stato.

Casinoscopia
Numero di casinò: 3.
Tavoli da black jack: 13.
Tavoli da roulette: 41.
Tavoli da baccara: 5.
In ogni casinò un tavolo da roulette è riservato ai non fumatori. Le puntate massime e minime sono le stesse in tutti gli stabilimenti.
Età minima: 18 anni, è obbligatorio presentare un documento d'identità.
Date e orari di apertura: tutto l'anno dalle 14,00 alle 2,00, salvo il 4 maggio e il 31 dicembre dalle 18,00.
Ingresso: 7,5 FL/giorno per un gettone di benvenuto da 5FL; 25 FL/settimana con tre gettoni da 5FL; 50 FL/mese con 5 gettoni da 5FL.
Abbigliamento: in tutti i casinò è obbligatoria la giacca con cravatta o un foulard o maglia a collo alto (è possibile affittarla).
Ristorante fino a mezzanotte.

500

Scheveningen

Casinò di Scheveningen
Gevers - Deynootplein, 2500 AM
Tel. 070.51.26.21

Inaugurato il 4 ottobre 1979, questo stabilimento è il terzo, e per il momento l'ultimo, dei casinò olandesi. Considerando la vicinanza a Le Haye, città con più di mezzo milione di abitanti, si decise di creare uno stabilimento di un certo livello. Venne così trasformato un vecchio edificio della metà del secolo scorso: per dare un'idea delle sue dimensioni, basta dire che lo stabilimento ha una superficie equivalente a quella del casinò di Deauville sommata a quella del Palm Beach di Cannes e con quattro piani in più! Con il risultato che nel 1979 non si inaugurò un casinò, bensì un enorme complesso con hotel, ristoranti, night club e negozi. Il successo ottenuto è a livello dell'impresa: 600.000 giocatori nel 1984 e altrettanti nel 1985.

Caratteristiche dello stabilimento
Responsabile: R.A.A. Otjes
Annessi al casinò: bar - ristoranti - night club - centro commerciale - Hotel

Quali giochi si possono fare?

GIOCHI	NUMERO DEI TAVOLI	PUNTATA MINIMA	PUNTATA MASSIMA
Black jack	5	5 FL	500 FL
Roulette	14	2 FL	15.000 FL
Roulette americana	3	5 FL	10.000 FL
Baccara	2	100 FL	

Altre informazioni utili
Posizione: Amsterdam 60 km - Rotterdam 26 km - La Haye 10 km
Informazioni turistiche: Ufficio turistico - The Hague-Scheveningen - Groot Hertoginnelaan 41 - 2517 El DenHaag - Tel. 070.65.89.10

Valkenburg

Casinò di Valkenburg - Odapark
6300, avenue Valkenburg A.D. Geul
Valkenburg
Tel. 04406.1.55.50.

Questo stabilimento, inaugurato il 6 maggio 1977, secondo casinò ufficiale aperto nei Paesi Bassi fu ricavato da un vecchio palazzo dello sport dopo una serie di notevoli lavori di restauro. Valkenburg si trova al limite delle frontiere belga e tedesca, il che permette ai giocatori dei casinò di Spa, di Aix-la-Chapelle o di Chaudfontaine, città che si trovano nel raggio di 40 km, di venire a scialacquare il proprio danaro anche sui tappeti verdi olandesi.

Caratteristiche dello stabilimento
Responsabile: J.P. Werre
Annessi al casinò: bar - ristorante - teatro - night club

Altre informazioni utili
Posizione: città turistica - Amsterdam 212 km - Aix-la-Chapelle 26 km Liège 40 km
Informazioni turistiche: Ufficio turistico Valkenburg - P.O. Box 820 - 6300, av. Vankenburg - Tel. 04406.13.36.4

Anch'io, anch'io!
Quando nel 1984 il governo fece sapere attraverso i mass media che desiderava che i comuni interessati alla costruzione di un casinò si facessero conoscere, quasi quaranta comuni risposero all'appello. Tenuto conto della popolazione e della posizione geografica, furono scelte le città di Amsterdam, Rotterdam, Breda, Nimègues e Groeningen.
Questi cinque casinò saranno aperti entro il 1992.

Quali giochi si possono fare?

GIOCHI	NUMERO DEI TAVOLI	PUNTATA MINIMA	PUNTATA MASSIMA
Black jack	4	5 FL	500 FL
Roulette	11	2 FL	15.000 FL
Roulette americana	3	5 FL	10.000 FL
Baccara	2	100 FL	

Contestazione

Nei grandi casinò esiste una pratica che è il pagamento su contestazione. Se un cliente importante, un habitué, contesta un risultato, il casinò preferisce pagargli il colpo vincente, anche se i croupier e i capi tavolo sono certi di avere ragione, pur di non perdere la clientela. Secondo la polizia dei giochi, questi pagamenti dubbi consentono l'esportazione illecita di capitali. Molti affari di questo tipo sono finiti in tribunale. Tra gli altri, quello che vedeva in causa il direttore dei giochi di Divonne per aver versato 1.200.000 franchi ad un giocatore algerino che non aveva giocato, e il direttore del Palm Beach al quale la giustizia contestava il fatto di aver assegnato con la frode ad undici contestazioni la somma globale di 4.786.000 franchi. Gli accusati furono rilasciati e il giudizio stipulò che: "i responsabili avevano rispettato il loro contratto agendo così, visto che avevano operato nell'interesse del casinò." Su mille contestazioni per stagione, il Palm Beach, ad esempio, paga circa trenta volte.

Zandwoort

Casinò di Zandwoort - Badhuisplein 7 -
2040 AD Zandwoort
Tel. 02507.18.0.44

Primo tra casinò ufficiali olandesi lo stabilimento, situato nell'hotel Bouwes, fu inaugurato il 1 ottobre 1976. Questo piccolo casinò, collocato in una cornice molto accogliente, conobbe un successo immediato, che ancora oggi non è stato smentito. Nelle sere di certi fine settimana si trovano più di 1.500 persone che assediano i tappeti verdi.

Bisogna dire che Amsterdam è a mezz'ora di treno dalla città di Zandwoort, una stazione balneare apprezzata dai tedeschi quanto dagli olandesi.

Black jack
Il black jack sembra essere il gioco preferito dagli olandesi. Di solito è necessario prenotare la sera prima per essere sicuri di potersi sedere attorno ad uno dei tredici tavoli del paese. Le regole del gioco sono le stesse che in Francia e anche il numero di carte utilizzato (6 mazzi). Unico particolare: quando un giocatore realizza 21 punti con almeno tre 7, egli riscuote immediatamente l'equivalente della sua puntata e continua la partita con le sue tre carte. In modo che alla fine della mano se il banchiere non ha fatto 21 il giocatore riscuote la posta una seconda volta e se fa black jack non ha perso niente.

Caratteristiche dello stabilimento

Responsabile: Z. Steiner
Annessi al casinò: bar - ristorante - sala da ballo

Quali giochi si possono fare?

GIOCHI	NUMERO DEI TAVOLI	PUNTATA MINIMA	PUNTATA MASSIMA
Black jack	4	5 FL	500 FL
Roulette	8	2 FL	15.000 FL
Roulette americana	2	5 FL	10.000 FL
Baccara	1	100 FL	

Altre informazioni utili

Posizione: stazione balneare - Amsterdam 30 km - Haarlem 11 km
Informazioni turistiche: Ufficio turistico Zandwoort, Schoolplein 1 - 2040 AC - Zandwoort - Tel. 02507.1.79.47

PORTOGALLO

In Portogallo si trovano sette casinò,alcuni dei quali sono aperti solo nel periodo estivo. La legislazione del gioco in Spagna ha comportato un duro colpo ai casinò portoghesi, che vedevano ogni anno approdare ai propri tappeti verdi decine di migliaia di spagnoli. I casinò portoghesi, considerato il lusso e il fasto ostentati negli altri stabilimenti europei, appaiono di dimensioni e di aspetto assai modesti. Eccetto forse quello di Estoril, a 25 km da Lisbona, che fa parte di un complesso comprendente uno dei migliori ristoranti del paese, un elegante night club e un cinema. Il casinò di Estoril ha sempre vivacchiato e non ha mai saputo realmente imporsi sul piano internazionale, sebbene fosse situato in una regione di cui Byron disse: "Estoril è il paradiso sulla terra." Lo stabilimento conobbe tuttavia il suo momento di gloria una trentina d'anni fa, divenendo per un periodo il soggiorno preferito dei re in esilio. Tra le più famose corone decadute sono da ricordare Carol di Romania, Umberto d'Italia, il conte di Barcellona, pretendente al trono di Spagna, il conte di Parigi, il reggente Horthy di Ungheria e, l'ex-imperatrice Soraya.

La speranza fa giocare
Come i giocatori, anche il casinò può essere più o meno in forma. Comunque gode sempre, a lungo termine, di un vantaggio matematico che varia secondo il tipo di gioco. Tale vantaggio, valutato in percentuale di probabilità, è di:
— 11,11% alla boule
— da 2,7 a 1,35% per la roulette (a chance semplice o multipla)
— 1% al trente-et-quarante
— 2,5% al baccara
— 14% al black jack
— 5% alla roulette americana (2 zeri)

Algarve

2-6-E Filipe - Folque (L. 1) - Tel. 57.86.00.

Gruppo di tre piccoli casinò, aperti solamente durante la stagione estiva, da giugno a settembre.

Caratteristiche dello stabilimento
Puntata minima: 100 escudos (200 per il black jack)
Date e orari d'apertura: aperto dalle 17,00 alle 3,00
Ingresso: 250 escudos/giorno - 800 escudos/2 mesi
Abbigliamento: dignitoso
Annessi al casinò: bar - ristorante - discoteca - sala con slot machine
Per gli stranieri: presentazione obbligatoria del passaporto

Quali giochi si possono fare?
Roulette - black jack - ventuno - baccara

Altre informazioni utili

Alvor
Posizione: 8500 Portimao - Tel. 0082.2.31.41 - Faro 62 km - Lagos 18 km
Informazioni turistiche: Largo 1 de Dezember - Tel. 0082.236.95

Casinò di Monte Gordo
Posizione: 8900 Villa Real de Santo Antonio - Tel. 0081.42.224 - Faro 53 km - Huelva 50 km
Informazioni turistiche: Praça Marques de Pombal - Tel. 0081.495

Casinò Vila Moura
Posizione: 8160 Loulé - Tel. 0089.32.999 - Faro 22 km
Informazioni turistiche: Av. Infante Sagres - Tel. 0089.65.217

Estoril

Casinò d'Estoril. Parque José dos Santos - 2765 Estoril -
Tel. 26.85.521 - 26.84.996-26.84.571 - Telex 12660.

Rifatto e inaugurato nel marzo 1968, il moderno casinò di Estoril da qualche anno riesce ad attirare turisti da tutto il mondo, sedotti dalla grande varietà di giochi europei e americani. Nel grande salone ristorante tutte le sere sono presentati, su un palcoscenico mobile, dei lussuosi spettacoli di music-hall, ai quali partecipano artisti di grande fama nazionale e internazionale.

Caratteristiche dello stabilimento
Responsabile:Dr Antonio de Oliveira
Date e orari d'apertura: aperto tutto l'anno, tutti i giorni dalle 15,00 alle 3,00

Ingresso: 250 esc/giorno - 500 esc/settimana
Età minima: 21 anni
Abbigliamento: cravatta obbligatoria
Annessi al casinò: bar - ristorante gastronomico - night club - teatro - piscina - tennis - golf - equitazione - Hotel Estoril - Sol 5 stelle

Quali giochi si possono fare?
Black jack (6) - roulette (16) - roulette americana (2) - baccara (1) - chemin de fer (1) - craps - (1) bingo (1) - slot machine

Altre informazioni utili
Posizione: stazione balneare - Lisbona 28 km - Sintra 16 km
Informazioni turistiche: Arcadas do Parque - Estoril - Tel. 26.80.113 - 26.87.044

Il sabot

E ancora casinò...

CITTÁ	INDIRIZZO TELEFONO	GIOCHI
Funchal	Casinò de Madeira 9000 Funchal - Isol di Madeira Tel. 311.21 Telex 72118 ITIP	Roulette - black jack baccara - slot machi-ne
Figueria da Foz	Grande Casinò Penisular - 1, rue Dr Calado 2240 Figueria da Foz Tel. 00.49.220.41	Roulette - baccara - black jack - slot machine
Troia Torralta	Casinò di Troia Torrralta Tel. 065.44.221	Roulette - black jack baccara
Espinho	Casinò Sol Verde 116, 2EE Crucufico L2 4500 Espinho Tel. 36.96.16	Roulette - black jack baccara - slot machine
Povoa de Varzim	Casinò Monumental de Povoa de Varzim Av. Braga 4490 Povoa de Varzim Tel. 0022.261.12	Roulette - black jack baccara - slot machine

ANNESSI AL CASINÒ	DINTORNI	INFORMAZIONI
Ristorante - bar - discoteca - sala spettacoli - Hotel 400 stanze Tel. 333.11	Stazione balneare Isola di Madeira	18, av. Arriagua Funchal Tel. 209.57
Ristorante - bar - sala spettacoli - discoteca	Stazione turistica Porto: 130 km Coimbra: 48 km	Rua Dr. Antonio S Guimâes Figueira Tel. 00.33.229.35
Bar - ristorante - sala spettacoli	Stazione balneare Lisbona: 180 km Setubal: 130 km	Largo do Corpo Santo - Setubal Tel. 065.24.284
Ristorante - piano bar discoteca - piscina - cinema - sala spettacoli	Stazione termale Porto: 16 km	Rua Antonio Granjo Espinho Tel. 02.93.133
Bar - ristorante - discoteca - sala spettacoli	Stazione turistica	166, av. Mouzinho de Alburquerque Povoa de Varzim Tel. 0022.646.09

PRINCIPATO DI MONACO

Casinò di Monte-Carlo, place du Casinò,
MC 98007 Monaco Cedex, B.P. 138
Tel. 93.50.69.31 - Telex: 469 320.

Nel segreto del palazzo principesco un uomo prepara un piano ambizioso. È il principe ereditario che diverrà Carlo III. Egli pensa che il principato disponga di una carta vincente che non vede l'ora di giocare: la sua indipendenza. I giochi sono proibiti in Francia. Perché non aprire anche a Monaco degli stabilimenti dove il gioco sia autorizzato come a Baden Baden, sulle rive del Reno, per esempio, dove il granduca gli ha donato diritto di cittadinanza?
L'idea era partita, restava da realizzarla. Nel 1856, una prima concessione ai giochi fu accordata a due francesi, Albert Aubert e Léon Langlois. Lanciarono la roulette nella piccola "ville Bellevue" unica costruzione spersa in mezzo ai campi della Condamine. Ma Aubert e Langlois cedettero ben presto.

François Blanc, fondatore del casinò e della spiaggia di Montecarlo

Un secondo tentativo non ebbe che un risultato: la posa della prima pietra del casinò di Spélugues.
Infine, nel 1858, la terza *Société des Bains de Mer* portò a termine la faccenda: il 18 febbraio 1863 viene inaugurato il casinò di Spélugues. Essendo migliorate le comunicazioni, i giocatori accorseroo tanto veloci che la roulette non aveva più posti. Ma il successo spaventò Lefevre, amministratore del Circolo degli stranieri.
Carlo III incaricò il suo consigliere privato di una missione: si trattava di convincere l'uomo che aveva fatto di Amburgo una città florida, di riscattare la concessione dei giochi di Monaco. Egli si chiamava François Blanc e sarà per Monaco l'uomo del destino.
All'epoca François Blanc ha 57 anni e possiede il genio per gli affari e specialmente per il gioco. Il memorialista Charles Monselet ne traccia un ritratto che nemmeno Balzac avrebbe biasimato: "L'aria vissuta, gli occhiali d'oro posati sul naso, l'impertinenza che si scorge all'angolo delle labbra, il mento fermo, il modo di fare singolare... e quest'andatura sempre affrettata che non ammette importuni al suo seguito. Così era François Blanc."
François Blanc, pioniere dell'intuito fantastico, sa che a Monaco sta andando a giocare la "grande partita" della sua vita. E non la mancherà.

La legge Gilbert

Una delle grandi figure del jet-set internazionale, il miliardario americano Edward Gilbert, riferendosi a una legge americana secondo la quale i debiti di gioco non si possono recuperare per vie legali, aveva deciso di fare opposizione a tutti gli assegni che aveva emesso, peraltro in grande numero, durante una stagione in numerosi casinò della Costa Azzurra e di Montecarlo. Infine avvisò tutti che aveva cambiato idea e che avrebbe pagato. Ma due mesi più tardi, incalzato per le sue perdite in Borsa, "Eddie" Gilbert fece sparire dalle casse della società di cui era presidente un miliardo e partì per il Brasile. La sua tenera e dolce sposa, due settimane prima, si era fatta consegnare da Cartier un valore di 100 milioni tra diamanti, smeraldi e perle, dicendo: "Pagherà mio marito." Ed era sparita. Conseguenza: un certo numero di casinò adottarono la "legge Gilbert". Da quel momento in poi nemmeno i più grossi giocatori potevano giocare a credito, a meno che non avessero prima depositato in cassa una riserva di liquidi.

Lo troviamo dunque sistemato nel principato. Il 2 aprile 1963, Carlo III gli cede per cinquant'anni i diritti di sfruttamento della Società anonima dei *Bains de Mer* e del Circolo degli stranieri, dal momento che l'accesso al casinò è e resta vietato ai cittadini monegaschi. François Blanc si mette all'opera e le cose cambiano nel giro di cinque anni. È un successo strepitoso: l'Hôtel de Paris è inaugurato nel 1864 e diverrà ben presto la residenza preferita di re e regine in vacanza. Il 19 novembre 1896 il primo treno della linea Nizza-Menton attraversa il principato e si ferma ovviamente a Montecarlo.Si doveva infatti dare un nome alla nuova capitale: Carlo III era incerto tra Charleville o Albertville, essendo Albert il nome di suo figlio. Finalmente scelse Montecarlo, cioè Mont-Charles. Sull'altopiano delle Spélugues sorgono diciannove alberghi, centosedici ville, viali, corsi, piazze e un magnifico giardino. L'ondata di turisti diviene un torrente. Le entrate del casinò salgono alle stelle. Monsieur de Villemessant, direttore del *Figaro*, saluta in Monaco il "paradiso sulla terra". Scrive: "Monsieur Blanc ha veramente trasformato Monaco in una strada verso l'oro della California. Non solo scopre delle miniere, ma anche le crea. Si direbbe che una buona fata abbia toccato Monaco con la sua bacchetta magica".

Casinò di Montecarlo: la facciata

Eppure stanno per comparire nubi all'orizzonte. Scoppia la guerra tra Francia e Germania. È la sconfitta delle armate imperiali, la Comune, la proclamazione della Repubblica. Tumulti scoppiano in Francia. Nel settembre 1870 Blanc chiude il casinò. Lo riaprirà qualche mese più tardi su richiesta del prefetto delle Alpi Marittime che gli spiega, non senza imbarazzo, come: "senza i giochi gli alberghi di Nizza rischiano di fallire"...
Il successo non smette di aumentare, l'imperatore Francesco Giuseppe, il principe di Galles, i granduchi russi diventano di famiglia. Ora sorgono nel principato trentacinque alberghi. Alla morte di Blanc gli introiti del casinò raggiungevano i dieci milioni. Fino alla fine della *Belle Époque*, Montecarlo doveva restare il punto di incontro tra principi, milionari, artisti. Ma un nuovo conflitto è in attesa là, minaccioso. Quando scoppia, segna la fine di un'epoca, del dolce vivere e di quella specie di follia propizia a magnifiche creazioni, di cui Montecarlo resta il simbolo prestigioso. Per il momento gli alberghi diventano ospedali. Monaco mantiene una posizione strettamente neutrale, anche se il principe ereditario Luigi parte per combattere con l'armata francese e si ricopre di gloria. Per quattro anni, Montecarlo vive "tra parentesi" sperando che giunga la pace.
L'armistizio tanto atteso segna l'inizio di una nuova era. Dei milionari ceh trascorrono la loro vita a divertirsi, i granduchi, rovinati i magnati dell'Europa centrale, finita l'epoca i clienti di sempre sembrano scomparsi e una nuova clientela sta per nascere.

Casinò di Montecarlo: la sala Schmit

La Bella Otéro rovinata dal casinò

Monaco deve rendersi disponibile ad essa, e questo sarà il problema principale del dopoguerra. Il primo, perché ne sorgeranno molti altri. La grande crisi internazionale scoppia nel 1929, la Francia concede l'autorizzazione ai giochi aprendo la via a una minacciosa rivalità, e infine incalza il secondo conflitto mondiale: gli italiani e poi i tedeschi occupano il principato.
Si tratta di una nuova e lunga parentesi.
Nel 1949 si spegne il principe Luigi II; il principe Ranieri III sale al trono l'11 novembre. Il suo regno segna una svolta nella storia del principato: si tratta di orientare in modo nuovo tutto un corso politico. Non è più il tempo dei nababbi russi e ungheresi che sbarcavano all'Hôtel de Paris con le loro casse piene d'oro che depositavano in magazzini senza finestre, oggi trasformati in sale da bagno. Questa immagine leggendaria non ha più valore. E tanto meno l'idea semplicistica del paradiso fiscale.

Un giocatore assiduo, il re Edoardo VII d'Inghilterra

Monaco sta per diventare la capitale moderna dell'industria turistica. Scommessa fatta, scommessa vinta!

Il testo sul casinò di Monte-Carlo ci è stato gentilmente comunicato da André Saint-Mleux, presidente del consiglio di amministrazione della società dei *Bains de Mer*.

Caratteristiche dello stabilimento
Responsabile: André Saint-Mleux
Relazioni pubbliche: Josiane Mérino
Date e orari d'apertura: aperto tutto l'anno, tutti i giorni a partire dalle 10,00
Ingresso: 50 franchi/giorno - 120 franchi/settimana - 350 franchi/stagione

Età minima: 21 anni
Abbigliamento: giacca e cravatta obbligatoria alla sera
Annessi al casinò: bar - ristorante - sala con slot machine - tennis - golf - piscina - night club - teatro - Hotel de Paris (300 stanze) - Hotel Hermitage (220 stanze) - Hotel Monte Carlo Beach (50 stanze) - Hotel Mirabeau (100 stanze) Prenotazioni: 93.50.80.80

Quali giochi si possono fare?

GIOCHI	NUMERO DEI TAVOLI	PUNTATA MINIMA	PUNTATA MASSIMA
Roulette francese	3	10 FF	
Roulette americana (doppio zero)	3	10 FF	
Black jack	12	50/1.000 FF	
Craps	2	25/100 FF	
30 et 40	1	20 FF	
Baccara	3		300.000 FF

*

* *

Loews Hôtel Casinò
Principauté de Monaco, 12, avenue Spélugues
Tel. 93.50.65.00

Si tratta della quarta impresa alberghiera degli Stati Uniti, la catena Loews, che nel 1975 ha costruito nel Principato di Monaco lo splendido complesso alberghiero Loews Montecarlo. L'insieme riproduce i palazzi di gran lusso americani, compreso un casinò che propone i giochi americani, quali il craps, il punto banco e, ovviamente, la roulette americana.

Caratteristiche dello stabilimento
Responsabile: Jacques Provence
Date e orari d'apertura: aperto tutto l'anno dalle 16,00 alle 4,00
Ingresso: gratuito
Età minima: 21 anni
Abbigliamento: giacca e cravatta obbligatoria alla sera
Annessi al casinò: bar - 3 ristoranti - night club - cabaret - teatro - piscina - centro commerciale - Hotel : 681 stanze e suite

Il gioco del black jack, il craps, la roulette americana e il 23 furono autorizzati in Francia nel giugno 1969, da Couve de Murville allora Primo Ministro.

Quali giochi si possono fare?

GIOCHI	NUMERO DEI TAVOLI	PUNTATA MINIMA	PUNTATA MASSIMA
Roulette americana	6	10 FF	
Black jack	3	25 FF	
Craps	2	25 FF	
Punto banco	2	25 FF	
Slot machine			

Altre informazioni utili
Posizione: stazione balneare - Nizza 22 km
Informazioni turistiche: 2a, bd des Moulins - Montecarlo - Tel. 93.20.87.01 - 93.50.60.88

La superstizione, quella sì porta sfortuna!

Il gioco d'azzardo provoca la superstizione, cioè fa nascere mille pregiudizi, manie, illusioni e credenze infantili.

Proprio nelle sale da gioco si può realmente verificare come nella nostra epoca definita "scientifica", la gente sia profondamente condizionata dalle superstizioni più assurde. Molti giocatori insistono per sedersi allo stesso posto dello stesso tavolo che una volta pensano abbia portato loro fortuna. Alcuni fanno tre volte il giro della loro sedia, o mettono un fazzoletto sul proprio posto, oppure coprono di sale uno dei piedi del tavolo. Altri si preoccupano per certi vicini che possono portare sfortuna, o per il croupier che possa portare loro fortuna. Ci sono legioni di portafortuna. Di frequente si vedono i giocatori portare con sé una zampa di coniglio o un ciondolo. Molti giocano il loro numero di guardaroba, di stanza, di automobile, la propria data di nascita o un colore apparso in un sogno. Altri ancora baciano le placche prima di puntare, sgranano un rosario o vogliono incontrare un gobbo. E, naturalmente, quasi tutti sono convinti di avere un numero portafortuna, molto spesso il 17. A Montecarlo il pastore evita di far cantare gli inni dall'1 al 36 per evitare chi i fedeli corrano subito al casinò per giocare il numero corrispondente... Quanto al 13, la sua fama negativa risale al mondo romano e precisamente all'Ultima Cena, a Giuda, il tredicesimo apostolo. La lista delle superstizioni è inesauribile: dal gatto nero al colore dei gettoni. Ma, come diceva A. Boll, qualsiasi giocatore sostiene di sapere che "avere fortuna si coniuga solo al passato."

Il *chmilblike*
La sua superficie finanziaria è grande come quella della Banca di Francia. Egli ha 3000 fratelli, cugini e cugine, zii e zie. Viaggia a bordo di un DC 9 privato. È stato il 13 ottobre 1974 a Cannes, ha giocato al tavolo n. 29 al Palm Beach. In una sera ha perso, sempre sorridendo, 16 milioni di franchi
Domanda: "Di chi si tratta?" Risposta: "Del principe Fah, re dell'Arabia Saudita".

Il famoso Privé *del Casinò di Montecarlo*

REPUBBLICA FEDERALE TEDESCA

I tedeschi spendono ogni anno sei milioni di marchi a tentare la fortuna in tutti i modi: lotterie, corse di cavalli, zhalenlotto. Ci sono anche lotterie televisive come *Gluckspirale*, letteralmente "la spirale della felicità", di cui una parte dei guadagni servì a finanziare le spese dei Giochi olimpici di Monaco e dei Mondiali del 1974. Sono soprattutto impiegati ed operai a tentare la fortuna con questi giochi. I casinò in compenso sono frequentati da una classe sociale più elevata, ma bisogna sapere che fino a non molto tempo fa erano proibiti ai tedeschi che non raggiungevano un certo reddito. C'è dunque una lunga tradizione di casinò, in Germania: molti hanno licenze che risalgono all'inizio del XIX secolo. E anche dal XVIII, dato che il primo documento che autorizziuna sala da gioco data al 1748 e concerne Baden Baden, dove alcuni locandieri praticavano apertamente e legalmente la gestione del gioco d'azzardo. Il secondo centro di gioco tedesco si aprì ventitré anni più tardi, nel 1771, a Wiesbaden. Queste due stazioni termali conobbero, grazie al gioco, un tale sviluppo che, invidiose del successo, le altre stazioni termali tedesche non tardarono ad imitarle. La concessione per il gioco d'azzardo fu attribuita solo ad alcune, e gli abitanti del luogo non erano autorizzati a giocare.
Ma nel 1850 comincia un periodo nero per gli stabilimenti da gioco: la Confederazione germanica, sotto la spinta della Prussia, comincia a chiuderli, tanto che nel 1870 in Germania non esisteva più nessun casinò.

Bisognerà attendere lo pseudoliberalismo della Repubblica di Weimar perché potessero essere riaperti e per molto tempo ci furono in Germania solo tredici casinò.

Oggi i tedeschi hanno libero accesso alle sale da gioco dei casinò, ma è una libertà recente. È solo dal 1977 che il casinò di Hannover, per primo, aprì le porte ai residenti nella città. Berlino, Amburgo, Baden Baden seguirono l'esempio, imitati poi dagli altri.

Eppure molti stabilimenti continuano a mantenere la consuetudine di tale divieto, e vivono sottomessi all'imperativo delle vecchie abitudini vietando l'ingresso alle sale da gioco ai residenti che non presentino un'autorizzazione scritta da parte del sindaco della città. Essi devono anche giocare in una sala riservata e sono sottoposti ad uno stretto controllo del loro abbigliamento.

I casinò tedeschi non dipendono da un ordinamento centrale ma da uno regionale regionale, che decide le regole di funzionamento dei casinò che si trovano sotto la sua giurisdizione. Ne risultano grosse differenze da regione a regione: alcuni casinò impongono un'età minima di diciotto anni, altri di ventuno. Diviene così impossibile allontanare una persona dal gioco in tutto il territorio: si è costretti a farlo regione per regione, o casinò per casinò, e questo in base ad una semplice lettera della direzione. Infine, bisogna sapere che una moglie tedesca può far vietare l'accesso in un casinò al proprio marito semplicemente inviando una lettera raccomandata. I casinò non includono né la boule né il trente et quarante, ma il black jack vi incontra un successo maggiore che in Francia; l'uso delle slot machine è illegale.
Tutti i casinò tedeschi prevedono regole molto precise per quanto riguarda l'abbigliamento: giacca e cravatta per gli uomini, abito elegante per le donne. Non molto tempo fa, durante un'estate particolarmente afosa, gli uomini furono autorizzati a togliersi la cravatta, senza poter fare altrettanto con la giacca e alla sera furono obbligati a riannodare la cravatta. L'uniforme è l'unico abito fuori dalla norma che sia possibile indossare. Alcuni casinò inoltre rifiutano l'ingresso agli studenti.

Casinoscopia
Numero di casinò: 27.
Tavoli da black jack: 47.
Tavoli da roulette: 196.
Tavoli da baccara: 21.
Tavoli da craps: 1.
Numero di slot machine: 960.
Ricavo annuale: 500 milioni di marchi.
Numero di visitatori per anno: 3 milioni e mezzo.
Età minima: 18 o 21 anni secondo lo stabilimento.
Si accettano carte di credito.
Particolari condizioni d'entrata: iscrizione con biglietto d'ingresso obbligatorio; passaporto per gli stranieri; giacca e cravatta obbligatoria dopo le 19,00 e anche durante il giorno in alcuni locali.
Giorno di chiusura: tutti i casinò tedeschi sono chiusi il venerdì, salvo il 17 giugno, festa nazionale, il 16 novembre, giorno di lutto nazionale in ricordo dei morti delle due guerre, il 19 e il 23 novembre, feste religiose protestanti, il giorno del Corpus Domini, il primo novembre e il 23, 24 e 25 dicembre.

Aix-La-Chapelle

Casinò d'Aachen
D51 - Aachen
Monheimsalles 44
Tel. 0241.15.30.11

Uno dei casinò più eleganti della Germania. Lusso e sfarzo ne fanno una delle mete preferite della clientela internazionale. Il casinò, che espone opere di grandi artisti, è una vera e propria galleria d'arte.

Caratteristiche dello stabilimento
Date e orari d'apertura: aperto tutto l'anno dalle 15,00 alle 2,00
Ingresso: 5 DM/giorno - 25 DM/settimana
Età minima: 18 anni
Abbigliamento: dignitoso
Annessi al casinò: bar - ristorante - sala con slot machine (1 DM)

Quali giochi si possono fare?

GIOCHI	NUMERO DEI TAVOLI	PUNTATA MINIMA	PUNTATA MASSIMA
Roulette francese	5	2 DM	100 DM en plein 5.000 DM chance semplice
Black jack	2	10 DM	500 DM
Baccara	1	40 DM	

Altre informazioni utili
Posizione: stazione turistica - Bonn 93 km - Liegi 53 km
Informazioni turistiche: Verkehrsamt Markt, 39-41 - Tel. 0241.33.491

Bad Dürkheim

Spielbank Bad Dürkheim
6702 Bad Dürkheim - Pastschiebfach 1540
Tel. 063.22.650.21.

Piccolo casinò che si trova vicino a Mannheim.

Caratteristiche dello stabilimento
Responsabile: M. Liebig
Date e orari d'apertura: aperto tutto l'anno dalle 19,00 alle 2,00
Ingresso: 5 DM/giorno - 25 DM/settimana
Età minima: 18 anni
Abbigliamento: giacca e cravatta obbligatoria
Annessi al casinò: bar - ristorante - sala con slot machine

Quali giochi si possono fare?
Black jack - roulette - sala con slot machie

Altre informazioni utili
Posizione: stazione termale - Mannheim 22 km
Informazioni turistiche: Städt Verkehrsamt, am Bahnhofsplatz - Tel. 063.22.79.32.75

Baden-Baden

Spielbank
D 7570 - Baden-Baden - Kaiser Allee 1
Tel. 072.21.22.323.

Lo stabilimento, uno dei più vecchi del mondo, fu voluto da francesi. All'inizio del XIX secolo, Baden Baden aveva un piccolo stabilimento da gioco, che però non aveva grandi pretese. Un finanziere di genio, Jacques

Benazet, figlio di un maniscalco dei Pirenei, a quel tempo possedeva parecchie sale da gioco al Palais Royal di Parigi. Così, quando nel 1838 Luigi Filippo impose la chiusura delle sale da gioco della capitale, Jacques Benazet, già sessantenne, prese in gestione il casinò di Baden Baden. Divenne così il re di Baden e fece diventare la stazione termale tedesca la più prestigiosa del mondo e il luogo d'incontro di tutta l'alta società europea. Proprio nelle sale da gioco di Baden Baden Dostoievsky prese l'ispirazione per il suo famoso libro *Il giocatore*.
Nel 1848 il figlio seguì al padre ed Édouard Benazet prese in mano le sorti del casinò, la cui prosperità non cessò di risplendere sulla città. Alla sua morte, nel 1867, Baden Baden aveva raggiunto il culmine del successo. Un altro francese, Jacques Dupressoir, ne prese la direzione e il francese rimase la lingua ufficiale della stazione, essendo impiegata non soltanto dai croupier, ma anche da tutti i giornali della città e dagli albergatori. La guerra del 1870 costrinse Dupressoir all'esilio in Egitto e i croupier francesi del casinò al trasferimento a Montecarlo. Il divieto imposto al gioco dal Reich fu fatale alla stazione e l'antica capitale estiva d'Europa non ritrovò mai più il ruolo di un tempo.
Nel 1933, dopo sessantun anni di chiusura, il casinò di Baden fu riaperto e in seguito non rallentò mai la sua attività, ricevendo ogni anno mezzo milione di visitatori. Trecentocinquanta addetti e un giro d'affari di 65 milioni di marchi tedeschi ne fanno il più importante centro di gioco in Germania. Ogni venerdì mattina i croupier tengono gratuitamente, per

tutti coloro che lo desiderano, dei corsi di preparazione ai giochi del casinò. E come in tutti i casinò tedeschi, agli studenti e ai residenti non è permesso entrarvi senza una speciale autorizzazione da parte del sindaco di Baden Baden.

Caratteristiche dello stabilimento
Responsabile: Gunther Hintze
Date e orari d'apertura: aperto tutto l'anno. Per la roulette dalle 14,00 alle 2,00. Per il black jack dalle 17,00 alle 3. Per il baccara dalle 4,00 alle 6,00
Ingresso: 5 DM/giorno - 25 DM/settimana - 100 DM/mese
Età minima: 18 anni
Abbigliamento: giacca e cravatta obbligatoria
Annessi al casinò: night club - ristorante gastronomico - lezioni di gioco dalle 10,30 alle 11,30 - sala con slot machine

Quali giochi si possono fare?

GIOCHI	NUMERO DEI TAVOLI	PUNTATA MINIMA	PUNTATA MASSIMA
Black jack	5	10/20 DM	500/1.000 DM
Roulette	22	5 DM	7.000 DM
Roulette inglese	2	5 DM	5.000 DM
Baccara	7	100 DM	

Altre informazioni utili
Posizione: stazione termale - Stoccarda 112 km - Strasburgo 61 km
Informazioni turistiche: Bäder und Kurverwaltung - Augustaplatz - D 7570 Baden-Baden - Tel. 072.21.27.52.00

Bad Bentheim

Spielbank Casinò Bad Bentheim
4444 Bad Bentheim - Ochtruper, Str, 38
Tel. 05922.859

Il casinò di Bad Bentheim fu inaugurato il 1 aprile 1967. Dalla sua apertura ha accolto più di un milione di visitatori. È il meno restrittivo di tutti i casinò tedeschi: ci sono dei giocatori che vi entrano anche in jeans.

Caratteristiche dello stabilimento
Responsabile: Hartmut Neuries
Date e orari d'apertura: aperto tutto l'anno dalle 14,00 alle 2,00
Ingresso: 5 DM/giorno - 20 DM/settimana - 50 DM/anno
Età minima: 18 anni
Annessi al casinò: bar - ristorante gastronomico - sala con slot machine (80 apparecchi da 1 a 5 DM)

Quali giochi si possono fare?

GIOCHI	NUMERO DEI TAVOLI	PUNTATA MINIMA	PUNTATA MASSIMA
Black jack	2	10 DM	500 DM
Roulette	7	5 DM	15.000 DM

Altre informazioni utili
Posizione: stazione termale - Enschide 29 km - Osnabruck 75 km
Informazioni turistiche: Verkehrsbüro Schlobstr 2 - Bad Bentheim 4444 - Tel. 05922.31.66

Bad Harzburg

Casinò di Bad Harzburg
3388 Bad Harzburg - Hotel Harzburgerhof
Tel. 053.22.2066.

Piccolo casinò che si trova presso la frontiera con la Germania orientale.

Caratteristiche dello stabilimento
Date e orari d'apertura: aperto tutto l'anno dalle 14,00 alle 2,00
Ingresso: 5 DM/giorno - 25 DM/settimana
Età minima: 18 anni
Annessi al casinò: bar - ristorante - sala con slot machine (1 DM)

Quali giochi si possono fare?

GIOCHI	NUMERO DEI TAVOLI	PUNTATA MINIMA	PUNTATA MASSIMA
Roulette	5	5 DM	200 DM en plein 7.000 DM chance semplice
Black jack	2	10 DM	500 DM
Baccara	1	50 DM	

Altre informazioni utili
Posizione: stazione termale - Hannover 100 km - Brunswick 46 km
Informazioni turistiche: Kurverwaltyng im Haus das Kurgastes Hezog Wihem ST 86 - Tel. 053.22.30.44

Discussione tra freudiani
Si ricade sempre nella psicoanalisi. I freudiani sono divisi: alcuni sono convinti che i giocatori tendono a sublimare nel gioco la propria libido, che diviene libido allo stato puro; altri, come il capofila Michael Balint, sostengono che ci sono delle persone che hanno bisogno del rischio e che ricercano il brivido. Un certo Allan D., infine, espulso dal gruppo freudiano di Ricerche Metafisiche, pensa che possa trattarsi di una malattia virale.

Bad Homburg

Spielbank
Bad Homburg - Wicker and Co - 6380 Bad Homburg
V.D.H.
Tel. 06172.200.41

Questo stabilimento da gioco, voluto dai fratelli François e Louis Blanc nel 1841, riceve più di trecentomila visitatori ogni anno. All'epoca della sua creazione, per attirare una clientela già molto fedele agli altri casinò del paese, i due francesi inventarono la roulette ad un solo zero, chiamata poi roulette francese, che è quella utilizzata oggi in tutti i casinò di Francia.
Poiché in questo modo i giocatori si trovavano notevolmente favoriti, i fratelli Blanc, con la loro idea geniale, attirarono ben presto moltissimi clienti e resero Bad Homburg una delle più prestigiose stazioni termali d'Europa. Ancor oggi lo stabilimento è assai apprezzato da una clientela internazionale.

Caratteristiche dello stabilimento
Responsabile: Werner Wicker
Date e orari d'apertura: aperto tutto l'anno dalle 15,00 alle 2,00
Ingresso: 4 DM/giorno - 60 DM/mese - 180 DM/anno
Età minima: 18 anni
Abbigliamento: giacca e cravatta obbligatoria
Annessi al casinò: bar - ristorante gastronomico - sala con slot machine e super-jackpot (51 apparecchi da 1 a 5 DM)

Quali giochi si possono fare?

GIOCHI	NUMERO DEI TAVOLI	PUNTATA MINIMA	PUNTATA MASSIMA
Black jack	2	10/20 DM	500 DM
Roulette	12	5/10/20 DM	7.000/14.000 21.000 DM
Quick roulette	1	5 DM	7.000 DM
Baccara	1	50 DM	
Chemin de fer	1	50 DM	

Altre informazioni utili
Posizione: stazione termale - Francoforte 17 km - Wiesbaden 45 km
Informazioni turistiche: Marienbader Platz 1/6380 Bad Homburg - Tel. 06172.10.01

Bad Kissingen

Bayerisch Spielbank
8730 Bad Kissingen - Im Luitpoldpark 1.
Tel. 0971.20.31.

Stabilimento creato nel 1796 e riaperto nel 1955.

Caratteristiche dello stabilimento
Responsabile: Erich Greb
Date e orari d'apertura: aperto tutto l'anno dalle 15,00 alle 2,00
Ingresso: 5 DM/giorno - 25 DM/settimana - 45 DM/mese - 125 DM/anno
Età minima: 18 anni
Abbigliamento: giacca e cravatta obbligatoria
Annessi al casinò: bar - ristorante - sala con slot machine e roulette elettronica (24 e 25 apparecchi)

Quali giochi si possono fare?

GIOCHI	NUMERO DEI TAVOLI	PUNTATA MINIMA	PUNTATA MASSIMA
Black jack	1	10 DM	500 DM
Roulette	6	5 a 10 DM	6.000/12.000 DM

Altre informazioni utili

Posizione: stazione termale - Würsburg 61 km - Fulda 62 km

Informazioni turistiche: Staatliche Kurverwaltung Am Kurgarten 1 - 8730 Bad Kissingen - Tel. 0971.30.43

500

Bad Neuenahr

Casinò de Bad Neuenahr - Ahweiler, F. Ruttenstrasse 1
D5483 Bad Neuenahr. Tel. 02641.22.41.
Situato a sud di Bonn, questo casinò ha saputo conservare il fascino dell'eleganza del secolo scorso.

Caratteristiche dello stabilimento
Date e orari d'apertura: aperto tutto l'anno dalle 14,00 alle 2,00
Ingresso: 5 DM/giorno - 20 DM/settimana
Età minima: 18 anni
Annessi al casinò: bar - ristorante - sala con slot machine (1 DM)

Quali giochi si possono fare?

GIOCHI	NUMERO DEI TAVOLI	PUNTATA MINIMA	PUNTATA MASSIMA
Roulette	6	2 DM	100 DM en plein 6.000 DM chance semplice
Black jack	2	10 DM	500 DM
Baccara	1	100 DM	1.000 DM

Altre informazioni utili
Posizione: stazione termale - Bonn 30 km - Coblenza 56 km
Informazioni turistiche: Kur-und Verhehwsverein - Pavillon am Bahnhof - Tel. 02641.22.78

Bad Oeynhausen

Casinò de Oeynhausen - Kurkaus
D997 Bad Oeynhausen
Tel. 05731.29.047.

Grande casinò che si trova al centro di un parco e il cui moderno arredamento è veramente di buon gusto.

Caratteristiche dello stabilimento
Date e orari d'apertura: aperto tutto l'anno dalle 15,00 alle 2,00
Ingresso: 5 DM/giorno - 25 DM/settimana
Età minima: 18 anni
Annessi al casinò: bar - ristorante - sala con slot machine

Quali giochi si possono fare?

GIOCHI	NUMERO DEI TAVOLI	PUNTATA MINIMA	PUNTATA MASSIMA
Roulette	7	2 DM	100 DM en plein 6.000 DM chance semplice
Black jack	2	10 DM	500 DM
Baccara	1	40 DM	

Altre informazioni utili
Posizione: stazione termale - Hannover 79 km - Osnabrück 62 km
Informazioni turistiche: Verkehrsamt Am Kurpark - Tel. 05731.204.30

Bad Pyrmont

Kurhotel im Kuspark
D3280 Bad Pyrmont
Tel. 05281.19.783

Piccolo stabilimento nel cuore di un orto botanico di grande bellezza.

Caratteristiche dello stabilimento

Date e orari d'apertura: aperto tutto l'anno dalle 14,00 alle 2,00
Ingresso: 5 DM/giorno - 25 DM/settimana - 100 DM/mese - 200 DM/anno
Età minima: 18 anni
Annessi al casinò: bar - ristorante - sala con slot machine (60 apparecchi) - miniroulette elettronica (50 apparecchi) - puntate da 1,5 a 5 DM

Quali giochi si possono fare?

GIOCHI	NUMERO DEI TAVOLI	PUNTATA MINIMA	PUNTATA MASSIMA
Roulette	5	5 DM	200 DM en plein 7.000 DM chance semplice
Black Jack	1	10 DM	500 DM

Altre informazioni utili

Posizione: stazione termale - Hannover 67 km - Paderborn 54 km
Informazioni turistiche: Kur und Verkehrsamt Brunnestr. 4 - Tel. 05281.50.41

Bad Reichenhall

Bayerische Spielbank Kurstraße, 6
D8230 Bad Reichenhall
Tel. 08651.40.91

Casinò inaugurato nel 1953. Nel 1981 è stato ampliato con notevoli spese e totalmente restaurato. Resta tuttavia il più piccolo dei casinò bavaresi.

Velocità, la grande "V"
Nel 1962, Khalis Bedas, uomo d'affari libanese, guadagna 35 milioni e ne perde 65. In totale: 100 milioni per cinque ore di gioco. Nel 1961 Joseph Safié guadagna 28 milioni in tre minuti e ne perde 63 in ventotto minuti. In totale: 91 milioni in trentun minuti di gioco.

Caratteristiche dello stabilimento

Responsabile: Helmuth Rath
Date e orari d'apertura: aperto tutto l'anno dalle 14,00 alle 2,00
Ingresso: 5 DM/giorno - 25 DM/settimana - 45 DM/mese - 125 DM/anno
Età minima: 18 anni
Annessi al casinò: bar - ristorante - sala con slot machine

Quali giochi si possono fare?

GIOCHI	NUMERO DEI TAVOLI	PUNTATA MINIMA	PUNTATA MASSIMA
Black jack	1	10 DM	500 DM
Roulette	6	5 DM	12.000 DM

Altre informazioni utili

Posizione: stazione termale - Monaco 136 km - Salisburgo 19 km
Informazioni turistiche: Verkehrsverein, am Bahnhof - Tel. 08651.14.67

Bad Wiesse

Casinò di Bad Wiesse
D8182 Bad Wiesse
Tel. 080.22.820.28.

Piccolo e moderno casinò piacevolmente collocato sulle rive del lago Tegern nelle Alpi bavaresi.

Caratteristiche dello stabilimento
Date e orari d'apertura: aperto tutto l'anno dalle 15,00 alle 2,00
Ingresso: 5 DM/giorno - 25 DM/settimana
Età minima: 21 anni
Annessi al casinò: bar - ristorante - sala con slot machine (1 DM)

Quali giochi si possono fare?

GIOCHI	NUMERO DEI TAVOLI	PUNTATA MINIMA	PUNTATA MASSIMA
Roulette	4	5 DM	6.000 DM
Roulette americana	1	10 DM	9.000 DM
Black jack	1	10 DM	500 DM

Altre informazioni utili
Posizione: stazione termale - Miesbach 19 km - Monaco 54 km
Informazioni turistiche: Kuramt - Adrian Stoop Strasse, 20 - Tel. 080.22.820.51

500

Bad Zwischenahn

Spielbank Casinò - Jagdhaus Eiden am See
2903 Bad Zwischenahn.
Tel. 044.03.10.11.

Uno dei casinò più animati di Germania situato, con molta furbizia in un antico padiglione di caccia principesco.

Caratteristiche dello stabilimento
Responsabile: Weber Ahrens - Hartmut Nevries - Klaus Bade
Date e orari d'apertura: aperto tutto l'anno dalle 14,00 alle 2,00
Ingresso: 5 DM/giorno - 20 DM/settimana - 50 DM/mese
Età minima: 18 anni
Abbigliamento: giacca e cravatta obbligatorie alla sera
Annessi al casinò: 2 bar - 3 ristoranti - tennis - piscina - golf - night club - sala con slot machine (145 apparecchi)

Quali giochi si possono fare?

GIOCHI	NUMERO DEI TAVOLI	PUNTATA MINIMA	PUNTATA MASSIMA
Roulette	6 di cui 2 Quick roulette	2/5/10/20 DM	400 DM en plein 15.000 DM chance semplice
Black jack	2	10 DM	500 DM
Roulette americana	1	2 DM	400 DM

Altre informazioni utili
Posizione: stazione termale - Oldenburg 17 km - Wihelmshaven 53 km
Informazioni turistiche: Kurverwzltung Bad Zwischenahn - Auf dem hohen Ufer - Postfach 1360 - 2903 Bd Zwischenahn - Tel. 044.03.25.80

Berlino

Spielbank Berlino - Gustav Jaenecke Europa Center D 1000 Berlino 30
Tel. 030.261.15.01.

Stabilimento creato nel 1975.

Caratteristiche dello stabilimento
Responsabile: Herbert Klüssendorf e Siegfried Gumpp
Date e orari d'apertura: aperto tutto l'anno dalle 15,00 alle 3,00 (alle 6,00 per il baccara)
Ingresso: 5 DM/giorno - 25 DM/settimana - 100 DM/mese
Età minima: 18 anni
Abbigliamento: giacca e cravatta obbligatorie alla sera
Annessi al casinò: bar - ristorante - sala con slot machine

Quali giochi si possono fare?

GIOCHI	NUMERO DEI TAVOLI	PUNTATA MINIMA	PUNTATA MASSIMA
Black jack	4	10 DM	250 DM
Roulette	14	5/10/20 DM	7.000/10.000 20.000 DM
Roulette americana	2	10 DM	10.000 DM
Chemin de fer	2	50/100 DM	
Baccara	1	50 DM	

Altre informazioni utili
Posizione: una parte della città appartiene alla Germania dell'Est - Hannover 675 km - Amburgo 289 km
Informazioni turistiche: Verkehrsamt Europa Center Tauentzienst - Tel. 030.212.34

Borkum

Casinò di Borkum - Borkum Kurhall
D2972 Insel
Tel. 49.49.22.303.275.

Caratteristiche dello stabilimento
Date e orari d'apertura: aperto 6 mesi all'anno (stagione estiva) dalle 20,00 alle 2,00
Ingresso: 5 DM/giorno - 20 DM/settimana
Età minima: 18 anni
Annessi al casinò: bar - ristorante - sala con slot machine (1 DM)

Quali giochi si possono fare?

GIOCHI	NUMERO DEI TAVOLI	PUNTATA MINIMA	PUNTATA MASSIMA
Roulette	2	2 DM	200 DM
Black jack	1	4 DM	500 DM

Altre informazioni utili
Posizione: stazione turistica - Hannover 253 km - Emden 4 km
Informazioni turistiche: Kurverwaltung Goethestr. 1 - Tel. 04922.30.31

Capricci di emiri
I grandi clienti arabi sono soprattutto sauditi. La sola famiglia reale conta tremila membri: è un bel po' di gente, che gioca a tutto spiano per la grande gioia dei direttori di casinò. Fatta eccezione per tre principi che il Corano ci impedisce di citare: il primo si addormenta regolarmente sul tavolo da gioco, il secondo ha preso l'abitudine di sputare sul tappeto verde, il terzo strepita perché non trova nessuno che stia dietro ai suoi banchi strabilianti.

Brema

Casinò di Brema D28 - Böttcherstrasse 3-5
2800 Brema
Tel. 0421.32.13.29

Casinò che si trova al centro della città vecchia. L'interno è di gran lusso.

Caratteristiche dello stabilimento
Date e orari d'apertura: aperto tutto l'anno dalle 15,00 alle 2,00
Ingresso: 5 DM/giorno - 20 DM/settimana
Età minima: 18 anni
Annessi al casinò: bar - ristorante - sala con slot machine (1 DM)

Quali giochi si possono fare?

GIOCHI	NUMERO DEI TAVOLI	PUNTATA MINIMA	PUNTATA MASSIMA
Roulette	5	2 DM	200 DM
Black jack	2	10 DM	500 DM

Altre informazioni utili
Posizione: stazione turistica - Amburgo 119 km - Hannover 118 km
Informazioni turistiche: Verkehrsverein - Pavillon am Bahnhofsplatz - Tel. 0421.36.36.232

Costanza

Casinò di Costanza - Seestrasse, 21
725 Costanza
Tel. 075.31.54.081.

Stabilimento accogliente e familiare, immerso nell'aria romantica di questa piccola città sulle rive del lago.

Caratteristiche dello stabilimento
Date e orari d'apertura: aperto tutto l'anno dalle 14,00 alle 2,00
Ingresso: 5 DM/giorno - 20 DM/settimana
Età minima: 21 anni
Annessi al casinò: bar - ristorante - sala con slot machine (1 DM)

Quali giochi si possono fare?

GIOCHI	NUMERO DEI TAVOLI	PUNTATA MINIMA	PUNTATA MASSIMA
Roulette	4	5 DM	400 DM
Roulette americana	2	5 DM	400 DM
Black jack	1	10 DM	500 DM

Altre informazioni utili
Posizione: stazione turistica - Ulm 151 km - Zurigo 72 km
Informazioni turistiche: Ufficio turistico, Bahnhofplatz 6 -
Tel. 075.31.28.43.76

Garmish Partenkirchen

Bayerisch Spielbank - Garmisch Partenkirchen - Bahnhofstr. 74
8100 Garmish Partenkirchen
Tel. 08821.53.090.

Casinò molto elegante in una delle più celebri stazioni sportive invernali della Germania.

Caratteristiche dello stabilimento
Responsabile: Herbert Nieuwiera - Werner Jung
Date e orari d'apertura: aperto tutto l'anno dalle 15,00 alle 4,00
Ingresso: 5 DM/giorno - 25 DM/settimana - 45 DM/mese - 125 DM/anno
Età minima: 18 anni
Abbigliamento: giacca e cravatta obbligatorie alla sera
Annessi al casinò: bar - ristorante gastronomico - sala con slot machine (da 1 a 5 DM)

Quali giochi si possono fare?

GIOCHI	NUMERO DEI TAVOLI	PUNTATA MINIMA	PUNTATA MASSIMA
Black jack	2	10 DM	500 DM
Roulette	9	5 a 20 DM	6.000/18.000 DM
Chemin de fer	1	60 DM	
Baccara	1	60 DM	

Altre informazioni utili
Posizione: stazione di sport invernale - Monaco 89 km - Innsbruck 80 km
Informazioni turistiche: Verkehrsmt der Kurverwaltung - Bahnhofstrasse 34 - 8100 - Garmish Partenkirchen - Tel. 08821.25.70

Hannover

Casinò am Maschsee
Postfach 4444 Kurt Schumacher Strasse, 23
Tel. 0511.80.01.17/0511.17.755. Telex 921 414 Hannover.

Moderno stabilimento il cui fascino deriva dalla deliziosa posizione sulle rive del lago Masch.

Quali giochi si possono fare?

GIOCHI	NUMERO DEI TAVOLI	PUNTATA MINIMA	PUNTATA MASSIMA
Roulette	11	5/10/20 DM	400 DM en plein 21.000 DM chance semplice
Quick roulette	2	5/10 DM	300 DM en plein 6.000 DM chance semplice
Black jack	2	10 DM	500 DM
Baccara	1	20 DM	100 DM

Caratteristiche dello stabilimento
Date e orari d'apertura: aperto tutto l'anno dalle 15,00 alle 2,00
Ingresso: 5 DM/giorno - 50 DM/settimana - 200 DM/anno
Età minima: 21 anni
Abbigliamento: giacca e cravatta alla sera
Annessi al casinò: bar - ristorante - sala con slot machine (20 apparecchi e 44 miniroulette da 1,2,5 DM))

Altre informazioni utili
Posizione: stazione turistica - Brema 121 km - Amburgo 152 km
Informazioni turistiche: Verkehrsburo Ernst - August Platz 8 - Tel. 0511.168.23.19

Hittfeld

Casinò di Hittfeld - Kirchstrasse 15
D2105 Seevetal
Tel. 04105.20.77

Piccolo e seducente casinò che si distingue per il suo tavolo da craps, unico in tutto il paese.

Caratteristiche dello stabilimento
Date e orari d'apertura: aperto tutto l'anno dalle 14,00 alle 2,00
Ingresso: 5 DM/giorno - 25 DM/settimana
Età minima: 18 anni
Annessi al casinò: bar - ristorante - sala con slot machine

Altre informazioni utili
Posizione: stazione turistica - Amburgo 22 km - Lünebourg 33 km
Informazioni turistiche: Gemeinde-Seevetal - Kirchstr. 11 - Tel. 04105.55.200

Quali giochi si possono fare?

GIOCHI	NUMERO DEI TAVOLI	PUNTATA MINIMA	PUNTATA MASSIMA
Roulette	5	2 DM	300 DM en plein 12.000 DM chance semplice
Roulette americana	2	5 DM	500 DM en plein 16.000 DM chance semplice
Black jack	2	10 DM	500 DM
Baccara	1	20 DM	100 DM
Craps	1	2 DM	

Lindau

International Spielbank
D8990 Lindau Bodensee
Tel. 083.82.50.52.
Piccolo casinò sul lago di Costanza, vicino alla frontiera svizzera e austriaca. Inaugurato nell'aprile 1950.

Caratteristiche dello stabilimento
Responsabile: Hartwig Scheepers
Date e orari d'apertura: aperto tutto l'anno dalle 15,00 alle 2,00
Ingresso: 5 DM/giorno - 25 DM/settimana - 75 DM/mese
Età minima: 21 anni
Annessi al casinò: bar - ristorante - sala con slot machine (1 e 2 DM) e miniroulette (5 DM)

Quali giochi si possono fare?

GIOCHI	NUMERO DEI TAVOLI	PUNTATA MINIMA	PUNTATA MASSIMA
Black jack	1	10 DM	500 DM
Roulette	6	5 a 10 DM	1.000/12.000 DM
Quick roulette	1	5 DM	1.000 DM
Baccara	1	20 DM	

Altre informazioni utili
Posizione: stazione turistica - Ravensburg 33 km - Bregenz 10 km
Informazioni turistiche: Fremdenverkehrsamb am Hauptbahnhof - Tel. 08382.50.22

Norderney

Casinò di Norderney
D2982 Insel Norderney.

Come il casinò di Borkum anche questo si trova in un'isola del mare del Nord.

Quali giochi si possono fare?

GIOCHI	NUMERO DEI TAVOLI	PUNTATA MINIMA	PUNTATA MASSIMA
Roulette	4	2 DM	400 DM
Black jack	1	4 DM	500 DM

Caratteristiche dello stabilimento
Date e orari d'apertura: aperto tutto l'anno dalle 20,00 alle 2,00
Ingresso: 5 DM/giorno
Età minima: 18 anni
Annessi al casinò: bar - ristorante - sala con slot machine

Altre informazioni utili
Posizione: stazione turistica - Emden 35 km - Aurich Ostfriesland 31 km
Informazioni turistiche: Verkehrsburo der Kuverxaltung Bulow Allée 5 - Tel. 049.32.502

500

Sarrebruck

Casinò di Sarrebruck
D66 Sarrebruck Im Ludwigspark
Tel. 0681.48.012.

Stabilimento ultramoderno in prossimità della frontiera francese.

Caratteristiche dello stabilimento
Date e orari d'apertura: aperto tutto l'anno dalle 15,00 alle 2,00
Ingresso: 5 DM/giorno - 25 DM/settimana -
Età minima: 18 anni
Annessi al casinò: bar - ristorante - sala con slot machine

Quali giochi si possono fare?

GIOCHI	NUMERO DEI TAVOLI	PUNTATA MINIMA	PUNTATA MASSIMA
Roulette	4	5 DM	400 DM
Black Jack	2	10 DM	500 DM
Baccara	1	60 DM	600 DM

Altre informazioni utili
Posizione: stazione turistica - Lussemburgo 99 km - Metz 67 km - Mannheim 132 km
Informazioni turistiche: Amt Für Verkehrsforderung - Rathaus - St. Johann - Tel. 0681.30.01.406

> **Ragno porta guadagno**
> Un tipo originale aveva rinchiuso un ragno in un barattolo con il coperchio di vetro e con il fondo dipinto per metà in rosso e per metà in nero. Al momento di puntare, il giocatore consultava il suo ragno e sceglieva il colore sul quale esso si trovava. Se per caso il ragno stava a cavallo dei due colori, il suo padrone prudentemente si asteneva dal giocare…

500

Travemünde

Casinò di Lubeck - Kaiserallée 2
D2407 Travemünde
Tel. 04502.820.

La stazione balneare più importante del paese ha il dovere di gestire un casinò di alto livello.

Caratteristiche dello stabilimento
Date e orari d'apertura: aperto tutto l'anno dalle 15,00 alle 2,00
Ingresso: 5 DM/giorno - 25 DM/settimana
Età minima: 18 anni
Annessi al casinò: bar - ristorante - sala con slot machine

Altre informazioni utili
Posizione: stazione turistica - Amburgo 66 km - Lubecca 19 km
Informazioni turistiche: Kurverwaltung - Aubenaller 10a -
Tel. 04502.841

Quali giochi si possono fare?

GIOCHI	NUMERO DEI TAVOLI	PUNTATA MINIMA	PUNTATA MASSIMA
Roulette	5	2 DM	400 DM en plein 21.000 DM chance semplice
Roulette americana	2	10 DM	6.000 DM
Black jack	2	10 DM	500 DM
Baccara	1	60 DM	

Westerland

Casinò di Westerland
D2280 Westerland, Sylt
Tel. 04651.235.55.

Situato nell'isola di Sylt, uno dei migliori luoghi di naturismo tedeschi.

Caratteristiche dello stabilimento
Date e orari d'apertura: aperto tutto l'anno dalle 15,00 alle 2,00
Ingresso: 5 DM/giorno
Età minima: 18 anni
Annessi al casinò: bar - ristorante - sala con slot machine

Quali giochi si possono fare?

GIOCHI	NUMERO DEI TAVOLI	PUNTATA MINIMA	PUNTATA MASSIMA
Roulette	4	2 DM	400 DM
Black jack	1	10 DM	500 DM

Altre informazioni utili
Posizione: stazione turistica - Kiel 136 km - Flensbourg 55 km - Husum 53 km
Informazioni turistiche: Kurverwaltung - Lister Strabe - Tel. 04651.433.00

Grazie, dottor Freud!
I sociologi hanno iniziato a studiare i motivi per cui la gente si affida alla sorte nel gioco d'azzardo. Si potrebbe pensare che l'incertezza dei tempi, l'ansia cronica tipica della nostra vita, la perdita dei tabù e il gusto per il danaro facile in un mondo che incita sempre più al consumismo, possono spiegare l'infatuazione della gente per il gioco d'azzardo. Ma, nel suo intimo, che cosa vuole il giocatore? La felicità, quella data dalla speranza di cui già parla Balzac. E, ancor più, trovarsi ad un tratto ricchi grazie ad un colpo di bacchetta magica. Ha bisogno inoltre, precisa il buon dottore, di accontentare la sua coscienza: il giocatore ha la sensazione che lui, e lui soltanto, ha addomesticato il proprio destino. Che egli ha il potere e che non è stato il destino a scegliere per lui.

Wiesbaden

Spielbank Wiesbaden - Im Kurhaus
6200 Wiesbaden
Tel. 06121.52.69.54

Casinò che è stato interamente rinnovato e rimodernato da pochi anni.

Caratteristiche dello stabilimento
Responsabile: Joachim Kockel
Date e orari d'apertura: aperto tutto l'anno dalle 15,00 alle 2,00 per la roulette, dalle 17,00 all'1,00 per il black jack
Ingresso: 5 DM/giorno - 11 DM/week-end - 25 DM/settimana - 50 DM/mese

Età minima: 18 anni
Abbigliamento: giacca e cravatta obbligatorie alla sera
Annessi al casinò: tennis - night club - bar - ristorante gastronomico - sala con slot machine

Quali giochi si possono fare?

GIOCHI	NUMERO DEI TAVOLI	PUNTATA MINIMA	PUNTATA MASSIMA
Black jack	2	10 DM	500 DM
Roulette	12	5/10/20 DM	6.000/12.000 21.000 DM

Altre informazioni utili
Posizione: stazione turistica - Francoforte 38 km - Mannheim 89 km
Informazioni turistiche: Rheinst 15 Ecke Wilhelmsh - 6200 Wiesbaden - Tel. 06121.31.28.47

SPAGNA

Nel 1924 il dittatore Primo de Rivera, di fronte alla corruzione e al crimine, e sotto la pressione della Chiesa, ordinò la chiusura dei casinò spagnoli. Il generale Franco non modificò tale proibizione per quarant'anni perché, sosteneva, suo padre era stato non solamente un grande amatore di donne e di vino, ma anche e soprattutto di tappeti verdi. Nonostante fossero autorizzate le lotterie e le scommesse sportive, il gioco illegale si sviluppò con un giro di affari, tutto sommato limitato, da cinque a otto milioni di dollari.
Nel 1977, dopo cinquantaquattro anni di divieto, il governo spagnolo tolse la proibizione ai giochi e accordò finalmente otto licenze.
Sorsero immediatamente diciassette templi dedicati al gioco in pochi mesi, distribuiti su tutto il territorio. Tale liberalizzazione non era legata solamente all'esplosione turistica che la Spagna conobbe in quel momento, ma anche alle somme considerevoli dilapidate dagli spagnoli stessi sui tavoli da gioco stranieri. Gli spagnoli sono infatti dei giocatori accaniti: hanno ereditato questo difetto, sostengono, dai loro conquistatori mori.
Tra il 1941 e il 1945, quando la popolazione assommava appena a venti milioni di abitanti, si vendevano più di due milioni e mezzo di mazzi di carte ogni anno. Prima che il gioco fosse dichiarato fuori legge, nel 1924, il paese contava più di duemila casinò.

Oggi i casinò spagnoli funzionano benissimo e attirano una clientela sempre più importante. Gli stabilimenti sono lussuosi, ben tenuti e, contrariamente alla maggior parte dei paesi europei, non esiste alcuna limitazione all'entrata. Le uniche persone cui è proibito l'accesso sono i minori di 18 anni e le persone che hanno rapporti con la gestione finanziaria dello Stato o dei Comuni. Lo Stato tassa gli stabilimenti tra il 15% e il 50%, secondo l'ammontare delle entrate, e ne trasferisce una parte alle comunità locali.
Infine, per evitare ogni intromissione da parte della mafia americana, che guardava con interesse la conquistata libertà di gioco in Spagna, il governo proibì qualsiasi partecipazione straniera superiore al 25% nelle sue case da gioco.

500

Alfajarín

Casinò Montesblancos Ctra N 11
343 Alfajarín - Saragozza
Tel. 976.10.00.04

Il casinò fu costruito nel 1979. È l'unica casa da gioco in tutta la regione d'Aragona. Dalla sua apertura ha accolto più di ottocentomila visitatori. Al club di tiro del casinò di Montesblancos si svolgono i campionati del mondo di tiro al piccione, come anche quelli di Europa, Francia, Spagna.

Caratteristiche dello stabilimento
Responsabile: Antonio Canedo El Duayén
Date e orari d'apertura: aperto tutto l'anno dalle 19,00 alle 3,00 (alle 5,00 al venerdì e al sabato)
Ingresso: 300 PTA/giorno - 1.500 PTA/settimana - 7.500 PTA/stagione
Età minima: 18 anni
Abbigliamento: dignitoso
Annessi al casinò: bar - sala da ballo - night club - ristorante gastronomico - teatro - tiro al piccione - tennis - piscina - sauna - solarium - sala con slot machine e videogiochi - Hotel 3 stelle 37 stanze - Tel. 976.10.00.2

Quali giochi si possono fare?

GIOCHI	NUMERO DEI TAVOLI	PUNTATA MINIMA	PUNTATA MASSIMA
Black jack	6	200/500 PTA	20.000 50.000 PTA
Roulette	2	200/500 PTA	2.000/5.000 PTA
Roulette americana	3	200 PTA	4.000 PTA
Punto banco	1	500 PTA	50.000 PTA

Altre informazioni utili
Posizione: Lérida 129 km - Saragozza 23 km
Informazioni turistiche: Plaza Pio XII 3, Torreón de la Zuda - Zaragoza - Tel. 976.23.00.27

Gran Canaria

Casinò Gran Canaria - Calle Las Retamas n° 3
San Bartolomé de Tirajana - Playa de San Agustín
Tel. 928.76.27.24

Stabilimento inaugurato nel 1979.

Mai più contestazioni!
In parecchi stabilimenti spagnoli ogni tavolo da gioco è sorvegliato da un video e tutte le partite sono registrate ventiquattr'ore su ventiquattro. Le cassette sono conservate per due settimane prima di essere riutilizzate. Cosicché tutte le contestazioni sono regolate sul campo, senza decisioni arbitrarie o soggettive, semplicemente visionando la partita su un grande schermo a colori.

Caratteristiche dello stabilimento

Responsabile: Juan Mut Llabres
Date e orari d'apertura: aperto tutto l'anno dalle 21,00 alle 4,00 (alle 5 il venerdì e i giorni festivi)
Ingresso: 500 PTA/giorno - 2.500 PTA/settimana - 5.000 PTA/mese - 12.500 PTA/anno
Età minima: 18 anni
Abbigliamento: dignitoso, giacca obbligatoria
Annessi al casinò: bar - ristorante- night club - cabaret - piscina - sala con slot machine - Hotel Tamarindos 4 stelle, 318 stanze - Tel. 928.76.26.00

Quali giochi si possono fare?

GIOCHI	NUMERO DEI TAVOLI	PUNTATA MINIMA	PUNTATA MASSIMA
Black jack	6	500/1.000 PTA	25.000 50.000 PTA
Roulette	6	200/500 PTA	4.000/10.000 PTA
Roulette americana	2	500 PTA	15.000 PTA

Altre informazioni utili

Posizione: stazione estiva - Las Palmas 20 km
Informazioni turistiche: José Ortega Guttiérrez - Calle León y Castillon 17 - 35003 Las Palmas de Gran Canaria

I cilindri sotto alta sorveglianza
Ogni tavolo da roulette è dotato di un quadro elettronico che dà le ultime venti giocate. Tutti questi quadri sono collegati ad un calcolatore centrale che registra le ripetizioni per ogni tavolo durante tutto l'anno. Nel momento in cui un cilindro comincia a dare in modo anormale un numero o una serie di numeri, il calcolatore lo segnala e verifica le partite fino ad un anno indietro, se è necessario, per determinare se si tratta di un difetto del cilindro, o semplicemente di un numero momentaneamente in forma, o ancora di un tentativo di truffa mediante un cilindro manomesso.

Lloret del Mar

Casinò Lloret del Mar Crta de Tosa
S/N Gerona
Tel. 972.36.65.12

Stabilimento inaugurato il 16 agosto 1978.

Caratteristiche dello stabilimento
Responsabile: Luis Amat
Date e orari d'apertura: aperto tutto l'anno dalle 17,00 alle 4,00
Ingresso: 500 PTA/giorno - 2.800 PTA/settimana - 5.600 PTA/mese
Età minima: 18 anni
Abbigliamento: dignitoso (jeans e abiti sportivi sono proibiti)
Annessi al casinò: bar — ristorante gastronomico - discoteca - piscina - teatro - Hotel Santa Marta 4 stelle

Quali giochi si possono fare?

GIOCHI	NUMERO DEI TAVOLI	PUNTATA MINIMA	PUNTATA MASSIMA
Black jack	6	200/500 PTA	10.000 25.000 PTA
Roulette	7	200/500 PTA	6.000/15.000 PTA
Roulette americana	2	200 PTA	4.000 PTA
Punto banco	1	1.000 PTA	50.000 PTA
Boule	2	100 PTA	4.000 PTA

Altre informazioni utili
Posizione: stazione balneare - Barcellona 85 km - Gerona 30 km
Informazioni turistiche: Antonio Seal - Pational municipal de turista - Lloret del Mar - Tel. 972.36.57.88

Madrid

Casinò Gran Madrid - Crta de la Coruna, km 28,300
Torrelodones - Madrid
Tel. 91.859.03.12 - Telex 22 353 CGME.

Caratteristiche dello stabilimento
Date e orari d'apertura: aperto tutto l'anno dalle 17,00 alle 4,00 durante la settimana (alle 5 al venerdì e al sabato)
Ingresso: 500 PTA/giorno
Età minima: 18 anni
Abbigliamento: è obbligatoria la giacca (possibilità di affittarla)
Annessi al casinò: quattro bar - night club - tre ristoranti - teatro - sala con slot machine (25 e 50 PTA)
Carte di credito: ammesse, la valuta straniera si cambia alla cassa

Quali giochi si possono fare?

GIOCHI	NUMERO DEI TAVOLI	PUNTATA MINIMA	PUNTATA MASSIMA
Roulette	14	200/500 PTA	54.000/ 135.000 PTA
Roulette inglese	8	200 PTA	54.000 135.000 PTA
Punto banco	5	500 PTA	
Chemin de fer	4	1.000 PTA	
Black jack	20	500/1.000 PTA	25.000 50.000 PTA

Altre informazioni utili
Posizione: Barcellona 626 km - Màlaga 555 km - Valencia 348 km
Informazioni turistiche: Rue Princesa, 2 - Madrid - Tel. 91.241.23.25

Perelada

Casinò Castillo de Perelada
Gerona
Tel. 972.53.81.25 - Telex 54302

Stabilimento inaugurato il 18 agosto 1979.

Caratteristiche dello stabilimento
Responsabile: Luis Amat
Date e orari d'apertura: aperto tutto l'anno (eccetto 24 dicembre) dalle 16,45 alle 4,00 nei week-end, dalle 18,00 alle 3,00 dal lunedì al giovedì
Ingresso: 500 PTA/giorno - 2.800 PTA/settimana - 5.600 PTA/mese - 19.000 PTA/anno
Età minima: 18 anni
Abbigliamento: dignitoso (né jeans né abito sportivo)
Annessi al casinò: night club - ritorante gastronomico - teatro - sala videogiochi - biblioteca - museo storico

Altre informazioni utili
Posizione: stazione turistica - Figuera 6 km - Gerona 40 km - Barcellona 150 km
Informazioni turistiche: Ave de Rodes Posas - Gerona -
Tel. 972.25.73.31

Quali giochi si possono fare?

GIOCHI	NUMERO DEI TAVOLI	PUNTATA MINIMA	PUNTATA MASSIMA
Boule	2	100 PTA	200 PTA
Black jack	4	200/500 PTA	10.000 25.000 PTA
Roulette	6	200 PTA	6.000 PTA
Roulette americana	2	200 PTA	4.000 PTA
Punto banco	1	1.000 PTA	30.000 PTA

"Hagan Juego, Señores"
Il 31 ottobre 1924, alle 3 e 54, Leandro Denida Diarena lanciò la sua ultima biglia al tavolo da roulette del casinò di San Sebastian. Il gioco era ormai illegale in Spagna. Dopo ciquantaquattro anni di divieto, il casinò riaprì le sue porte e c'era ancora Leandro Denida Diarena, venerabile vecchietto di 82 anni, che era stato invitato a dare il primo *Hagan Senores* (*Faites vos jeux*) e a lanciare la prima biglia alla roulette del nuovo stabilimento: un mezzo secolo di attesa non gli aveva fatto perdere la mano!

San Pedro de Ribas

Gran Casinò di Barcellona - San Pedro de Ribas
Barcellona
Tel. 938.93.38.66 - Telex 54.302

Stabilimento inaugurato l'8 luglio 1979.

Caratteristiche dello stabilimento
Responsabile: Noberto Sala
Date e orari d'apertura: aperto tutto l'anno dalle 17,00 alle 4,00 - dalle 17,00 alle 5,00 il venerdì e il sabato
Ingresso: 550 PTA/giorno - 2.800 PTA/settimana - 5.600 PTA/mese - 14.000 PTA/anno
Età minima: 18 anni
Abbigliamentio: dignitoso (non sono ammessi jeans e tenute sportive)
Annessi al casinò: bar - ristorante gastronomico - night club - sala da spettacolo - sala con videogiochi

Quali giochi si possono fare?

GIOCHI	NUMERO DEI TAVOLI	PUNTATA MINIMA	PUNTATA MASSIMA
Black jack	6	200/500 PTA	10.000 25.000 PTA
Roulette	8	200/500 PTA	6.000 15.000 PTA
Roulette americana	2	200/500 PTA	4.000/ 10.000 PTA
Chemin de fer	1	5.000 PTA	
Boule	1	100 PTA	4.000 PTA
Punto banco	1	1.000 PTA	50.000 PTA

Nessuno porta rancore
Da quando i giochi furono proibiti in Spagna, gli spagnoli ogni anno lasciarono solo sui tappeti verdi dei due casinò di Biarritz più di nove milioni di dollari. Nel tentativo di "bloccare" questo flusso di danaro, le autorità spagnole hanno concesso la riapertura del casinò di San Sabastian, che si trova a circa 70 km da Biarritz. Lo stabilimento francese, con molto stile, "prestò" i suoi provetti croupier fino alla formazione del personale spagnolo.

Altre informazioni utili
Posizione: Barcellona 46 km - Tarragona 52 km
Informazioni turistiche: Gran Via 658 - Barcellona - Tel. 893.352.5829

500

Villajoyosa

Casinò Costa Blanca/Crta N 322 Valencia km 115
Villajoyosa - Alicante
Tel. 965.89.07.00.

Stabilimento inaugurato nel luglio del 1979.

Accesso possibile a tutti
Senza cedere al gigantismo americano o all'atmosfera *fin de siècle* di molti casinò tedeschi, gli stabilimenti spagnoli sono generalmente arredati lussuosamente e strutturati in maniera intelligente…
Sono molto frequentati dal "popolo minuto", e un giocatore medio spagnolo non spende tanto più di 50-60.000 lire al giorno sui tavoli da gioco. Il minimo in vigore è abbordabile da tutti, e, in uno scenario magnifico, si trovano vicini in tutta semplicità milionari e lavoratori.

Caratteristiche dello stabilimento
Responsabile: Fernando Pasqual - Peter Ling
Date e orari d'apertura: aperto tutto l'anno (eccetto 24 dicembre) dalle 20,00 alle 9,00
Ingresso: 600 PTA/giorno - 3.000 PTA/settimana - 6.000 PTA/mese - 15.000 PTA/anno
Età minima: 18 anni
Abbigliamento: dignitoso, giacca alla sera
Annessi al casinò: bar - ristorante gastronomico - sala per esposizioni - sala con slot machine (25 e 50 PTA) - videopoker - miniroulette - video black jack

Quali giochi si possono fare?

GIOCHI	NUMERO DEI TAVOLI	PUNTATA MINIMA	PUNTATA MASSIMA
Black jack	6	500 /1.000 2.000 PTA	25.000/50.000 100.000 PTA
Roulette americana	3	200/500 PTA	4.000 10.000 PTA
Roulette	5	200/500 PTA	6.000 15.000 PTA
Punto banco	2	2.000 PTA	100.000 PTA
Boule	3	100 PTA	4.000 PTA

Altre informazioni utili

Posizione: stazione turistica - Gandía 79 km - Alicante 32 km
Informazioni turistiche: Esplanada de España - Alicante -
Tel. 965.21.22.85

500

CITTÁ	INDIRIZZO-TELEFONO	GIOCHI
Benalmadena	Casinò Torrequebrada Benalmadena - Màlaga Tel. 952.44.25.45	Roulette-roulette americana-boule-punto banco-baccara slot machine
Ibiza	Casinò d'Ibiza - Paseo Marìtimo S/N - Ibiza - Telex 69176 Tel. 971.30.48.50	Roulette-roulette americana-black jack-boule-baccara slot machine
Marbella	Casinò Nueva Andalucìa Marbella Tel. 952.78.08.00	Roulette-roulette americana black jack-punto banco-chemin de fer
Palma di Maiorca	Casinò de Mallorca-CDME Cala Figuera-Costa de Calvia Mallorca - Telex 69 283 Tel. 971.68.00.00	Roulette-roulette americana black jack-punto banco-slot machine
Puerto de la Cruz	Casinò Taoro Puerto de la Cruz - Tenerife	Roulette-black jack-baccara boule-slot machine
Puerto Santa Marìa	Casinò Bahia de Càdiz Certa Madrid - Càdiz, km 650 Puerto Santa Maria - Càdiz Tel. 956.86.20.42/43/44/45	Black jack-roulette-roulette americana-punto banco-slot machine
Puzol	Casinò de Monte Picayo Pzol Tel. 92.142.01.00 Telex 62 087	Black jack-roulette-roulette americana-baccara-punto banco-slot machine-sala privata da bridge e poker
San Sebastiàn	Nuova Gran Casinò del Kursaal - San Sebastian - Tel. 943.42.92.14/943.49.92.15	Roulette-black jack-punto banco-baccara-slot machine
Santander	Gran Casinò del Sardinero Pulaza de Italia - Santander Tel. 942.27.60.54	Roulette-roulette americana-black jack-punto banco-slot machine-videopoke
Toja (Iola della)	Casinò de la Toja Isla de la Toja - Pontevedra Tel. 986.73.00.25 Telex 88.042 - Toxa E	Roulette-roulette americana-black jack-chemin de fer-slot machine

ANNESSI AL CASINÒ	DINTORNI	INFORMAZIONI
Ristorante-discoteca-cinema-tennis-squash-sala spettacoli - Hotel	Stazione balneare - Malaga: 14 km, Algesiras:124 km, Torremolinos: 2 km	Bajos de la Nogalera Edif - Torremolinos Tel. 952.38.15.78
Ristorante-bar-discoteca-sala spettacoli-pizzeria	Stazione balneare Isole Baleari	Vara de Rey Ibiza Tel. 971.30.12.93
Golf-piscina-tennis-bar-ristorante-hotel	Stazione balneare Malaga: 59 km Algesiras: 79 km	Larios 5 Malaga Tel. 952.21.34.45
Bar-ristorante-discoteca-cinema-tennis-cabaret sala spettacoli-piscina	Stazione Baleare Isole balneari: Palma di Mallorca: 59 km	Av. Jaime III 56 Tel. 991.21.22.16
Ristorante-bar-hotel	Stazione balneare-Santa Cruz de Tenerife: 38 km La Orotava: 6,5 km	3, Plaza de la Iglesia Tel. 922.37.19.28
Ristorante-bar-discoteca-cinema-piscina	Stazione turistica Sivigli: 102 km Cadice: 22 km	Calderòn de la Barca Cadice Tel. 956.21.13.73
Bar-ristoranti gastronomici-piscina-tennis-equitazione-golf-hotel	Stazione turistica Valencia: 25 km	46, Calle Paz Valencia Tel. 96.322.40.96
Bar-ristorante-hotel	Stazione balneare Pamplona: 94 km Bayonne: 54 km	India, 13 San Sebastian Tel. 943.41.17.74
Ristorante-bar	Stazione turistica Bilbao: 110 km Burgos: 150 km	Place de Verlade Santander Tel. 942.21.14.17
Bar-ristorante gastronomico-golf-discoteca-tennis-piscina-hotel con 296 stanze	Stazione termale Pontevedra: 33 km Santiago de Compostela: 73 km	General Mola Pontevedra

STATI UNITI

In quale paese al mondo c'è il maggior numero di casinò? In Francia? No, gli Stati Uniti! Qual'è il paese con il maggior numero di giocatori? L'Inghilterra? No, gli Stati Uniti! In quale paese il gioco è regolamentato nel modo migliore, le puntate che si possono giocare sono le più notevoli, in quale paese c'è la maggior varietà di giochi, la maggior diffusione del gioco illegale, le vincite più straordinarie? Non continuate a cercare, negli Stati Uniti! Il gioco, legale e illegale, è la maggiore attività del paese, vale a dire del mondo. Ogni giorno, nella città di Las Vegas, 200.000 giocatori si dedicano ai soli giochi del casinò. Vale a dire in cinque giorni un numero di ingressi equivalente a quello relativo a tutti i casinò francesi in un anno. Eppure il Nevada è solo al quinto posto delle rendite che il gioco frutta agli Stati Uniti. Per il Nevada, che con Atlantic City è l'unico posto degli Stati Uniti dove siano permessi i giochi di casinò, la rendita è di un miliardo e mezzo di dollari. Risultato, gli abitanti dello Stato non pagano le tasse. 44 Stati su 50 hanno altre forme di gioco autorizzato: corse di cani, di cavalli, lotterie, poker, etc. In totale, un giro d'affari di 37 milioni di dollari per i giochi autorizzati soltanto: una goccia d'acqua in un mare, valutano gli esperti. Così John Scarne, autorità indiscussa in tutto il mondo per quanto riguarda il gioco, stima il valore del giro di danaro per i giochi legali e illegali circa a un terzo del prodotto nazionale lordo, cioè nel 1984 a due milioni di dollari. Più o meno 4.500 dollari investiti nei giochi per ogni abitante, donne e bambini compresi. L'americano medio ama il gioco. Una recente statistica elaborata dall'Università del Michigan dimostra che il 64% della popolazione, cioè 89 miliardi di persone, partecipa regolarmente a qualche gioco e che l'80% è per la legalizzazione del gioco su tutto il territorio.
Negli Stati Uniti il gioco non è considerato immorale. Si sono anche visti dei sindacati, come quello dei profumi per esempio, puntare 500.000 dollari alla lotteria nazionale. Nel 1983, più di duecentocinquanta organizzazioni cristiane e di carità hanno aperto 485 sale da gioco nei bar, negli hotel, nei luoghi pubblici, ricavandone più di un milione di dollari al mese. Tutti gli esperti sono d'accordo: il gioco continua a diffondersi in modo spettacolare negli Stati Uniti. Eppure la *Twentieth Century Fund*, seria e riconosciuta, concluse: "La furia per il gioco negli Stati Uniti se-

gna il declino dei valori morali e del senso etico del lavoro. Il gioco spinge a disprezzare il senso di disciplina, il rispetto per il lavoro, l'economia, la prudenza. Sottolinea il rifiuto della quotidianità e della sana e giusta relazione fra sforzo e ricompensa. Il gioco è un invito a farsi beffe dei valori del capitalismo."

Stando così le cose, il concetto che l'americano ha del gioco è assai differente dalla mentalità europea, per non dire opposto. In Europa la maggior parte dei casinò vive del turismo e dei villeggianti. Ad Atlantic City, come nel Nevada, il turismo, al contrario, vive strettamente legato ai casinò. Ciò significa che i casinò americani non si fanno prendere da tanti scrupoli, né si perdono dietro giustificazioni turistico-culturali per attirare i clienti. Essi vengono per sperperare le proprie risorse al gioco e tutto è organizzato in modo da spingerli in questo senso, rendendo la loro permanenza la più piacevole possibile. Le tre parole d'ordine nei casinò americano sono: servizio, rendimento, efficienza. E per ottenere tutto ciò è necessario un grande liberalismo: niente chiusura delle sale da gioco, entrata concessa a tutti senza limitazioni amministrative, finanziarie o di abbigliamento. Unico limite, avere 21 anni: limite che regolarmente è, nonostante tutto, rimesso in discussione.

Il dottor Jarecky, mister Hyde e il cervello elettronico

Senza l'indiscrezione di un complice, mister Hyde, non si sarebbe mai potuto scoprire il segreto del dottor Richard Jarecky e del suo socio, un finanziere cecoslovacco, Vladimir Granec. Il segreto della coppia consisteva in tre regole: puntare sempre su una roulette che fosse molto usata, giocare sempre con lo stesso croupier e infine avere a disposizione un cervello elettronico.

Quando Richard Jarecky, polacco naturalizzato americano e professore di medicina all'Università di Heidelberg in Germania, decideva di affrontare una roulette, aveva bisogno di sei settimane di attenta osservazione. A quel punto entravano in scena la sua donna con delle amiche, osservatrici precise e mute, che prendevano nota, come delle sistemiste comuni, dei numeri che uscivano, per un totale da 20 a 30.000 osservazioni. In teoria sembrava impossibile prevedere i numeri che potevano uscire con una roulette perfetta. Ma in pratica il buon dottore aveva verificato che l'uso provocava minuscole differenze di livello nel piatto e piccolissime deformazioni della pallina. Alla fine delle sei settimane di osservazione, Richard Jarecky comunicava ad un complice a Londra i 20 o 30.000 numeri usciti alla roulette insieme ad altre informazioni, quali l'ora, l'affluenza, il croupier. Tali dati erano immediatamente immessi in un calcolatore che in pochi minuti risolveva un problema che avrebbe richiesto una vita intera: estrarre dalle informazioni ricevute i cinque numeri che avevano la maggior probabilità di uscire. Jarecky guadagnò centinaia di milioni e gli fu proibito l'accesso in molti casinò, non per truffa, ma per associazioni di giocatori, che è illegale.

Il dott. Jarecky rese omaggio alle sue principali vittime chiamando suo figlio Erwin, nome di uno dei piatti di roulette favoriti a Sanremo, chiamando sua figlia Divonne, in ricordo delle grandi serate nello stabilimento francese, e il suo cane Baden, in ricordo dei primi milioni vinti in Germania grazie al suo metodo.

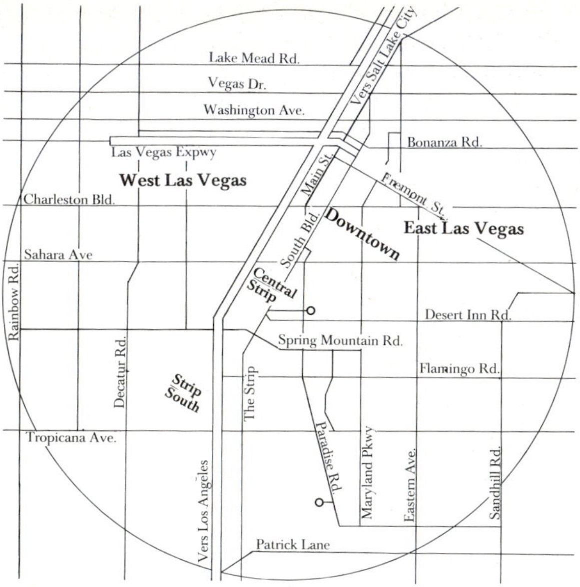

Las Vegas

A quattro ore di auto e a meno di mezz'ora di volo da Los Angeles risplende luminosa Las Vegas. Con i suoi grandi palazzi bianchi, rosa e verdi, che risaltano in mezzo a un deserto che si estende a perdita d'occhio, la città dà l'impressione di essere uscita dalla fantasia di un pittore surrealista. Naturalmente il gioco, in tutti i suoi aspetti, rappresenta la principale attività di Las Vegas. Le fortune si creano e si distruggono semplicemente scoprendo una carta o tirando un dado. Dovunque vai sei accolto dal tintinnio delle macchinette e dal ticchettio della roulette. Si può anche aspettarselo, ma si resta sbalorditi da Las Vegas e dal fiume di dollari che vi scorre ventiquattrore su ventiquattro. Las Vegas è l'unica città al mondo dove un turista intrepido può, durante quindici giorni, andare ogni notte in un'unica strada, fermarsi in un qualsiasi casinò-spettacolo ed essere certo di poter applaudire un personaggio famoso. Ad ogni ora del giorno e della notte, poi, si trovano aperti drogherie, gioiellerie, negozi di abbigliamento, banche, negozi di articoli da regalo.

A Las Vegas, infine, si concentra il più grande ammasso concepibile di cose pacchiane, di vero lusso e di luci: la città si vanta di possedere le più grandi insegne luminose del mondo. Ed è vero che sono straordinarie: le cascate di pepite d'oro del Golden Nugget Casinò, la polvere di stelle dello Stardust Casinò, lo spettacolare clown gigante del Circus Circus, la foresta di fenicotteri rosa del Flamenco e la nave dello Show Boat Casinò. Tutti questi casinò gareggiano in stravaganza ed enormità all'interno come all'esterno.

Casinoscopia di Las Vegas
Numero di casinò: 6,2 di cui 48 casinò-spettacolo
Numero di stanze d'albergo: 55.000
Tavoli da black jack: 1.750
Tavoli da craps: 320
Tavoli da roulette: 127
Tavoli da "Big 6": 61
Numero di slot machine: 49.000
Numero di ristoranti: 2.500
Entrate annue: 6 miliardi di dollari
Numero di addetti: 84.000 persone
Totale di visitatori: 13 milioni ogni anno
Età minima: 21 anni
Date e orari d'apertura: la maggior parte dei casinò americani è aperta ventiquattrore su ventiquattro per tutto l'anno.
Abbigliamento: senza obblighi particolari.

500

Barbary Coast Hotel Casinò

3595 South bd
89109 Las Vegas
Tel. 702.737.71.11.

Casinò inaugurato nel 1971.

Caratteristiche dello stabilimento
Responsabile: Léo Lervis
Date e orari d'apertura: aperto tutto l'anno 24 ore su 24
Annessi al casinò: bar - ristorante - teatro - sala con slot machine - Hotel con 150 stanze e appartamenti - decori che ricordano S. Francisco all'inizio del secolo

500

Amore self-service
A Reno e a Las Vegas uno può fare i soldi, non aprendo dei casinò, ma con la gestione di una cappella. Il Nevada, si sa, ha fatto del matrimonio un'industria, con grande soddisfazione delle coppie frettolose di convolare a nozze.
Più di 650 persone in Nevada hanno la licenza per celebrare matrimoni e sono chiamate *Marring Sams*. Per essere riconosciuto "pastore" è sufficiente essere a capo di una congregazione di cinque persone. Solo a Las Vegas 200 chiese e 30 cappelle si dividono circa 45.000 matrimoni ogni anno.
Si possono organizzare matrimoni per tutti i prezzi, secondo i desideri, (tra 150 e 1.000 dollari, compresi i testimoni) e volendo con musica, fotografie, taxi.
Tra le più famose cappelle *Quick Mariage* di Las Vegas ci sono la "Cupid's Chapel", la "Chapel of the Stars", la "Chapel of the Bell". Le formalità necessarie sono semplicissime: prima di andare nella cappella scelta, bisogna passare al *Country Clerk's Office* della Courthouse al 200 di South 3rd Street, aperto dalle otto del mattino a mezzanotte tutti i giorni dell'anno, per la licenza di matrimonio.
Brigitte Bardot, Judy Garland, Frank Sinatra, Rita Hayworth vi sono già passati.
Il divorzio, pur essendo anch'esso molto semplice, è un po' più lungo da "celebrare", perché è in effetti necessario aver soggiornato almeno quarantadue giorni consecutivi in Nevada. È anche più costoso, tra 400 e 600 dollari: ci sono comunque ogni anno 6.000 candidati!
Queste leggi così liberali risalgono al 1931, il medesimo e glorioso anno in cui il gioco fu legalizzato in Nevada.

Quali giochi si possono fare?

GIOCHI	NUMERO DEI TAVOLI	PUNTATA MINIMA MASSIMA
Craps	6	
21	24	
Roulette	2	da 1 a 1.000 $ secondo i giochi
Minibaccara	2	
Poker	3	
Keno	1	
Big 6	1	

Circus-Circus Hotel Casinò

PO Box14967
89119 Las Vegas
Tel. 702.734.04.10 - 800.848.50.10.

Stabilimento inaugurato nel 1974. La maggiore superficie dedicata al gioco della città, circa un chilometro quadrato. Il Circus Circus offre un'incredibile serie di slot machine, 6587 apparecchi con possibilità di gioco da 0,05, 0,25 a 1 dollaro.
Un circuito video in ogni camera offre al novello giocatore lezioni di craps, black jack e roulette.

Caratteristiche dello stabilimento
Responsabile: Glenn Schaeffer
Date e orari d'apertura: aperto tutto l'anno 24 ore su 24
Annessi al casinò: 2 bar - 5 ristoranti - 2 piscine - cabaret - chiesa - night club - teatro - programma di circo permanente dalle 11,00 a mezzanotte - sala con slot machine - Hotel con 2800 stanze e appartamenti

Quali giochi si possono fare?

GIOCHI	NUMERO DEI TAVOLI	PUNTATA MINIMA	PUNTATA MASSIMA
Craps	16	1 $	500 $
Black jack	229	2/3/5 $	500 $
Roulette	15	2 $	
Big 6	3	2 $	
Poker	38		
Keno	6		

Caesar's Palace Hotel Casinò

3570 South bd
89109 Las Vegas
Tel. 702.731.71.10 - 800.634.66.61.

Stabilimento inaugurato nel 1966. Il colmo dei colmi del gigantismo: le ultime grandi corse automobilistiche di Formula 1 degli USA furono organizzate proprio nell'area dell'hotel. Come sottolinea il suo nome, il Caesar's Palace si ispira alla romanità: marmi e fontane di sbalorditiva opulenza si sprecano. Da notare il giardino degli Dei, che è una replica di quello di Pompei. Gli appartamenti hanno letti circolari, soffitti a specchio e bagni di tipo classico. Un bar galleggiante all'interno, con orchestra, è la copia di un antico battello. Le numerose statue che decorano l'interno del casinò sono delle magnifiche copie in marmo di Carrara di opere di Michelangelo e hanno un valore di milioni di dollari. Le enormi sale da gioco sono affascinanti: venti colonne di marmo italiano rivestite in foglia d'oro sostengono la sala di black jack e di craps. La sala principale, chiamata Foro Romano, ha due candelieri giganti di cui uno, lungo trenta metri e largo venti di inestimabile valore è composto da 1.600 lampadine e da più di 100.000 cristalli fatti a mano importati dalla Germania. Un soggiorno al Caesar's Palace non si dimentica certamente.

Scommettiamo che sta per morire?
Durante gli anni quaranta un viaggiatore si accasciò davanti alle porte di un casinò di Las Vegas. Alcuni giocatori lo raccolsero e lo fecero distendere su un tavolo da black jack all'interno dello stabilimento. Altri giocatori si avvicinarono e scommisero con i primi che egli sarebbe morto prima dell'arrivo di un medico. Quelli che avevano puntato sulla sua morte si opposero al fatto che gli fossero prestate delle cure nell'attesa dell'arrivo del dottore, per non intervenire falsando il gioco. E poiché il moribondo infine viveva ancora all'arrivo del medico, quelli che avevano vinto gli diedero il 10% dei 14.375 dollari che avevano incassato dai loro avversari.

Quali giochi si possono fare?
Black jack - craps - roulette - big 6 - baccara - keno

Caratteristiche dello stabilimento
Date e orari d'apertura: aperto tutto l'anno 24 ore su 24
Annessi al casinò: 5 bar - 8 ristoranti - 10 campi da tennis - piscina gigante - teatro - cinema - centro commerciale - palestra - sauna - slot machine - Hotel con 1734 stanze e appartamenti

Desert Inn Hotel Casinò

3145, South bd,
89109 Las Vegas
Tel. 702.733.44.44 - 800.634.69.06.

Casinò inaugurato il 24 aprile 1950.

Caratteristiche dello stabilimento
Responsabile: Dave Verbon
Date e orari d'apertura: aperto tutto l'anno dalle 10,00 alle 5,00
Annessi al casinò: 8 bar - 6 ristoranti - night club - golf - piscina - 10 campi da tennis - palestra - cabaret - teatro - sala con slot machine - Hotel con 829 stanze e appartamenti di cui 6 con piscina privata

Quali giochi si possono fare?

GIOCHI	NUMERO DEI TAVOLI	PUNTATA MINIMA MASSIMA
Craps	6	Da 3 a 2.000 $ a seconda dei giochi (eccetto per il baccara dove il minimo delle puntate è di 20 $ e il massimo è di5.000 $)
Black jack	31	
Roulette	3	
Baccara	3	
Big 6	7	
Poker	1	
Keno	1	

Keno
Il keno è un gioco che ha origine da una "lotteria cinese" praticata da più di venti secoli e fu introdotto negli USA da lavoratori delle ferrovie cinesi. La griglia originale aveva 120 case corrispondenti ai primi 120 caratteri di una poesia filosofica di Confucio.

Flaminco Hilton Hotel Casinò

3555, South bd,
89109 Las Vegas
Tel. 702.733.33.11 - 800.732.21.11.

Stabilimento fondato nel 1946 dal celebre mafioso Bugsy Seigel. Fa parte dell'Hilton Hotel Corporation dal 1973. Il Flaminco è conosciuto per la grandiosità dei suoi spettacoli e dei programmi di cabaret. Tutti i maggiori protagonisti dello spettacolo americano hanno lavorato lì. Ogni anno si gioca il *Pot o Gold*, un super jack pot da un milione di dollari, nei saloni del casinò.

Caratteristiche dello stabilimento
Responsabile: Mary H. Bryant
Date e orari d'apertura: aperto tutto l'anno 24 ore su 24
Annessi al casinò: 3 bar - 6 ristoranti - night club - cabaret - piscina gigante - sala con slot machine (1100 apparecchi) - Hotel con 2.500 stanze e appartamenti

Quali giochi si possono fare?
46 black jack - 7 craps - 6 roulette - 1 big 6

Il Flamingo Hilton di Las Vegas
Nel 1985 fu inaugurata e messa in funzione nelle sale del casinò una slot machine che funziona con gettoni da 25 dollari: è la più costosa del mondo. Questo apparecchio, che accetta quattro gettoni alla volta, può dunque inghiottire 20.000 dollari all'ora, cioè mezzo milione di dollari in un giorno, tenendo conto che lo stabiliento resta aperto ventiquattr'ore su ventiquattro.
Facendo un po' di conti, questa macchina inghiotte 50 milioni di dollari in un anno: c'è però anche da dire che le slot machine americane restituiscono fino al 90% dei loro incassi, il che significa poter guadagnare un jack-pot di un milione e mezzo di dollari.

Imperial Palace Hotel Casinò

3535 South bd,
89109 Las Vegas
Tel. 702.731.33.11 - 800.634.61.01.

Inaugurato nel luglio 1973, l'Imperial Palace organizza tutti i giorni gratuitamente corsi di 21, di craps e di baccara. Il casinò ha anche per i suoi visitatori un museo di automobili: 200 pezzi da collezione che vanno dalla Mercedes Benz di Hitler alla Delage 1928 di Sua Maestà Prajadhyok, re del Siam. Ma la più famosa è la Cadillac blindata di Al Capone.

Caratteristiche dello stabilimento
Responsabile: William E. Kirchener
Date e orari d'apertura: aperto tutto l'anno dalle 10,00 alle 4,00
Annessi al casinò: 3 bar - 4 ristoranti - piscina - cabaret - night club - teatro - tennis - museo dell'automobile - chiesa - sala con slot machine - Hotel con 1.500 stanze e appartamenti

Quali giochi si possono fare?
3 roulette - 4 craps - 1 baccara - 1 big 6 - 12 tavoli da poker (puntata minima e massima da 1 a 500 dollari secondo i giochi)

Lady Luck Casinò Hotel

206 N, 3, Rd Street
89109 Las Vegas
Tel. 702.384.80 - 800.634.65.80.

Stabilimento inaugurato nel 1964.

Caratteristiche dello stabilimento
Responsabile: Peggi Sanders
Date e orari d'apertura: aperto tutto l'anno dalle 10,00 alle 4,00
Annessi al casinò: 2 bar - 2 ristoranti - Hotel con 112 stanze

Quali giochi si possono fare?
Craps - black jack - roulette - keno (puntata minima e massima da 5 a 500 dollari secondo i giochi)

Las Vegas Club Hotel Casinò

Po Box 1719
89109 Las Vegas
Tel. 702.385.16.64 - 800.634.35.32.

Stabilimento creato nel 1931 e interamente rinnovato nel 1980, il Las Vegas Club Casinò è famoso nel mondo perché ha le regole di black jack e di 21 più flessibili di qualsiasi altro casinò (*most liberal 21 rules in the world*).

Caratteristiche dello stabilimento
Responsabile: Marty Exber e Cynthia L. Berger
Date e orari d'apertura: aperto tutto l'anno dalle 10,00 alle 4,00
Annessi al casinò: bar - 2 ristoranti - sala con televisione e videogiochi - sala con slot machine - Hotel con 212 stanze e appartamenti

Quali giochi si possono fare?
16 black jack - 3 craps - 2 roulette (puntata minima e massima da 1 a 500 dollari secondo i giochi)

Las Vegas Hilton Hotel Casinò

3000 Paradise Road
89109 Las Vegas
Tel. 702.732.51.11

Stabilimento fondato nel 1969. Gli Hilton (il Las Vegas e il Flaminco) sono collegati tra loro da un servizio di autobus gratuito per l'intera giornata. Il Las Vegas Hilton si fa carico dei bambini finché i genitori vanno a giocare e offre ambienti per lo sport, per il disegno, corsi di danza e di musica, ristoranti particolari, lezioni di animazione, un giardino d'infanzia per i più piccoli (dai tre anni in su).

Caratteristiche dello stabilimento
Responsabile: Kevin De Sanctis
Date e orari d'apertura: aperto tutto l'anno 24 ore su 24
Annessi al casinò: bar - 12 ristoranti - cabaret - night club - teatro - 8 campi da tennis - golf - piscina gigante - sala con slot machine - lezioni di gioco - Hotel con 3.174 stanze e appartamenti

Quali giochi si possono fare?
9 craps - 5 roulette - 2 baccara - 45 black jack (puntata minima e massima da 1 a 100 dollari secondo i giochi)

> **In cinque sette!**
> Dalla creazione nel 1978, il Las Vegas Hilton, il maggiore hotel casinò del mondo, che ha inventato il famoso *Pot o' Gold*, un super jackpot, ha pagato un totale di 21 milioni di dollari suddivisi in incassi da 100.000 a 350.000 dollari. Per vincere? molto semplice: avere tre dollari da investire e visualizzare cinque 7 sulla slot machine!

Las Vegas World Hotel Casinò

2000 South bd, Po Box 7436
89109 Las Vegas
Tel. 702.382.20.00 - 800.634.62.77

Casinò inaugurato nel luglio 1979.

Caratteristiche dello stabilimento
Responsabile: Bobbi Lord
Date e orari d'apertura: aperto tutto l'anno 24 ore su 24
Annessi al casinò: bar - ristoranti - night club - cabaret - piscina - sala con slot machine (32 apparecchi) - Hotel con 600 stanze e appartamenti - notevole per la sua straordinaria pittura murale avente per tema la conquista dello spazio

Quali giochi si possono fare?

GIOCHI	NUMERO DEI TAVOLI	PUNTATA MINIMA	PUNTATA MASSIMA
Black jack	14	1 $	1.000 $
Craps	2	1 $	5.000 $
Roulette	1	1 $	500 $
Big 6	1	1 $	

A tavola!
A Las Vegas, a qualsiasi ora del giorno e della notte, si possono assaporare tutti i tipi di cucina: la maggior parte dei locali èsempre aperta. Si potranno così gustare pasti francesi, italiani, polinesiani, cinesi, tedeschi, scandinavi, russi, spagnoli e molti altri ancora, senza naturalmente dimenticare le bistecche americane, più larghe del piatto, e i famosi gamberi di mare.

500

Marina Hotel Casinò

3805 South bd
89109 Las Vegas
tel. 702.739.15.00.

Caratteristiche dello stabilimento
Responsabile: Robert A. Brooker
Date e orari d'apertura: aperto tutto l'anno 24 ore su 24
Annessi al casinò: 2 bar - 3 ristoranti - golf - piscina - sala con slot machine (550 apparecchi) - Hotel con 870 stanze e appartamenti

Quali giochi si possono fare?

GIOCHI	NUMERO DEI TAVOLI	PUNTATA MINIMA	PUNTATA MASSIMA
Black jack	24	Da 1 a 1.000 $ secondo i giochi	
Roulette	2		
Big 6	1		
Keno	1		
Poker	4		

M.G.M. Hotel Casinò

3645 South bd
89109 Las Vegas
Tel. 702.739.41.11. - 800.634.34.34.

Stabilimento inaugurato nel 1973, l'M.G.M. Hotel è il più grande e il più lussuoso di Las Vegas. Alcune delle sue quaranta sale e saloni hanno le dimensioni di un campo di calcio. Solamente l'area delle sale da gioco è di 6000 mq. Il parcheggio può accogliere 2.500 automobili e più di 4.000 persone sono addette ai vari servizi. La sala per gli spettacoli da 1.500 posti offre produzioni spettacolari con le più grandi stelle del mondo dello spettacolo statunitensi: Dean Martin, Donna Summer, Frank Sinatra, Sammy Davis, Julio Iglesias vi sono stati in cartellone. L'M.G.M. si è imposto una regola, quella che i suoi addetti siano i più gentili.

4000 chiamate quotidiane
Qualche cifra: l'M.G.M. è costato 20 miliardi di lire e può accogliere 10.000 persone. Per la sua costruzione sono stati utilizzati 5.000 alberi e per il riscaldamento e la ventilazione si consuma l'energia elettrica sufficiente ad una città di 8.000 abitanti. La fontana dell'ingresso, in marmo italiano, pesa 800 tonnellate. La cucina ha 450 cuochi che servono 25.000 pasti al giorno. E ha 34 ascensori. Trentanove centraliniste rispondono a 4.000 chiamate quotidiane.

Caratteristiche dello stabilimento
Responsabile: Marni Jaeger e Stephen Allen
Date e orari d'apertura: aperto tutto l'anno 24 ore su 24
Annessi al casinò: 25 bar - 7 ristoranti - piscina - cinema - 10 campi da tennis - centro commerciale - 40 negozi - palestra - sauna - cabaret - night club - teatro - sala con slot machine (1000 apparecchi) - Hotel con 2832 stanze e appartamenti

Quali giochi si possono fare?

GIOCHI	NUMERO DEI TAVOLI	PUNTATA MINIMA	PUNTATA MASSIMA
Black jack	94	Da 2 a 10.000 $ secondo i giochi	
Craps	10		
Baccara	2		
Poker	19		
Roulette	9		
Big 6	2		
Keno	1		

500

Sam's Town Hotel Casinò

5111, Boulder Highway
89102 Las Vegas
Tel. 702.456.77.77.

Inaugurato nel 1979, il Sam's Town Hotel Casinò appartiene al Sam Boyd Group che possiede e gestisce anche altri quattro hotel casinò: il California, il Fremont, lo Stardust a Las Vegas e il Sam's Town Gold River.

Caratteristiche dello stabilimento
Responsabile delle relazioni pubbliche: Christine Scribner
Annessi al casinò: Hotel con 200 camere e appartamenti - 2 bar - 3 ristoranti - piscina - night club - teatro

Quali giochi si possono fare?
31 tavoli da black jack - 3 tavoli da craps - 3 roulette - 1 tavolo da minibaccara - 7 tavoli da poker - sala con slot machine (1362 apparecchi)

Sundance Hotel Casinò

301, East Fremont Street
89101 Las Vegas
Tel. 702.382.61.11 - 800.634.65.19.

Casinò inaugurato nel luglio 1980.

Caratteristiche dello stabilimento
Responsabile: Merle G. Coombs
Date e orari d'apertura: aperto tutto l'anno
Annessi al casinò: 3 bar - 4 ristoranti - palestra - sauna - sala con slot machine (707 apparecchi)

Quali giochi si possono fare?

GIOCHI	NUMERO DEI TAVOLI	PUNTATA MINIMA	PUNTATA MASSIMA
Craps	4	25 cts	500 $
Black jack	28	1 $	500 $
Roulette	2	25 cts	400 $
Poker	8	1 $	
Keno	1		

È in più
Quando un cliente fa un jackpot al M.G.M., la direzione gli regala anche, a scelta, una Cadillac Séville, un camper o un giro del mondo per quattro persone.

Diciassette ore di gioco al giorno
Le statistiche dicono che durante un soggiorno a Las Vegas, in media tre o quattro giorni, un giocatore passa diciassette ore al giorno a giocare. Il 45% dei giocatori si dedica al tavolo da black jack, il 30% alle slot machine e il restante 25% si interessa agli altri giochi.

Las Vegas...

NOME DEL CASINÒ	INDIRIZZO TELEFONO	GIOCHI
Aladin Hotel Casinò	3367, South bd Las Vegas 89101- Tel. 702.736.01.11-800.634.34.24	Black jack-craps-keno-roulette-big 6-slot machine
Alexis Park Resort Hotel	375, Cart Hartmon - Avenue Las Vegas 89101 Tel. 702.796.33.00 800.235.10.01	Black jack-craps-roulette-big 6-slot machine
Best Western Ambassador Cost Hotel Casinò	916, E. Fremont Street Las Vegas 89101 Tel. 702.834.82.81	Black jack-craps-baccara-roulette-slot machine
Best Western Royal Las Vegas Hotel Casinò	99, Convention - Center Drive - Las Vegas 89101 Tel. 702.735.61.17	Black jack-craps-baccara-roulette-slot machine
Binions Horseshoes Hotel Casinò	128, Fremont Street Las Vegas 89101 Tel. 702.382.16.00	Black jack-craps-baccara-roulette-keno-slot machine-poker
California Hotel Casinò	12, Odgen Avenue Las Vegas 89101 Tel. 702.385.12.22 800.634.62.55	Black jack (27 tavoli) roulette (2)-craps (6) tavolo minibaccara-slot machine
Costaway Hotel Casinò	3320, South bd Las Vegas 89101 Tel. 702.731.52.52 702.634.67.51	Black jack-craps-keno-roulette-slot machine
Dunes Hotel Casinò	3650, South bd Las Vegas 89109 Tel. 702.737.41.10	Black jack-craps-baccara-roulette-poker-big 6-slot machine

ANNESSI AL CASINÒ
Hotel (1.000 stanze e appartamenti-bar--ristoranti-piscina-sala spettacoli (7.500 posti)
Hotel (500 stanze e appartamenti)-2 bar-3 ristoranti-3 piscine-tennis
Hotel (102 stanze e appartamenti)-bar-ristorante-piscina-night club
Hotel (238 stanze e appartamenti)-bar-ristoranti-piscina-night club
Hotel (80 stanze e appartamenti)-bar-ristoranti
Hotel (650 stanze e appartamenti)-bar-piscina-4 ristoranti-sala spettacoli
Hotel (200 stanze e appartamenti)-bar-ristoranti
Hotel (1.232 stanze e appartamenti) 2 bar-5 ristoranti-2 piscine- golf-palestra-6 tennis-night club

NOME DEL CASINÒ	INDIRIZZO TELEFONO	GIOCHI
El Rancho Hotel Casinò	2775, South bd Las Vegas 89109 Tel. 702.796.22.22	Black jack-craps-ke-no-roulette-big 6-slot machine
Four Queens Hotel Casinò	3555, South bd Las Vegas 89109 Box 15557 Tel. 702.385.40.11	Black jack-craps-roulette-big 6-slot machine-baccara poker-keno
Fremont Hotel Casinò	200, East Fremont Street Las Vegas 89101 Tel. 702.385.22.22 800.634.61.82	Black jack(32)-craps (6)-roulette(3)-slot machine-poker(10)-big 6-minibaccara
Frontiere Hotel Casinò	3120, South bd Las Vegas 89109 Box 14397 Tel. 702.734.01.10	Black jack-craps-big6 roulette-keno-slot machine-poker

Cifre da capogiro
Il Golden Nugget è un “grande” casinò: qualche cifra è sufficiente per convincersene.
Le rifiniture hanno richiesto 72.000 mq di rivestimento murale, 34.000 l di colore, 30.000 vetri e specchi, 50.000 mq di tappeti e moquette, 48.000 mq di piastrelle di maiolica, 1.000 candelieri dal valore compreso tra i 15.000 e i 35.000 dollari che sono per lo più composti da 800 pezzi di cristalli e da 80 pezzi di corallo.
L’impianto elettrico necessita di 450.000 m di guaine isolanti, di 1.200 km di fili elettrici e di 70.000 lampadine.
Le cucine si estendono su una superficie di 2.500 mq e hanno una fornitura di base di 20.000 pezzi di porcellana e di 6.000 pezzi di argenteria. Per ogni pasto si utilizzano 1.600 kg di costate di maiale, 300 kg di gamberi di mare, 250 kg di bistecche, 500 kg di filetto, 125 kg di caffè, 375 kg di burro, 750 kg di insalata, 2.500 kg di patate e 200 l di minestra.

ANNESSI AL CASINÒ
Hotel (414 stanze e appartamenti) -bar-ristoranti-night club-bowling
Hotel (716 stanze e appartamenti)-bar-ristoranti-night club-sala spettacoli
Hotel (450 stanze)-bar-2 ristoranti
Hotel (593 stanze e appartamenti)-2 bar-3 ristoranti-piscina-4 tennis-minigolf-night club-sala spettacoli

NOME DEL CASINÒ	INDIRIZZO TELEFONO	GIOCHI
Golden Nugget Hotel Casinò	129, East Fremont Street Las Vegas 89109 Box 2076 Tel. 702.385.71.11 800.634.34.54	Black jack-craps-keno-roulette-big 6-slot machine-poker minibaccara
Hacienda Resort Hotel Casinò	3950, South bd Las Vegas 89109 Tel. 702.739.89.11	Black jack-craps-roulette-big 6-slots machienes-minibaccara-poker-keno
Holiday Inn Hotel Casinò	3475, South bd Las Vegas 89109 Tel. 702.369.50.00	Black jack-craps-keno-roulette-slot machine-big 6
Landmark Hotel Casinò	364, Convention Center Drive Las Vegas 89109 Tel. 702.733.11.10 800.634.67.77	Black jack-craps-roulette-keno-slot machine-poker-baccara

Scuola di gioco
Molti casinò offrono lezioni ai giocatori principianti, sia a gruppi, sia per mezzo di un video interno collegato con ogni camera. Ma la vera "scuola da gioco" tiene le sue sedute al Mint Hotel. Chi ne esce non solo è pronto per i più grandi banchi, ma ha anche la possibilità di visitare la grande sala di conteggio di monete e banconote e può osservare da sopra, attraverso specchi senza rivestimento, l'allucinante e febbrile attività di una delle più importanti sale da gioco di Las Vegas.

ANNESSI AL CASINÒ
Hotel (579 stanze e appartamenti) -bar-ristoranti-piscina-cinema-palestra night club
Hotel (814 stanze e appartamenti)-2 bar-3 ristoranti-piscina-6 tennis-night club-cappella-sala spettacoli
Hotel (202 stanze)-2 bar-2 ristoranti-piscina-sauna-night club
Hotel (500 stanze e appartamenti)-bar-ristoranti-piscina-night club

Il gioco più eccitante

Una discussione infinita come quella sul sesso degli angeli è quella che nasce a proposito di quale sia il gioco più eccitante. La questione fu tuttavia risolta nel 1976 al Sahara Hotel, casinò di Las Vegas. Una sera che il casinò era pieno di gente da scoppiare, il direttore dei giochi avvertì con l'altoparlante i suoi clienti che lo stabilimento era stato sottoposto ad un ricatto, che una bomba stava per esplodere e che bisognava evacuarlo. Nessuno si mosse. Il direttore ripeté il suo avviso. Solo allora i giocatori di black jack si decisero ad uscire, poi quelli di craps e cinque minuti più tardi quelli di baccara. Infine, ancora dopo cinque minuti, i giocatori di roulette. Invece quelli che si trovavano davanti alle slot machine continuarono a giocare come se niente fosse stato. Fortunatamente la bomba non era stato che uno scherzo di cattivo gusto!

NOME DEL CASINÒ	INDIRIZZO TELEFONO	GIOCHI
Maxim Hotel Casinò	160, East Flamingo Road Las Vegas 89109 Tel. 702.731.43.00 800.634.69.87	Black jack-craps-ke-no-roulette-big 6-slot machine
Mint Hotel	100, East Fremont Street Las Vegas 89125 Box 2160 Tel. 702.385.74.40	Black jack-craps-roulette-big 6-slot machiene
Opera House Casinò	2542, North bd Las Vegas 89030 Tel. 702.649.88.01	Black jack-slot machine
Paddle WhellHotel Casinò	305, Convention Center Drive Las Vegas 89109 Tel. 702.734.07.11	Black jack-keno slot machine
Riviera Hotel Casinò	2901, South bd Las Vegas 89114 Box 14520 Tel. 702.734.51.10 800.634.67.53	Black jack-craps-roulette-keno-big 6 slot machine-poker minibaccara

ANNESSI AL CASINÒ
Hotel (800 stanze e appartamenti)-bar-ristoranti-piscina-night club
Hotel (300 stanze e appartamenti)-2 bar-3 ristoranti-night club
Hotel (130 stanze e appartamenti)-2 bar-2 ristoranti-night club
Hotel (195 stanze e appartamenti)-bar-ristoranti-piscina-night club
Hotel (1.173 stanze e appartamenti)-2 bar-4 ristoranti-piscina-4 tennis-palestra-sauna-night club

NOME DEL CASINÒ	INDIRIZZO TELEFONO	GIOCHI
Sahara Hotel Casinò	2535, South bd Las Vegas 89114 Box 18437 Tel. 702.737.21.11	Black jack-craps-ke-no-roulette-big 6-slot machine-mini-baccara
Sands Hotel Casinò	3355, South bd, Las Vegas 89109 Tel. 702.733.50.00	Black jack-craps-ke-no-roulette-big 6-slot machine-poker
Stardust Hotel Casinò	3000, South bd Las Vegas 89109 Tel. 702.732.71.11 800.634.67.57	Black jack(44)-slot machine(1141)-mi-nibaccara(2)-poker (25)-roulettes (4)
Travelodge Hotel Casinò	3111, Tropicana Avenue Las Vegas 89103 Tel. 702.798.11.11	Black jack-craps-slot machine roulette
Tropicana Hotel	3801, South bd Las Vegas 89114 Box 14460 Tel. 702.739.22.22	Black jack-craps-roulette-keno-big 6 slot machine-minibaccara
Union Playa Hotel Casinò	1, Main Street Las Vegas 89101 Box 760 Tel. 702.386.21.10 800.634.65.75	Black jack-craps-roulette-big 6-keno-minibaccara slot machine

ANNESSI AL CASINÒ
Hotel (1.000 stanze e appartamenti)-2 bar-6 ristoranti-2 piscine-palestra-night club
Hotel (759 stanze e appartamenti)-6 bar-3 ristoranti-2 piscine-6 tennis palestra-night club-sala spettacoli
Hotel (1.362 stanze e appartamenti)-2 bar-4 ristoranti-piscina-night club-6 tennis-sala spettacoli
Hotel (151 stanze)-bar-ristoranti-piscina-night club
Hotel (1.106 stanze e appartamenti)-2 bar-5 ristoranti-3 piscine-10 tennis-golf-sala spettacoli -cabaret-night club-palestra
Hotel (1.020 stanze e appartamenti)-2 bar-4 ristoranti-2 piscine-4 tennis-cabaret-night club-sala spettacoli

A tout va!
Il governatore Fred Balzar firmò nel 1931 la legge che regolarizzava il gioco nello stato del Nevada. Poi, negli anni sessanta, il governatore Grant Sawyers tentò di riscattare la professione, che in parte era in mano al crimine organizzato, istituendo il *Gaming Control Board* ed esigendo un minimo di integrità da parte degli imprenditori di case da gioco.

Elko

Red Lion Hotel Casinò

2065, Idaho street
Elko Box. 1890 - 89701
Tel. 702.938.84.21 - 702.738.21.11.

Casinò inaugurato nel 1983.

Caratteristiche dello stabilimento
Responsabile: Don O. Newman
Date e orari d'apertura: aperto tutto l'anno dalle 10,30 alle 6,00
Annessi al casinò: bar - 2 ristoranti - piscina - sala con slot machine (300 apparecchi) - night club - teatro - Hotel con 154 stanze e suite

Quali giochi si possono fare?

GIOCHI	NUMERO DEI TAVOLI	PUNTATA MINIMA	PUNTATA MASSIMA
Craps	1	2 $	200 $
Roulette	1	1 $	200 $
21	10	2 $	200 $
Poker	2	1 $	
Keno	2	70 cts	

Henderson

Rainbow Club Casinò

122, Water street
Henderson 89105
Tel. 702.656.97.77 - 702.565.97.76.

Casinò inaugurato nel 1967.

Caratteristiche dello stabilimento
Responsabile: Oscar Portillo
Date e orari d'apertura: aperto tutto l'anno dalle 10,30 alle 4,30
Annessi al casinò: bar - ristoranti - sala con slot machine (375 apparecchi) - videopoker

Quali giochi si possono fare?

GIOCHI	NUMERO DEI TAVOLI	PUNTATA MINIMA	PUNTATA MASSIMA
Black jack	6	1 $	100 $
Craps	1	25 cts	100 $
Keno	1	40 cts	

Incline

Hyatt Lake Tahoe Hotel Casinò

Country club Drive and Lakeshore boulevard -
Incline Village - Box 3239 - 89450.
Tel. 702.831.11.11 - Telex 354 483

Casinò inaugurato nel 1975.

Caratteristiche dello stabilimento
Responsabile: Barbara Cloak
Date e orari d'apertura: aperto tutto l'anno 24 ore su 24
Annessi al casinò: 2 bar - 5 ristoranti - spiaggia privata sul lago Tahoe - club di ginnastica - sauna - piscina - golf - 30 campi da tennis - centro commerciale - sala con slot machine (300 apparecchi) - sala da gioco - video - Hotel con 460 stanze e appartamenti

Quali giochi si possono fare?

GIOCHI	NUMERO DEI TAVOLI	PUNTATA MINIMA	PUNTATA MASSIMA
Black jack	19	Da 3 a 1.000 $ secondo i giochi	
21	5		
Roulette	3		
Craps	3		
Poker	7		
Keno	1		

Reno

Circus-Circus Hotel Casinò

Deborah Wion - P.R./Adr. Dir. 500 North Sierra street
Reno NV 89513
Tel. 702.329.07.11.

Il Circus-Circus Casinò offre ogni giorno dalle 11 a mezzanotte uno spettacolo permanente di circo dove lavorano i migliori artisti, acrobati, domatori, clown degli Stati Uniti.

Caratteristiche dello stabilimento
Responsabile: Deborah Wion
Pubbliche relazioni: Glenn Schaeffer
Date e orari d'apertura: aperto tutto l'anno 24 ore su 24
Ingresso: gratuito
Abbigliamento: libero
Annessi al casinò: 5 bar - 6 ristoranti - centro commerciale con 22 negozi - piscina - corso di craps e di 21 durante la stagione estiva - sala con slot machine e videopoker - Hotel con 795 stanze e appartamenti - più di 1200 stanze in costruzione

Quali giochi si possono fare?
21 - craps - roulette - poker (totale di 74 tavoli da gioco con puntate minime da 1 dollaro)

500

Harrahs Hotel Casinò Reno

At Center and 2nd street - Box 10
Reno 89504.
Tel. 702.786.32.32.

Le più grandi stelle del mondo, da Frank Sinatra a Donna Summer, da Sammy Davis Junior a Bing Crosby, si sono presentati nel salone degli spettacoli dell'Harrahs Hotel Casinò di Reno, che propone ai suoi clienti anche la visita dello straordinario museo dell'automobile con le sue 800 vetture di alcune delle quali non si conoscono che uno o due esemplari al mondo.

Caratteristiche dello stabilimento
Date e orari d'apertura: aperto tutto l'anno dalle 10,00 alle 6,00
Annessi al casinò: 3 bar - 3 ristoranti - teatro - 2 cabaret - night club - piscina - centro commerciale con 24 negozi - sala con slot machine - Hotel con 565 stanze e appartamenti

Quali giochi si possono fare?
Roulette - craps - black jack - baccara - 21 - poker - keno - slot machine

La più grossa impresa di gioco del mondo
Il Gruppo Harrahs' comprende quattro casinò: Reno, Lacke Tahoe, Las Vegas e Atlantic City. L'impresa fu avviata nel 1937 da Bill Harrahs con l'apertura di un semplice gioco di bingo. Oggi, a distanza di quarantanove anni, è la maggiore impresa di gioco nel mondo. Offre 3.500 stanze d'albergo, sale da gioco con circa 700 tavoli che occupano una superficie di 22.218 mq. Ci sono anche a disposizione 9.000 slot machine. Gli introiti di questo gruppo, che ha 17.500 addetti e che riceve più di due milioni di visitatori ogni anno, sono stati per il 1984 di 645 milioni di dollari.

500

Harolds Club Casinò

250 N Virginia street - Po Box 11190 Reno 89510.
Tel. 702.329.08.81 - 800.648.50.32.

L'Harolds Club Casinò è stato aperto dai fratelli Smith nel febbraio 1935. Nel 1970 è stato rilevato da Howard Hughs, l'eccentrico miliardario. Oggi lo stabilimento dà lavoro a 1.300 persone.
È l'unico al mondo a possedere slot machine giganti. Le sei macchine sono costate 210.000 dollari.
L'Harold's Club è stato il primo casinò della storia a tenere aperto un museo ventiquattr'ore su ventiquattro, sette giorni su sette, ad offrire ai suoi clienti un servizio di credito, ad impiegare dal 1940 dei croupier donne, ad avvertire i giocatori dei rischi connessi al gioco, a possedere un sistema di sorveglianza elettronico.

Caratteristiche dello stabilimento
Responsabile: Joe Jackson
Pubbliche relazioni: Kathryn Ruce
Date e orari d'apertura: aperto tutto l'anno tutti i giorni 24 ore su 24
Annessi al casinò: 5 bar - 2 ristoranti - pasticceria - museo d'armi antiche di 2.000 pezzi - sala con 1.525 slot machine

È per di là!

L'Harolds Club è al centro della campagna pubblicitaria più persuasiva mai realizzata per un casinò. La direzione acquistò 3.000 cartelloni fissi negli Stati Uniti e più di 1.000 in diversi paesi stranieri. L'idea era di fare dell'Harolds Club un centro mondiale del gioco. Così si poteva leggere: Casablanca - 10.648 miglia dall'Harolds Club; Congo - 10.380 miglia. Nei pressi di una stazione militare nell'Antartico si poteva leggere: 8.542 miglia dall'Harolds Club; o ancora Corea - 6.591 miglia dall'Harolds Club. C'erano cartelloni perfino nella Cina popolare. Quando i partecipanti alla prima missione americana di alpinismo affrontarono il picco Mutzagata, in cima trovarono un cartellone: "Harolds Club - 13.456 miglia. E sempre il famoso motto: "*Harolds Club,Reno or best*", che resta il più famoso slogan della storia della pubblicità dei casinò.

Quali giochi si possono fare?

GIOCHI	NUMERO DEI TAVOLI	PUNTATA MINIMA	PUNTATA MASSIMA
Roulette	3	Da 2 a 500 $ secondo i giochi	
Craps	3		
21	50		
Keno	3		
Big 6	1		
Poker	6		

E il giavanese?

Il Flaminco Casinò Hotel, molto fiero della qualità dei suoi servizi che è riconosciuta nel mondo, è l'unico ad offrire agli stranieri il servizio di un gruppo di traduttori che parlano un totale di ventinove lingue, dall'afgano all'urdu.

Hilton Hotel casinò

Reno Hilton 255 N. Sierra
Reno Nevada 89501.
Tel. 702.322.11.11.

Caratteristiche dello stabilimento
Responsabile: Randy Gaess
Date e orari d'apertura: aperto tutto l'anno dalle 10,00 alle 6,00
Annessi al casinò: 3 bar - 4 ristoranti - night club - teatro - sala con slot machine (1.100 apparecchi) - Hotel con 600 stanze e appartamenti

Quali giochi si possono fare?

<table>
<tr><th rowspan="2">GIOCHI</th><th rowspan="2">NUMERO DEI TAVOLI</th><th colspan="2">PUNTATA</th></tr>
<tr><th>MINIMA</th><th>MASSIMA</th></tr>
<tr><td>Roulette</td><td>3</td><td colspan="2" rowspan="6">Le puntate sono da 1 $ (minimo) a 500 $ (massimo) secondo i giochi</td></tr>
<tr><td>Craps</td><td>3</td></tr>
<tr><td>Black jack</td><td>37</td></tr>
<tr><td>Big 6</td><td>1</td></tr>
<tr><td>Minibaccara</td><td>1</td></tr>
<tr><td>Poker</td><td>9</td></tr>
</table>

M.G.M. Hotel Casinò

2500 E. Second street
Reno 89595.
Tel. 702.789.20.00.

L'M.G.M. di Reno è il più grande casinò del mondo. Vi sono impiegate più di tremila persone: è davvero una città nella città. I suoi sette ristoranti, le cinquanta piste da bowling aperte 24 ore su 24, gli otto campi da tennis, le sale cinematografiche, anch'esse sempre aperte, una cappella per i matrimoni, una banca, un teatro cabaret che offre gli show più spettacolari d'America, due volte ogni sera sulla più grande scena del mondo, tutto contribuisce a dare una sensazione di lusso e di eleganza. L'arredamento ricorda quello di un famoso film e il marmo e gli specchi danno ai clienti l'impressione di essere una stella da colosso cinematografico.

Caratteristiche dello stabilimento
Responsabile: David Galloway
Pubbliche relazioni: Vic Lewis
Date e orari d'apertura: aperto tutto l'anno dalle 10,00 alle 6,00
Ingresso: gratuito
Abbigliamento: giacca dopo le 19,00
Annessi al casinò: 5 bar - 7 ristoranti - teatro - cinema - cabaret - bowling - sauna - solarium - palestra - 8 campi da tennis - centro commerciale con 50 negozi - parcheggio da 4.000 posti - Hotel con 2.001 stanze e appartamenti - golf - 11.000 mq di sala da gioco - sala con slot machine (1.500 apparecchi) - corsi di black jack e di craps nel pomeriggio dalle 15,00 alle 19,00

Quali giochi si possono fare?

GIOCHI	NUMERO DEI TAVOLI	PUNTATA MINIMA	PUNTATA MASSIMA
Black jack	88	Puntata minima da 2 $ a 1.000 $ secondo i giochi	
Craps	10		
Roulette	4		
Poker	13		

Dal tacchino al black jack
Un figlio di emigrati americani, vecchio allevatore di tacchini, fece costruire nel 1973 l'M.G.M. per la modica cifra di 60 miliardi dell'epoca. Bisogna sapere che nello stesso tempo Kirk Kerkorian aveva lanciato una campagna di voli charter, aveva acquistato e poi rivenduto dei complessi alberghieri tra i più famosi degli Stati Uniti e aveva preso il controllo della famosa *Metro Goldwin Mayer*.

Remada Hotel Casinò

200 Cart Sixth street - Box 681
Reno 89512.
Tel. 702.788.20.00 - 800.648.36.00.

Caratteristiche dello stabilimento
Responsabile: Dell Vargas Gomez
Date e orari d'apertura: aperto tutto l'anno dalle 10,00 alle 4,00
Annessi al casinò: 3 bar - 6 ristoranti - 8 campi da tennis - piscine - Hotel con 250 stanze e appartamenti

Quali giochi si possono fare?

<table>
<tr><th rowspan="2">GIOCHI</th><th rowspan="2">NUMERO DEI TAVOLI</th><th colspan="2">PUNTATA</th></tr>
<tr><th>MINIMA</th><th>MASSIMA</th></tr>
<tr><td>21</td><td>13</td><td colspan="2" rowspan="3">Da 2 a 200 $
secondo i giochi</td></tr>
<tr><td>Craps</td><td>1</td></tr>
<tr><td>Roulette</td><td>1</td></tr>
</table>

Sands Regent Hotel Casinò

345 North Arlington avenue in Downtown
Reno 89501
Tel. 702.348.22.00 - 800.648.35.23.

Il Sands Hotel Casinò di Reno è stato inaugurato nel 1971. È per importanza il terzo stabilimento di Reno.

Caratteristiche dello stabilimento
Responsabile: Ed Spoon
Date e orari d'apertura: aperto tutto l'anno dalle 10,00 alle 6,00
Annessi al casinò: 3 bar - 2 ristoranti - piscina - club di ginnastica - sauna - sala con slot machine (600 apparecchi) - Hotel con 670 stanze e appartamenti

Quali giochi si possono fare?
Black jack - craps - roulette - keno - poker (puntata minima e massima da 2 a 250 dollari secondo i giochi)

Slot machine e macchine progressive

Una "macchina progressiva" è una slot machine che è collegata elettronicamente con tutte le altre. Ogni volta che un cliente gioca su una slot machine qualsiasi una parte del danaro va ad ingrossare il montepremi della "macchina progressiva": spesso, in un immenso acquario, metri cubi di dollari si ammassano sotto gli occhi di tutti i giocatori. Le slot machine generalmente funzionano con gettoni da un dollaro, ma per tentare la fortuna alla "macchina progressiva" ci vogliono gettoni da cinque dollari. I montepremi della "macchina progressiva" possono raggiungere cifre notevoli. Per esempio sono stati pagati al:

- M.G.M. di Reno, un montepremi di 773.102 dollari;
- Harrahs di Lac Tahoe, un montepremi di 2.478.716 dollari;
- Atlantis di Atlantic City, un montepremi di 1.250.000 dollari;
- Golden Nugget di Atlantic City, un montepremi di 1.250.000 dollari;
- Harrahs Marina di Atlantic City, unmontepremi di 1.250.000 dollari;
- Tropicana di Atlantic City, un montepremi di 2.202.482 dollari.

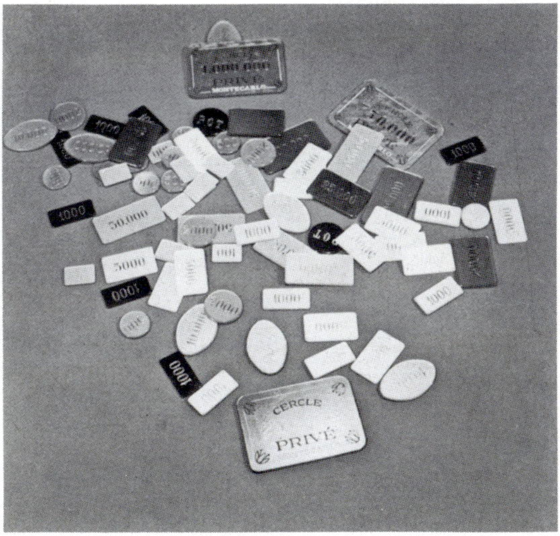

Reno... ancora casinò

NOME DEL CASINÒ	INDIRIZZO TELEFONO	GIOCHI
Best Western Daniel's Motor Hotel Casinò	Rt 375 N Sierra Street (89510) Tel. 702.329.13.51	Black jack-craps-roulette-slot machine
Colorado Hotel Casinò	4th, Virginia Street Box 3339 (89505) Tel. 702.786.57.00	Black jack-craps-roulette-slot machine
Edgewzter Hotel Casinò	20205, Casinò Dr Box 642 (89046) Tel. 702.298.24.53	Black jack-craps-roulette-slot machine
Fitzgerald Hotel Casinò	255N, Virginia Street (89501) Tel. 702.786.36.63	Black jack-big 6-slot machine-roulette
Gatekeeper Inn Hotel Casinò	221W, 5th Street (89503) Tel. 702.786.35.00	Black jack-craps-roulette-big 6-slot machine
Holiday Inn Downtown	1000E, 6th Street (89512) Tel. 702.786.51.51	Black jack-craps-roulette-slot machine
Holiday Hotel Casinò	At Center 2nd Street Box 1o (89504) Tel. 702.786.38.32	Black jack-craps roulette-slot machine
Sundonner Hotel Casinò	450, N. Arlington Avenue (89503) Tel. 702.786.70.50	Black jack-craps roulette-slot machine

ANNESSI AL CASINÒ	INFORMAZIONI
Hotel (104 stanze e appartamenti)-bar-2 ristoranti-2 piscine-sauna	Aperto dal 1 maggio al 31 ottobre e i week-end per tutto l'anno
Hotel (411 stanze e appartamenti)-bar-2 ristoranti-piscina	Aperto tutto l'anno
Hotel (600 stanze e appartamenti)-bar- ristoranti-piscina	Aperto tutto l'anno
Hotel (342 stanzee appartamenti) ristorante - piscina	Aperto tutto l'anno
Hotel (28 camere)	
Hotel (285 stanze e appartamenti)-bar-2 ristoranti-piscina	Aperto tutto l'anno
Hotel (556 stanze e appartamenti)-bar-2 ristoranti-piscina	Aperto tutto l'anno
Hotel (594 stanze e appartamenti)-bar-3 ristoranti-2 piscine	Aperto tutto l'anno

Statline

Caesars Tahoe Hotel Casinò

55 Highway 50
Statline 89449
Tel. 702.588.35.15 - 800.648.33.53.

Caratteristiche dello stabilimento
Date e orari d'apertura: aperto tutto l'anno dalle 10,30 alle 6,00
Annessi al casinò: 2 bar - 3 ristoranti - piscina - Hotel con 446 stanze e appartamenti

Quali giochi si possono fare?

GIOCHI	TAVOLI	PUNTATA MINIMA MASSIMA
Craps	6	Da 7 a 3.000 $ secondo i giochi
Roulette	5	
21	43	
Baccara	4	
Minibaccara	1	
Big 6	1	
Keno	1	

Harrah's Hotel Casinò Lake Tahoe

Po Box 8
Statline
Nevada 89449
Tel. 702.588.66.11.

Dalla sua apertura nel 1973 l'Harrah's Lake Tahoe ha ricevuto per cinque volte il Premio della *Mobil Travel Guide* e il Premio dell'*American Automobile Association*, due organizzazioni molto importanti negli USA che comprendono i migliori stabilimenti. Il casinò ha 6500 mq di sale da gioco e 540 stanze decorate da venti artisti californiani, che raffigurano le bellezze della Sierra Nevada e del lago Tahoe. Blu, giallo, verde e ruggine, il pavimento è decorato con disegni delle quattro stagioni, mentre alcune stanze hanno due bagni con telefono e televisione.

800 pasti in meno di un'ora
Gli Harrahs' Casinò sono famosi per la qualità del loro servizio ristorante. Così, all'Harrah's Tahoe trenta cuochi e ventidue gruppi di camerieri vi servono 800 coperti in meno di un'ora.

Caratteristiche dello stabilimento
Responsabile: John R. Packer
Date e orari d'apertura: aperto tutto l'anno dalle 10,00 alle 6,00
Annessi al casinò: 3 bar - 6 ristoranti - cabaret - teatro - piscina - centro commerciale - sala con slot machine (2200 apparecchi) - Hotel con 540 stanze e appartamenti

Quali giochi si possono fare?

GIOCHI	TAVOLI	PUNTATA MINIMA MASSIMA
Roulette	6	Da 1 a 1.000 $ secondo i giochi
Craps	13	
21	25	
Black jack	125	
Baccara	4	
Poker	8	
Keno	4	

Wendower

Peppermill Hotel Casinò

State Hwy A.R.I. 80 Po Box 100
Wendower 84083
Tel. 702.664.22.55

Casinò inaugurato nel luglio 1985.

Caratteristiche dello stabilimento
Responsabile: Louis Bergfell
Date e orari d'apertura: aperto tutto l'anno dalle 10,00 alle 6,00
Annessi al casinò: bar - ristoranti

Quali giochi si possono fare?

<table>
<tr><th rowspan="2">GIOCHI</th><th rowspan="2">NUMERO DEI TAVOLI</th><th colspan="2">PUNTATA</th></tr>
<tr><th>MINIMA</th><th>MASSIMA</th></tr>
<tr><td>21</td><td>21</td><td colspan="2" rowspan="5">Da 2 a 300 $
secondo i giochi</td></tr>
<tr><td>Craps</td><td>2</td></tr>
<tr><td>Roulette</td><td>1</td></tr>
<tr><td>Big 6</td><td>1</td></tr>
<tr><td>Keno</td><td>1</td></tr>
</table>

Nevada Crossing Hotel Casinò

Po Box 2000
Wendower 84083
Tel. 702.664.40.00

Casinò inaugurato nell'aprile 1982.

Caratteristiche dello stabilimento
Responsabile: John Jenkins
Date e orari d'apertura: aperto tutto l'anno dalle 10,00 alle 4,00
Annessi al casinò: bar - ristorante - palestra - sala con slot machine

Quali giochi si possono fare?

GIOCHI	NUMERO DEI TAVOLI	PUNTATA MINIMA	PUNTATA MASSIMA
Craps	1	Da 2 a 500 $ secondo i giochi	
Black jack	17		
Roulette	1		

Ma è occupato!
L'ingaggio di J. Denvers al teatro dell'Harrahs' Casinò ha causato 82.000 telefonate di prenotazione in una settimana!

Red Garter Casinò

Po Box 2399
West Wendower 89083
Tel. 702.664.28.25 - 702.664.21.11.

Casinò inaugurato nell'ottobre del 1982.

Caratteristiche dello stabilimento
Responsabile: Steven P. Trounday
Annessi al casinò: bar - ristorante - slot machine

Quali giochi si possono fare?

GIOCHI	NUMERO DEI TAVOLI	PUNTATA MINIMA	PUNTATA MASSIMA
Black jack	12	1 e 2 $	200 $
Craps	1	25 cts e 1 $	200 $
Roulette	1	25 cts e 1 $	200 $
Poker	2	1 $	

3% del PNB
Negli Stati Uniti i giochi legali comportano circa un terzo degli investimenti che si aggirano introno al 3% del prodotto nazionale. Oggi negli USA più di 100 miliardi di dollari cioè un quarto del PNB francese, va all'industria del gioco.

Partita di stud poker

CITTÁ	INDIRIZZO TELEFONO	GIOCHI
Carson City	Ormsby House Casinò Hotel 6005, Carson street Box 1890 (89701) Tel. 702.882.18.90	Roulette-craps- big 6- slot machine
Ely	Fire Side Casinò Hotel 39 Hwy-SRI Box 2 (89301) Tel. 702.289.37.65	Roulette-black jack
Hawthorne	Best Western - El Capitan 540, F street - Box 1187 Tel. 702.945.33.21	Black jack-craps- slot machine
Jack Pot	Cactus Pete's Hotel Casinò 4593, Box 508 (89825) Tel. 702.755.23.21	Black jack-craps roulette-slot machine
Laughlin	Best Western - Riverside Resort Hotel Casinò Bulhead City AZ Box 500 A Tel. 702.298.25.34	Craps-black jack roulette- slot machine
Laughlin	Sam's Town Golf River 2700, South Casinò Drive Colorado River (89046) Tel. 702.298.22.42	Black jack-craps roulette-poker- baccara- slot machine
Miden	Carson Valley Inn Hotel Casinò - 1627, Highway 395 Box 2560 (89423) Tel. 800.321.69.33 800.702.97.11	Black jack-craps
Tonapah	The Station House Hotel Casinò - 1100, Crie Main street Po Box 1351 (89049) Tel. 702.482.97.77	Roulette-black jack

e ancora casinò…

ANNESSI AL CASINÒ	INFORMAZIONI
Hotel (200 stanze e appartamenti) bar-2 ristoranti-piscina	Aperto tutto l'anno
Hotel (115 stanze)-bar-2 ristoranti	Aperto tutto l'anno
Hotel (103 stanze)-bar-2 ristoranti piscina	Aperto tutto l'anno
Hotel (146 stanze e appartamenti) bar-2 ristoranti-piscina-tennis	Aperto tutto l'anno
Hotel (350 stanze e appartamenti) bar-2 ristoranti -piscina	Aperto tutto l'anno
Hotel (225 stanze e appartamenti) 2 bar-2 ristoranti-sala spettacoli-night club-piscina	Aperto tutto l'anno
Hotel (1000 stanze)	Responsabile: Shaw S. Smith Aperto dalle 10,00 alle 4,00
Hotel (35 stanze)-bar-ristorante	Aperto tutto l'anno

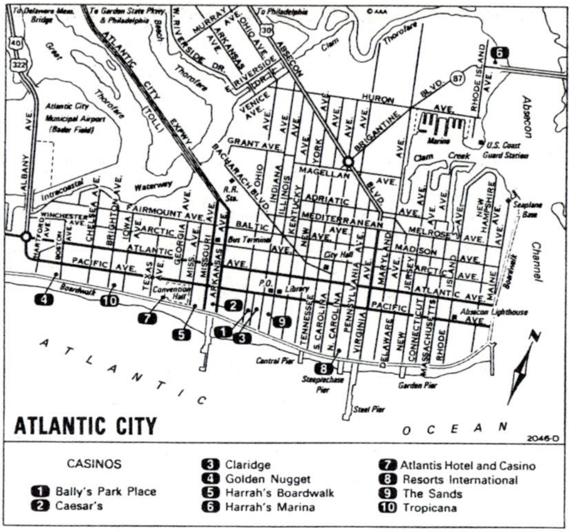

Casinoscopia di Atlantic City
Numero di casinò: 10
Numero delle stanze : 5.549
Tavoli da black jack: 667
Tavoli da craps: 207
Tavoli da roulette: 105
Tavoli da "Big 6": 35
Tavoli da baccara: 27
Numero di slot machine: 14.221
Superficie totale delle sale da gioco: 47.950 mq
Numero di ristoranti: 78
Numero di tavole calde: 40
Numero di posti per gli spettacoli: 7.794
Numero di posti nel parcheggio: 15.959
Entrate annuali (1985): 1.951.866.652 dollari
Investimenti: 3.011.134.000 dollari
Numero di addetti: 35.215 persone
Totale di visitatori (1985): 32.446.000 persone
Età minima consentita: 21 anni.

Atlantic City

Atlantic City è la più antica stazione balneare americana: esisteva già prima della guerra di secessione. Tuttavia, dopo la seconda guerra mondiale, la passione degli americani per la città diminuì tanto che giunse un momento in cui, si dice, con 10.000 dollari si poteva comperare un albergo da trecento stanze. Verso il 1970 era diventata una città fantasma. Le autorità che da tempo accarezzavano l'idea di creare una Las Vegas sulla costa orientale, videro in questo deserto economico l'occasione di passare dal sogno alla realtà. Tanto più che la città si trova in una posizione particolarmente attraente.

E sarà proprio questo uno dei principali motivi di riuscita del progetto. Nel raggio di 250 km si trovano le quattro maggiori città americane: New York, Washington, Filadelfia e Baltimora. Nel 1976 fu proposto un referendum per conoscere il parere della popolazione che ebbe risultato positivo, e così due anni più tardi, il 26 maggio 1978, aprì le porte il primo hotel casinò di Atlantic City, il Resort. In seguito furono creati altri dieci stabilimenti: più che rinascere, la città più propriamente "esplose" a tempo di record. Nel 1983, solo cinque anni dopo la legalizzazione del gioco, Atlantic City accoglieva ventisei milioni di visitatori e realizzava un giro di affari di due miliardi di dollari, pari a quello di Las Vegas. Oggi, trenta milioni di visitatori prendono d'assalto quel tempio del gioco che son diventati gli undici stabilimenti della costa orientale.

Hotel Casinò	N° dei tavoli da gioco	N°slot machine	Sup. delle sale da gioco in m^2	N° delle stanze
Atlantis	92	1.289	4.875	500
Bally's Park	117	1.596	5.565	512
Caesar	114	1.586	5.570	645
Claridge	64	976	3.170	504
Golden Nugget	95	1.202	3.780	522
Harrah's Marina	99	1.329	4.180	506
Resorts International	123	1.663	5.575	724
Sands	94	1.439	4.934	501
Tropicana	120	1.445	4.726	521
Trump	125	1.688	5.575	614

El Sinore's Atlantics Casinò Hotel

Florida avenue and boardwalk
Atlantic city 08404
Tel. 609.344.40.00.

Stabilimento inaugurato il 14 aprile 1981. Dapprima chiamato Play Boy Casinò cambiò denominazione dopo il 5 giugno 1984. Possiede 92 tavoli ripartiti in tre distinti casinò su una superficie di sale da gioco di 4.745 mq. L'investimento impiegato per l'Atlantics Casinò Hotel è stato di 200 milioni di dollari; vi lavorano 3.528 persone e il suo giro d'affari per il 1984 è stato di 66 milioni di dollari.

Caratteristiche dello stabilimento
Responsabile: Ronald Azyolina
Pubbliche relazioni: Robert Arrow
Date e orari d'apertura: aperto tutto l'anno 24 ore su 24
Annessi al casinò: 4 bar - 5 ristoranti - piscina - night club - cabaret - centro commerciale - teatro - sala con slot machine (1308 apparecchi) - Hotel con 500 stanze e appartamenti

Posti auto	Impiegati	N° visitatori nel 1985	Investimenti in milioni di $	Giro di affari nel 1984
1.017	3.528	32.446.000	200	66.481.601
1.000	3.496		381	80.557.465
900	3.616		255	78.173.994
1.076	2.686		150	45.935.054
1.512	3.360		207	72.488.795
2.400	3.596		184	72.812.027
4.500	3.928		170	89.698.360
500	2.887		136	53.514.019
1.954	3.765		330	68.238.783
1.100	4.352		200	

Un nome d'oro

Il nome di Elsinor Atlantis fu dato dalla società Landor, azienda specializzata nella creazione di sigle e di nomi. È costato alla direzione del casinò 500.000 dollari. La società Landor è la stessa che ha trovato sigle e nomi per la Banca d'America, per la AT & T, per la 20th Century Fox, e per la U.S.Air.

Quali giochi si possono fare?

<table>
<tr><th rowspan="2">GIOCHI</th><th rowspan="2">NUMERO DEI TAVOLI</th><th colspan="2">PUNTATA</th></tr>
<tr><th>MINIMA</th><th>MASSIMA</th></tr>
<tr><td>Black jack</td><td>61</td><td colspan="2" rowspan="5">Da 1 a 500 $
secondo i giochi</td></tr>
<tr><td>Roulette</td><td>9</td></tr>
<tr><td>Baccara</td><td>3</td></tr>
<tr><td>Craps</td><td>16</td></tr>
<tr><td>Big 6</td><td>3</td></tr>
</table>

Bally's Park Place Casinò Hotel

Park place and boardwalk
Atlantic City 08401
Tel. 800.772.77.77.

Stabilimento inaugurato nel dicembre 1979, con un investimento di 381 milioni di dollari. Possiede 117 tavoli su una superficie di sale da gioco di 5.565 mq; vi sono impiegate 3.496 persone e il suo giro d'affari per il 1984 è stato di 80 milioni di dollari.

Caratteristiche dello stabilimento
Responsabile: Richard Gillman
Date e orari d'apertura: aperto tutto l'anno 24 ore su 24
Annessi al casinò: 3 bar - 8 ristoranti - centro commerciale - teatro - night club - sala con slot machine (1.596 apparecchi) - Hotel con 512 stanze e appartamenti

Quali giochi si possono fare?

GIOCHI	NUMERO DEI TAVOLI	PUNTATA MINIMA	PUNTATA MASSIMA
Black jack	76	Da 2 a 1.000 $ secondo i giochi	
Craps	22		
Roulette	12		
Big 6	4		
Baccara	3		

Caesars Boardwalk Regency Casinò Hotel

Missouri-yo Arkansas avenue and boardwalk
Atlantic City 08401
Tel. 609.348.44.11.

Stabilimento inaugurato nel giugno 1979, con un investimento di 255 milioni di dollari. Possiede 114 tavoli su una superficie di sale da gioco di 5.574 mq; vi sono impiegate 3.616 persone e il suo giro d'affari per il 1984 è stato di 78 milioni di dollari.

Caratteristiche dello stabilimento
Responsabile: Peter Boynton - Sally Lindzkrantz
Date e orari d'apertura: aperto tutto l'anno 24 ore su 24
Annessi al casinò: 3 bar - 8 ristoranti - 2 piscine - 3 campi da tennis - sauna - night club - sala spettacoli - centro commerciale - palestra - slot machine - Hotel con 646 stanze e appartamenti

Quali giochi si possono fare?

GIOCHI	NUMERO DEI TAVOLI	PUNTATA MINIMA	MASSIMA
Black jack	72	Da 2 a 1.000 $ secondo i giochi	
Craps	24		
Roulette	10		
Big 6	4		
Baccara	4		

Del Webb Claridge Casinò Hotel

Indiana avenue and boardwalk
Atlantic City 08401
Tel. 609.340.34.00.

Stabilimento inaugurato nel luglio 1981 con un investimento di 150 milioni di dollari. Possiede 67 tavoli su una superficie di sale da gioco di 3.170 mq; vi sono impiegate 2.686 persone e il suo giro d'affari per il 1984 è stato di 46 milioni di dollari.

10 milioni di dollari di vincita
25.000 habitué frequentano ogni settimana le sale da gioco del Baillys Hotel Casinò. Tra le 1.596 slot machine, 104 chiamate "progressive" offrono un montepremi potenziale di 10 milioni di dollari.

Caratteristiche dello stabilimento
Responsabile: M. Dougall e Michael J. Cleary
Date e orari d'apertura: aperto tutto l'anno 24 ore su 24
Annessi al casinò: 3 bar - 4 ristoranti - piscina - cabaret - night club - teatro - centro commerciale - sala con slot machine (974 apparecchi) - Hotel con 504 stanze e appartamenti

Quali giochi si possono fare?

GIOCHI	NUMERO DEI TAVOLI	PUNTATA MINIMA MASSIMA
Black jack	45	Da 2 a 1.000 $ secondo i giochi
Craps	12	
Roulette	6	
Big 6	2	
Baccara	2	

Golden Nugget Casinò Hotel

Boston and Pacific avenue
Atlantic City 08404 (Box 1737)
Tel. 609.347.71.11.

Stabilimento inaugurato nel dicembre 1980, con un investimento di 207 milioni di dollari. Possiede 93 tavoli su una superficie di sale da gioco di 3.780 mq; vi sono impiegate 3.360 persone e il suo giro d'affari per il 1984 è stato di 72 milioni di dollari.

Caratteristiche dello stabilimento
Responsabile: Stepehn A. Wynn
Pubbliche relazioni: Muriel Narris
Date e orari d'apertura: aperto tutto l'anno 24 ore su 24
Annessi al casinò: 3 bar - 7 ristoranti - piscina - palestra - sala con slot machine (1.202 apparecchi)- video black jack - videopoker - Hotel con 527 stanze e appartamenti

Quali giochi si possono fare?

GIOCHI	NUMERO DEI TAVOLI	PUNTATA MINIMA	PUNTATA MASSIMA
Black jack	61	Da 2 a 1.000 $ secondo i giochi	
Craps	18		
Roulette	10		
Baccara	2		
Big 6	4		

Poker d'assi
L'industria del poker, nata nel 1936 in una semplice sala da gioco del sud della California nella città di Gardena, comprende oggi un totale di 384 sale da gioco dove i giocatori affittano i posti a 38 dollari l'ora. Una finale di campionato locale può rendere al vincitore una cifra che va da trecento a cinquecentomila dollari.

Harrah's Marina Casinò Hotel

1725 Briganterie bd
Atlantic City 08401
Tel. 609.441.50.00

Stabilimento inauguratoil 23 novembre 1980, con un investimento di 184 milioni di dollari. Possiede 99 tavoli su una superficie di sale da gioco di 4.180 mq; vi sono impiegate 3.596 persone e il suo giro d'affari è stato di 72 milioni di dollari per il 1984.

Caratteristiche dello stabilimento
Responsabile: Dave Hanton
Pubbliche relazioni: Lauralee Dobbins
Date e orari d'apertura: aperto tutto l'anno 24 ore su 24
Annessi al casinò: 3 bar - 8 ristoranti - piscina - cinema - tennis - servizio di baby sitter - teatro - night club - sala con slot machine (1.329 apparecchi) - Darsena con affitto di barche - Hotel con 506 stanze e appartamenti e in progetto altre 250 appartamenti

20 miliardi di entrate
Verso la fine degli anni settanta, Bill Harrah, il "decimo uomo" del Nevada dopo Howard Hughes, aveva una rendita annuale che superava i venti miliardi di centesimi. Una metà in più oggi se si considera l'inflazione.

Quali giochi si possono fare?

GIOCHI	NUMERO DEI TAVOLI	PUNTATA MINIMA	PUNTATA MASSIMA
Black jack	60	Da 2 a 1.000 $ secondo i giochi	
Craps	22		
Roulette	12		
Big 6	3		
Baccara	2		

Harrahs' e il cinema.
Gli stabilimenti della catena Harrahs' sono stati spesso scelti come scenario per film. Arthur Miller vi filmò una parte di *Misfits* con Marilyn Monroe e Clark Gable; Tony Curtis, *Forty Pounds of Trouble*; Angie Dickinson e Richard Crenna furono ripresi in *Movies of the Week*; Elliot Gould e Robert Mitchum in *Matilda* e Bette Midler e Rip Torn in *Jinxed*.

500

Resorts International Casinò Hotel

North Carolina avenue and boardwalk
Atlantic City 08401
Tel. 609.344.60.00.

Stabilimento inaugurato nel maggio 1978, con un investimento di 170 milioni di dollari. Possiede 121 tavoli su una superficie di sale da gioco di 5.575 mq; vi sono impiegate 3.928 persone e il suo giro d'affari per il 1984 è stato di 89 milioni di dollari.

Caratteristiche dello stabilimento
Responsabile: Marvin Ashner - William Blaziek
Date e orari d'apertura: aperto tutto l'anno 24 ore su 24
Annessi al casinò: 3 bar - 8 ristoranti - night club - teatro - 2 piscine - sauna - squash - sala con slot machine (1.663 apparecchi) - Hotel con 512 camere e appartamenti

"Rovinata dal gioco"
Prima dell'avvento dei casinò nel 1975, la povertà regnava ad Atlantic City che era soprannominata "Rovinata dal mare".
In seguito, il gioco portò alla città 35.000 posti di lavoro e il valore delle proprietà aumentò del 4.800%!

Quali giochi si possono fare?

GIOCHI	NUMERO DEI TAVOLI	PUNTATA	
		MINIMA	MASSIMA
Black jack	81	Da 2 a 1.000 $ secondo i giochi	
Craps	22		
Roulette	11		
Big 6	4		
Baccara	3		

The Sands Casinò Hotel

South Indiana avenue ed Brighton Park
Atlantic City 08404
Tel. 609.441.40.00.

Stabilimento inaugurato nell'agosto 1980, con un investimento di 136 milioni di dollari. Possiede 94 tavoli su una superficie di sale da gioco di 4.934 mq; vi sono impiegate 2.887 persone e il suo giro d'affari per il 1984 è stato di 53 milioni di dollari.

Per Miss America
La tradizione vuole che la sera della sua elezione Miss America passi la notte in uno degli appartamenti dell'ultimo piano, generalmente nel Regency, che ha una superficie di 300 mq, con idromassaggio, sauna, televisione con 32 canali. Il Penthouse è stato costruito per l'incredibile cifra di 4 milioni di dollari.

Caratteristiche dello stabilimento
Responsabile: William Weidner - Patty Liscio
Date e orari d'apertura: aperto tutto l'anno 24 ore su 24
Annessi al casinò: 3 bar - 4 ristoranti - piscina - tennis - palestra - golf - teatro - night club - sala spettacoli - sala con slot machine (1.439 apparecchi) - Hotel con 535 stanze e appartamenti

Quali giochi si possono fare?

GIOCHI	NUMERO DEI TAVOLI	PUNTATA MINIMA	PUNTATA MASSIMA
Black jack	57	Da 2 a 1.000 $ secondo i giochi	
Craps	21		
Roulette	12		
Big 6	2		
Baccara	2		

500

Trump Plaza Casinò Hotel

Mississippi avenue and boardwalk (Box 988)
Atlantic City 08400
Tel. 609.441.60.00.

Stabilimento inaugurato nel maggio 1984, con un investimento di 200 milioni di dollari. Possiede 125 tavoli per una superficie di sale da gioco di 5.575 mq; vi sono impiegate 4.352 persone.

Caratteristiche dello stabilimento
Responsabile: David P. Hanlow
Pubbliche relazioni: Pamela Sinderbrand
Date e orari d'apertura: aperto tutto l'anno 24 ore su 24
Annessi al casinò: bar - ristoranti - piscina - tennis - palestra - servizio di baby sitter - night club - teatro - sala con slot machine (1.688 apparecchi) - Hotel con 614 stanze eappartamenti

Quali giochi si possono fare?

GIOCHI	NUMERO DEI TAVOLI	PUNTATA MINIMA	PUNTATA MASSIMA
Black jack	82	Da 2 a 1.000 $ secondo i giochi	
Craps	22		
Roulette	12		
Big 6	6		
Baccara	3		

Banco in braille.
Il Trump Plaza Casinò è l'unico stabilimento che abbia pensato, in base alle ricerche di mercato, che anche gli handicappati possono essere potenziali clienti. È stato dunque facilitato l'ingresso mediante rampe elettroniche e ascensori realizzati appositamente. Sono state create toilette e stanze dove tutti i servizi sono automatizzati. Dovunque telefoni e slot machine sono accessibili alle sedie a rotelle e cinque degli ascensori dello stabilimento offrono informazioni in braille.

500

Tropicana Casinò Hotel

Boardwalk and Iowa avenue
Atlantic City 08401
Tel. 609.340.40.00.

Stabilimento inaugurato nel novembre 1983, con un investimento di 320 milioni di dollari. Possiede 120 tavoli su una superficie di sale da gioco di 4.726 mq; vi sono impiegate 3.765 persone e il suo giro d'affari per il 1984 è stato di 68 milioni di dollari.

Slot machine
Le slots machines sono tipicamente americane. Furono inventate a San Francisco nel 1905 da un emigrato tedesco della Baviera, Charles Frey. Il primo modello, la "Liberty Bell", si trova ancora a Reno nel salone che porta lo stesso nome. Un'idea geniale che oggi rende circa 10.000 dollari ogni anno per macchina.

Caratteristiche dello stabilimento
Responsabile delle pubbliche relazioni: Virginia McDowell
Date e orari d'apertura: aperto tutto l'anno 24 ore su 24
Annessi al casinò: 4 bar - 7 ristoranti - night club - centro commerciale - teatro - palestra - sala con slot machine (.1459 apparecchi) - Hotel con 529 stanze e appartamenti

Quali giochi si possono fare?

GIOCHI	NUMERO DEI TAVOLI	PUNTATA MINIMA MASSIMA
Black jack	76	Da 2 a 1.000 $ secondo i giochi
Craps	25	
Roulette	13	
Big 6	3	
Baccara	3	

Un collare di perle

La sala degli spettacoli del Tropicana è la più grande sala di tutti gli hotel casinò degli Stati Uniti: 1.700 posti a sedere. I sistemi di illuminazione e acustici sono unici al mondo per la loro qualità e per il livello di perfezionamento. Il personale del teatro veste costumi in raso fucsia, bordeaux e argento con finiture bordate in perle, tanto da formare un grande collare scintillante.

ANCORA E ANCORA CASINÒ

Esistono centinaia, se non migliaia, di casinò in tutto il mondo, dai grandi stabilimenti che seguono le norme intenazionali, alle piccole sale con due o tre tavoli.

Conclusa l'enumerazione dei casinò dell'Europa occidentale e degli Stati Uniti, che hanno tutti una certa levatura, diviene impossibile stilare una lista esauriente dei casinò degli altri paesi del mondo. Esistono tuttavia degli stabilimenti, generalmente piccoli o molto piccoli, che hanno una percentuale di frequentatori e un giro d'affari piuttosto elevati. Si trovano tutti, a parte qualche rara eccezione, in hotel di alta categoria efanno parte del complesso turistico alberghiero. Hanno pochi tavoli da gioco, per lo più da tre a cinque, raramente di più. Vi si giocano la roulette francese e americana, il baccara abbastanza spesso e più raramente il craps. Tutti possiedono delle slot machine, da due a venti apparecchi.

Tali piccoli casinò, aperti di solito in paesi in via si sviluppo o in paesi che puntano sul turismo, sono autorizzati dai governi solo con lo scopo di far entrare valuta pregiata; l'accesso è infatti consentito solo agli stranieri di passaggio. Che si tratti di paesi dell'est, Ungheria, Bulgaria, di paesi dell'Africa nera, Gabon, Kenia, Senegal o Egitto, del Nepal o della Sierra Leone, l'accesso è proibito agli abitanti locali. Le carte di credito non sono ammesse quasi mai e si può giocare solo con le valute straniere occidentali.

Infine, ultimo particolare caratteristico, i casinò dell'Africa nera impiegano il più possibile croupier di sesso femminile. Alcuni hotel, il Srakawa di Lomé nel Togo, per esempio, hanno esclusivamente croupier donne, tutte bionde e molto graziose, e soprattutto molto professionali.

Ecco alcuni dei maggiori tra i piccoli casinò.

BAHAMAS

Le Bahamas ospitano i tre stabilimenti da gioco più grandi e più lussuosi di tutti i Caraibi: essi rispondono precisamente a quei criteri necessari a soddisfare i clienti internazionali che li frequentano. Hanno ognuno sessanta tavoli da gioco e funzionano secondo i regolamenti e gli usi dei casinò americani. Questi tre casinò sono inclusi in complessi alberghieri di gran lusso dove vengono offerti ai giocatori vari tipi di attività legate allo svago e al tempo libero: dal golf all'equitazione, dalla gastronomia al paracadutismo ascensionale.

Calle Beach Casinò

New Providence Island
Bahamas
Tel. 800.327.62.00

Lo stabilimento, situato nell'isola di New Providence a poche miglia dalla capitale delle Bahamas, impiega unicamente personale femminile per un totale di trecento persone.

Caratteristiche dello stabilimento
Date e orari d'apertura: aperto tutto l'anno 24 ore su 24
Età minima: 18 anni per entrare nel casinò; 21 per giocare
Abbigliamento: giacca e cravatta obbligatorie alla sera
Annessi al casinò: 9 bar - 19 ristoranti - 2 piscine - 9 campi da tennis - golf - night club - cabaret - Hotel con 1.400 stanze e appartamenti - sala con slot machine (600 apparecchi)

Quali giochi si possono fare?
57 tavoli da gioco: 7 roulette-39 black jack-1 baccara-8 craps-2 big 6

*

*   *

Resort Hotel Casinò

Paradise Island - Resort Casinò
Bahamas
Tel. 800.321.30.00.

Caratteristiche dello stabilimento
Date e orari d'apertura: aperto tutto l'anno dalle 10,00 alle 4,00
Età minima: 21 anni
Abbigliamento: giacca e cravatta obbligatorie alla sera

Annessi al casinò: 12 bar - 13 ristoranti - 2 piscine - 40 campi da tennis - golf - night club - cabaret - teatro - Hotel con 1.100 stanze e appartamenti - sala con slot machine (500 apparecchi)

Quali giochi si possono fare?
59 tavoli da gioco: 41 black jack-8 roulette-1 baccara-7 craps-2 big 6

*

*   *

Casinò Princesse

Grand Bahamas Island
Tel. 800.545.13.00.

Con il suo fantastico stile moresco, il casinò è una meraviglia del mondo tropicale e uno dei più frequentati al mondo. Il suo arredamento e la sua ambientazione sono veramente fantastici.

Caratteristiche dello stabilimento
Date e orari d'apertura: aperto tutto l'anno dalle 10,00 alle 4,00
Età minima: 21 anni
Abbigliamento: giacca e cravatta obbligatorie alla sera
Annessi al casinò: bar - 10 ristoranti - 2 piscine - 2 campi da golf - 12 campi da tennis - night club - discoteca - Hotel con 600 stanze e appartamenti - sala con slot machine (500 apparecchi)

Quali giochi si possono fare?
60 tavoli da gioco: 6 roulette-42 black jack-3 baccara-5 craps-2 big 6

BENIN

Casinò dell'Hotel Sheraton

Cotonou
Tel. 30.01.00

Caratteristiche dello stabilimento
Età minima: 21 anni

Quali giochi si possono fare?
black jack - roulette - baccara - slots machines

I corsi supplementari del professor Thorp
Prima di Richard Jarecky e di Vladimir Grank, i truffatori elettronici, un matematico americano, Edward O. Thorp, aveva anche lui sfruttato il calcolatore elettronico per favorirsi la sorte. Proprio davanti ai tavoli di black jack e di 21 dei casinò di Las Vegas e di Reno questo professore universitario del Nuovo Messico aveva conquistato, grazie a formule matematiche accuratamente messe a punto, la fama di essere il giocatore più competente di tutti i tempi. Il "professore che fa saltare il banco" ha voluto rendere partecipe il mondo delle sue scoperte: non solo ha scritto articoli tecnici sull'argomento, ma anche un libro, *Battez le donneur* (Random House, 1962), che spiega dettagliatamente il suo sistema di gioco.

BOPHUTATSWANA
(AFRICA DEL SUD)

Casinò di Sun City
Mnabatho Sun - Sun City
Bophuthatswana

Sun City è la Macao o la Las Vegas del Sudafrica Questo *Eldorado*, edificato al centro di un cratere vulcanico, si trova a Bophutatswana, un piccolo paese creato di punto in bianco dal governo di Pretoria e che ufficialmente non esiste, visto che non è riconosciuto da alcuno Stato nel mondo. È costituito da piccoli territori separati gli uni dagli altri che si trovano inclusi nella Repubblica dell'Africa del Sud. Secondo una battuta, questo paese è stato creato scuotendo l'inchiostro di una penna d'oca sulla carta! Poco meno di sette macchie separate da centinaia di chilometri e che comportano 2.800 km di frontiera su soli 44.000 kmq di territorio. Sun City, a due ore di strada di Johannesburg, è un immenso centro di divertimenti dove stanno fianco a fianco bianchi, neri, meticci, indiani o cinesi. Alcuni la definiscono "la città del peccato". Allo scopo di essere riconosciuta come una capitale internazionale del gioco, Sun City non ha esitato ad importare tutto ciò che esiste di meglio, di più bello e di più caro. Gli astici da Quimper, il caviale dall'URSS, le palme dagli USA, i datteri dal Sahara, gli chef dalla Francia e i più grandi nomi di gente di spet-

tacolo per il suo cabaret da 8.000 posti, da Frank Sinatra a Liza Minelli, da Elton John a Julio Iglesias. Sun City offre davvero tutte le distrazioni possibili e immaginabili, dai tornei inernazionali di tennis alle visite dei recinti degli struzzi. Unico neo di questo paradiso dei piaceri, la temperatura torrida della regione semidesertica. Ogni anno, ad esempio, è necessario recuperare mezzo milione di metri cubi d'acqua che evapora dal lago artificiale di 750 m di lunghezza costruito vicino al complesso.
Tutti i tipi di giochi sono permessi e si svolgono al centro di un'orgia di specchi di rame, di cromo, di cristallo e... di immaginazione.
Sun City possiede una sua rete televisiva, i suoi pompieri, la sua polizia, la sua centrale elettrica, in breve essa provvede da sola a tutti i suoi bisogni. Per entrare in questo Eden sono necessari due visti, quello sudafricano e quello di Bophuthatswana.

Caratteristiche dello stabilimento
Responsabile: Saul Krnzner
Date e orari d'apertura: aperto tutti i giorni dell'anno
Unità monetaria: Rand sud africano
Età minima: 21 anni
Abbigliamento: giacca e cravatta dopo le 18,00
Annessi al casinò: 8 bar - 9 ristoranti - due night club - 2 discoteche - cabaret - teatro - tennis - squash - equitazione - golf - bowling - sci nautico - canoa - paracadutismo - windsurf - visita guidata alla riserva degli animali - sala con slot machine (700 apparecchi)

Quali giochi si possono fare?
21 black jack - 36 roulette - 1 bingo - 2 craps - 7 punto banco

Altre informazioni utili
Posizione: stazione turistica - Johannesburg 170 km

500

BULGARIA

Casinò-hotel Vitocha

100, bd Anton Ivanov - Sofia
Tel. 62.41.51 - Telex: 22797.

Caratteristiche dello stabilimento
Date e orari d'apertura: aperto tutto l'anno tutti i giorni dalle 20,00 alle 4,00
Annessi al casinò: night club - piscina - bowling - 4 ristoranti - centro commerciale - Hotel 5 stelle con 458 stanze e appartamenti

Quali giochi si possono fare?

GIOCHI	NUMERO DEI TAVOLI	PUNTATA MINIMA	PUNTATA MASSIMA
Roulette	5	2/5 $	25/500 $
Black jack	5	5 $	250 $
Punto banco	1	5 $	200 $

*

*   *

Casinò Grand Hotel Varna

Station Droujba - Varna.
Tel. 614.91 - Telex: 77324.

Caratteristiche dello stabilimento
Date e orari d'apertura: aperto tutto l'anno tutti i giorni dalle 20,00 alle 4,00
Annessi al casinò: impianti termali - 2 piscine - bowing - tennis - centro commerciale - Hotel 5 stelle con 394 stanze e appartamenti

Quali giochi si possono fare?

GIOCHI	NUMERO DEI TAVOLI	PUNTATA MINIMA	PUNTATA MASSIMA
Roulette	3	1/5 $	25/500 $
Black jack	3	2 $	200 $
Punto banco	1	5 $	200 $

COSTA D'AVORIO

Casinò dell'Hotel Ivoire Intercontinental

Abidjan
Tel. 44.10.45

Caratteristiche dello stabilimento
Età minima: 21 anni

Quali giochi si possono fare?
Roulette francese e americana - black jack - slot machine

EQUADOR

I quattro casinò del paese sono:

Casinò dell'Hotel El Dorado
Grand Columbia - Y.L. Coradero
Cuenca
Tel. 82.43.50

Casinò Atahualpa
Francisco de P. Ycaza 433
Guayaquil
Tel. 30.58.77

Casinò dell'Hotel Palace
Chile 214 Y. Luque
Guayaquil
Tel. 52.45.37

Casinò dell'Hotel Humboldt Capitol
Espejo 931
Quito
Tel. 21.00.70

Caratteristiche dello stabilimento
Età minima: 18 anni.

Quali giochi si possono fare?
Roulette americana - black jack - slot machine

Il più grande giocatore del mondo
Nel maggio 1953 tutti i croupier del mondo hanno portato il lutto per il più grande giocatore del mondo, Niko Zographos, morto a Losanna dopo cinquant'anni di gioco. Più noto con il soprannome di "Nick il greco", si vantava di essere passato settantatré volte dalla ricchezza alla miseria. Originario di Creta, giunse un giorno in una sala da gioco americana con un milione di dollari per uscirne dodici giorni più tardi completamente sbancato. Per contro, lo si è visto guadagnare 1.600.000 dollari ai dadi in una sola serata. Nel corso della sua vita gli sono passati per le mani più di 250 miliardi di vecchi franchi. Mai una irregolarità, mai un atteggiamento dubbio, mai un'audacia scriteriata, bensì una fortuna insolente e una maestria nel gioco quasi soprannaturale. Qualche sera in cui teneva il banco si trovava di fronte ad alcuni dei più grossi giocatori del mondo. Le maggiori fortune della terra gli fecero tenere dei banco da centinaia di milioni e molte volte per somme superiori al miliardo. Fu contro di lui che André Citroën perse la sua azienda.

GABON

Nel Gabon ci sono cinque casinò:

Caratteristiche degli stabilimenti
Date e orari d'apertura: aperto tutto l'anno tutti i giorni dalle 21,00 alle 4,00 per il Bowlingstone dalle 21,00 alle 2,00 per gli altri
Ingresso: 10.000 CFA per la roulette, 20.000 CFA per il black jack
Età minima: 21 anni
Carte di credito: non sono ammesse, mentre sono accettati assegni

Casinò di Bowlingstone
B.P. 1636 Libreville
Tel. 72.45.68

Quali giochi si possono fare?
3 black jack - 4 roulette americane - 1 roulette - baccara

Casinò di Soleil dell'Hotel Sofitel Dialogue
B.P. 3947 Libreville
Tel. 73.20.85 - Telex 5355

Quali giochi si possono fare?
4 roulette americane - 1 roulette francese - black jack

Casinò dell'Hotel l'Okoumé Palace
B.P. 2254 Libreville
Tel. 73.26.19

Quali giochi si possono fare?
4 roulette americane - black jack

Casinò dell'Hotel Novotel Rapoutchombon
Bd de l'Indépendance
B.P. 48 Libreville
Tel. 76.47.42 - Telex 5350

Quali giochi si possono fare?
2 roulette americane - black jack

Casinò dell'Hotel Afriqua Queen
Port Gentil

Quali giochi si possono fare?
2 roulette americane - 2 black jack

GRANDUCATO DI LUSSEMBURGO

Casinò 2000 - rue Th. Flammang
L-5618 Mondorf-les-Bains
Tel. 352.66.10.10

Il Casinò 2000, situato nel cuore dell'Europa, e più esattamente a Mondorf-les-Bains, l'unica stazione termale del Lussemburgo, è uno dei più moderni d'Europa. Aprì le sue porte il 16 aprile 1983. L'architettura contemporanea del Casinò 2000 si inserisce perfettamente nel fascino di Mondorf-les-Bains, piccola città che si trova all'incorcio tra Germania, Francia e Lussemburgo, che Victor Hugo aveva celebrato al tempo dei suoi numerosi soggiorni.

Caratteristiche dello stabilimento
Responsabile: Karl Smeykal
Date e orari d'apertura: aperto tutto l'anno dalle 16,00 alle 3,00 durante la settimana e alle 5,00 nei week-end
Ingresso: 100 FB/giorno - 500 FB/settimana - 1.000 FB/mese - 2.000 FB/anno
Età minima: 18 anni
Abbigliamento: giacca e cravatta obbligatoria (possibilità di affittarla)
Annessi al casinò: sala da ballo - night club - ristorante gastronomico -

teatro - Hotel di Casinò - Tel. 352.66.10.10 - trasporto gratuito dall'aeroporto o dalla stazione di Lussemburgo al Casinò 2000
Carte di credito: ammesse, la valuta straniera si cambia alla cassa

Quali giochi si possono fare?

GIOCHI	NUMERO DEI TAVOLI	PUNTATA MINIMA	PUNTATA MASSIMA
Black jack	2	200 FB	10.000 FB
Roulette	4	50/100/200 FB	3.000/6.000 FB
Roulette americana	1	100 FB	2.000 FB en plein 36.000 FB chance semplice

Altre informazioni utili
Posizione: stazione termale - Metz 50 km - Sarrebruck 80 km - Liegi 160 km - Lussemburgo 19 km
Informazioni turistiche: Lucien Hary L - 5616 Mondorf-les-Bains - Tel. 352.48.79.99 - 352.48.79.93

GRECIA

In Grecia ci sono tre casinò, sul monte Parnasso, a Corfù e a Rodi. Il primo fu creato nel 1963 con lo scopo di alimentare il flusso di turismo nella regione. I tre stabilimenti sono di livello internazionale, i giochi sono quelli classici: roulette, black jack, baccara e craps. L'età minima richiesta per entrare nelle sale da gioco è di 21 anni. I tre stabilimenti sono aperti tutto l'anno dalle 14,00 alle 4,00.

Casinò di Corfù

Palazzo dell'Achilleon
Corfù
Tel. 36.28.164 ad Atene (Amministrazione)
0661.38.629.50.53 a Corfù.

Il Casinò di Corfù, stabilimento di classe internazioale, è stato installato nel palazzo dell'Achilleon, che appartenne a Sissi, l'imperatrice Elisabetta d'Austria. Identificato da Omero con il paese dei Feaci, dove Ulisse fece un'ultima sosta prima di raggiungere Itaca, *Kerkyra* (nome greco di Corfù) è la più settentrionale delle isole. Isola dalla bellezza sorprendente per la varietà dei suoi paesaggi, fu occupata da romani, veneziani, francesi, inglesi. Quest'isola, dove Shakespeare ambientò *La tempesta*, fino a non molto tempo fa fu il luogo d'incontro delle teste coronate d'Europa.

Quali giochi si possono fare?
Roulette francese e americana - baccara - black jack - sala con slot machine

Altre informazioni utili
Informazioni turistiche: (Kerkyra) - Palazzo del governatore - Dukitirio - Tel. 30520.30.360/39.730

Casinò di Rodi

Grand Hotel - Astir Palace - Akti Miaouli
Rodi
Tel. 36.28.164 ad Atene (Amministrazione)
0241.24.458.24.450 a Rodi.

Rodi, la maggiore città del Dodecanneso, bagnata dalle acque del mare Egeo, è famosa per il ricordo del suo colosso, una delle sette meraviglie del mondo. Il casinò si trova all'interno del Grand Hotel situato al centro della città.

Caratteristiche dello stabilimento
Annessi al casinò: hotel - 4 bar - 3 ristoranti - night club - boutique - sauna - tennis - 3 piscine

Quali giochi si possono fare?
Roulette francese e americana - black jack - sala cn slot machine

Altre informazioni utili
Informazioni turistiche: a Rodi, all'incrocio tra Angle des Arhiespiskipou Makariou 5 e Papagou - Tel. 0241.23.655-0241.23.255

Casinò del Monte Parnaso

Hotel Mont-Parnès
Grecia
Tel. 32.29.412 ad Atene (Amministrazione) - 246.91.11 a Parnaso.

La teleferica che mette in comunicazione con il monte funziona giorno e notte.

Caratteristiche dello stabilimento
Date e orari d'apertura: aperto tutto l'anno dalle 16,00 alle 4,00
Annessi al casinò: bar - ristoranti - piscina - boutique - sauna - night club

Quali giochi si possono fare?
Baccara - chemin de fer - roulette francese e americana - craps - sala con slot machine

Altre informazioni utili
Informazioni turistiche: Monte Parnaso - Tel. 246.91.11-246.10.93

Farouk uccide il suo avversario
Il re Farouk d'Egitto, considerato anche dopo il suo esilio uno dei massimi giocatori di baccara del mondo, si vantava di saper controllare alla perfezione i suoi muscoli facciali. Un aneddoto provò che in effetti aveva ragione: una sera, mentre giocava con un ricchissimo inglese, perse sei milioni senza dimostrare la minima emozione. Il suo avversario, seduto di fronte a lui, appoggiato alla sedia, restava del tutto impassibile nei confronti di un colpo così fortunato: era stato colpito da una crisi cardiaca dopo aver vinto. Farouk, come se niente fosse stato, chiamò il caposala e ordinò i sei polli che aveva l'abitudine di mangiarsi dopo le perdite al baccara.

500

IUGOSLAVIA

La Iugoslavia conta numerosi casinò di una certa importanza ripartiti su tutto il territorio nazinale. Tra i principali troviamo quelli di:
Porec: Casinò dell'Hotel Parentium - Tel. 53.83.24.
Umag: Casinò dell'Hotel Adriatic - Tel. 53.72.209.
Rovin: Casinò dell'Hotel Eden - Tel. 52.81.402.
Bled: Casinò dell'Hotel Park - Tel. 64.77.945.
E, naturalmente il più seducente stabilimento della principale stazione balneare iugoslava, il casinò di Dubrovnik.

Croatia International Casinò
50210 Cavtat Dubrovnik
Tel. 19.38.50.78.209 - Telex 27530 YU

Questo sontuoso e imponente casinò è il più importante dei paesi socialisti e non ha niente da invidiare ai grandi stabilimenti occidentali. Si trova esattamente sulla penisola di Sustjepan, a una decina di chilometri da Dubrovnik, in un luogo idilliaco e carico di memorie storiche.
Vi si trovano tutti i tipi di giochi praticati nei paesi democratici, perché la gestione dei giochi è affidata ad una società occidentale. In Croazia si

gioca naturalmente con moneta forte: il dollaro, che è la moneta campione dei giochi, il marco tedesco, il franco francese, belga, svizzero. Ma, a differenza della maggior parte degli stabilimenti da gioco dei paesi socialisti, le vincite non sono corrisposte in moneta locale ma in quella scelta dal giocatore.

Caratteristiche dello stabilimento
Responsabile: Stanislas Novak
Date e orari d'apertura: aperto tutto l'anno tutti i giorni
Età minima: 18 anni
Annessi al casinò: 3 bar 6 ristoranti - tiro - tennis - 2 piscine - boowing - night club - discoteca - teatro - sauna - centro commerciale - Hotel con 500 stanze - sala con slot machine

Quali giochi si possono fare?

GIOCHI	NUMERO DEI TAVOLI	PUNTATA MINIMA	PUNTATA MASSIMA
Roulette francese	1	2 $	
Roulette inglese	2	1/2 $	
Chemin de fer	2	25 $	
Black jack	2	1/5$	50/100 $
Bingo	1	1 $	

Altre informazioni utili
Posizione: stazione turistica - Dubrovnik 10 km

KENYA

Casinò dell'Hotel Neptune Beach
Bamburi

Caratteristiche dello stabilimento
Età minima: 21 anni.

Quali giochi si possono fare?
Roulette americana - black jack - craps - slot machine

LIBANO

Tutti i problemi che lacerano il paese in questi ultimi anni possono far pensare che i divertimenti, e in particolar modo le case da gioco, siano solo un lontano ricordo in Libano. Non è vero, anzi il contrario: lo stato di guerra ha provocato una crescita del numero di casinò in questo paese. Poco più di duecento nella sola Beirut, alcuni modesti, altri molto lussuosi anche se sono situati nei rifugi. Si sa da molto tempo che i libanesi costituiscono, in proporzione, la più grossa colonia di forti giocatori di tutto il pianeta. E così i tavoli da gioco sono gli unici che vedono seduti vicini maroniti, drusi, cristiani, sciiti e altri sanniti.

MADAGASCAR

Casinò dell'Hotel Holiday Inn
Nosy Bé - Madagascar
Tel. 61.176

Casinò dell'Hotel Hilton
Antanarivo - Madagascar
Tel. 26.060

Caratteristiche dello stabilimento
Età minima: 21 anni.

Quali giochi si possono fare?
Roulette francese e americana - black jack - baccara - slot machine

Casinò volante
In quasi tutti gli stati australiani il gioco d'azzardo è proibito: un imprenditore dello stato di Vittoria ha dunque avuto l'idea di creare un casinò a bordo di un DC3. Ogni giorno l'aereo decolla con il suo carico di giocatori che si distribuiscono comodamente intorno ad un tavolo da roulette e a uno di black jack. Il tradizionale *Faites vos jeux* è naturalmente annunciato per la prima volta quando l'aereo sorvola le acque internazionali. Per tutte le informazioni relative agli orari di partenza, rivolgersi all'ufficio per le informazioni turistiche di Vittoria.

500

MACAO

Macao potrebbe forse essere "l'inferno dei gioco", anche se fino al 1985 non contava che quattro stabilimenti, a cui se ne aggiunse un quinto inaugurato nei locali del sontuoso Macau Excelsior Hotel.
Quest'ultimo, come i precedenti, offre tutta la rosa dei giochi internazionali: roulette, black jack, baccara ma anche naturalmente qualche gioco molto apprezzato dagli asiatici come il fan tan.

MALTA

Casinò dell'Hotel Dragonara Palace
St-Julien
Tel. 36.421

Caratteristiche dello stabilimento
Età minima: 21 anni.

Quali giochi si possono fare?
Roulette francese e americana - black jack - slot machine

ISOLE MAURITIUS

I casinò sono aperti tutto l'anno sette giorni su sette dalle 21,00 alle 4,00; la clientela è composta da turisti e da cinesi che vivono lì. Non c'è l'obbligo di un cambio minimo alla cassa e le puntate minime sono di 10 rupie alla roulette e di 5 rupie a black jack, con un massimo di 500 rupie. Tutti i casinò offrono anche sale con slot machine.

Caratteristiche dello stabilimento
Ingresso: autorizzato anche ai connazionali
Età minima: 18 anni
Carte di credito: ammesse per il cambio

Casinò dell'Hotel La Pirogue
Port-Louis
Tel. 53.84.41

Quali giochi si possono fare?
4 roulette americane - 3 black jack

Casinò dell'Hotel St-Géran
St-Géran
Tel. 53.88.85

Quali giochi si possono fare?
4 roulette americane - 3 black jack

Casinò dell'Hotel Méridien
Tel. 61.323.322

Quali giochi si possono fare?
4 roulette americane - 2 black jack

Casinò dell'Hotel Trou Aux Beachs
Tel. 036.562

Quali giochi si possono fare?
15 roulette americane - 5 black jack

Casinò di Civrepipe
Centro città

Quali giochi si possono fare?
15 roulette americane - 5 black jack

NEPAL

Casinò dell'Hotel Oberoi Soaltee
Tachachal
Katmandou

Caratteristiche dello stabilimento
Età minima: 21 anni.

Quali giochi si possono fare?
Roulette americana - black jack

SENEGAL

Casinò di Dakar

Caratteristiche dello stabilimento
Età minima: 21 anni.

Quali giochi si possono fare?
Roulette francese e americana - black jack

SEYCHELLES

Casinò dell'Hotel Beau Vallon Bay
Beau Vallon Bay - Mahé
Seychelles
Tel. 47.141

Caratteristiche dello stabilimento
Età minima: 21 anni.

Quali giochi si possono fare?
Roulette americana - black jack

SIERRA LEONE

Casinò Leone
Lumley Beach - Free Town

Lagoonda
Lumley Beach - Free Town

Hotel Bintumani - International Club
Presso l'O.U.A. - Free Town

Caratteristiche dello stabilimento
Età minima: 21 anni.

Quali giochi si possono fare?
Roulette americana - black jack - craps - slot machine

TOGO

Caratteristiche dello stabilimento
Età minima: 21 anni.

Quali giochi si possono fare?
Roulette francese e americana - black jack - slot machie

Casinò dell'Hotel PLM Sarakawa
Lomé - Tel. 21.65.90

Casinò galleggianti

Il giocatore accanito non ha a sua disposizione solo le centinaia di casinò sparsi per tutti i continenti, ma ha anche la possibilità di sfogare la sua passione sull'oceano, visto che esistono molti casinò galleggianti. Non parliamo di quelli clandestini, che pure sono numerosi, ma di quelli del tutto legali che si trovano sulle navi da crociera, come quelli della celebre *Norvegian Caribbean Lines*: a bordo del M/S Southword, del M/S/ Skyward e, ovviamente, a bordo del più celebre piroscafo del mondo, il Norway.

Anche la *Norvegian American* ha dei tavoli da gioco a bordo dello Sagafjord e del Vistafjord. La *Royal Viking Lines*, le cui navi solcano i mari di cinque continenti, ha importnti casinò sulle sue tre unità: la Royal Viking Star, la Royal Sky e la Royal Sea. La stessa cosa vale per i piroscafi Américanis e Victoria della compagnia *Chandris*. In generale dunque tutte le compagnie scandinave e americane hanno stabilimenti da gioco a bordo delle loro principali unità.

Casinò dell'Hotel de la Paix
Lomé
Tel. 21.52.92

Casinò dell'Hotel Sofitel
Lomé
Tel. 21.00.03

UNGHERIA

La compagnia che gestisce i casinò austriaci ha aperto in Ungheria due stabilimenti da gioco. Uno nel 1976 nell'Hotel Hilton a Budapest, l'altro a Heviz, vicino al lago Balaton. Attenzione, però! Come sottolinea la rivista *Gamble* voi dovete acquistare i gettoni per giocare con moneta forte ma accettare, se vincete, di essere pagati in moneta locale. Nessuna sorpresa, comunque, tutti sanno che i casinò dei paesi dell'est svolgono il ruolo di cercatori di danaro, senza avere una struttura mentale predisposta al gioco d'azzardo.

ZIMBABWE

Casinò dell'Hotel Victoria
Victoria Falls
Tel. 223

Quali giochi si possono fare?
Roulette francese e americana - black jack - slot machine

E quel giorno hanno perduto
Helena Serra de Cassano, ereditiera italiana della fabbrica d'armi Beretta, nel 1972 durante la sua ultima stagione di gioco prima di farsi interdire lasciò un miliardo e mezzo sui tappeti verdi;
Rizzoli, il maggior editore italiano, ha perso somme enormi che non è possibile nemmeno valutare, mettendo in difficoltà il suo gruppo editoriale. La sua donna aveva preso l'abitudine di scommettere sulle sue perdite...
Benamou perse 500 milioni in un mese nel 1967.
Romeo Bassera nel 1967 perse 850 milioni al baccarà: ne aveva già persi 200 l'anno precedente.
Fah d'Arabia nel 1974 perse 3 miliardi in una sola notte.

Manuali Pratici giochi

MP 52 Colman
Gioca e vinci
MP 53 Colman
Gioca e vinci al totocalcio
MP 54 Colman
Gioca e vinci al lotto
MP 55 Colman
Gioca e vinci al totip e enalotto
MP 56 Colman
Gioca e vinci alla roulette
MP 58 Tell
Il poker
MP 59 Tell
Lo scopone scientifico
MP 60 Juma
I solitari
MP 61 Tell
Il tressette
MP 70 Hulme
I videogiochi
MP 76 Binarelli
Tutti i trucchi del gioco d'azzardo
MP 111 Cecchini
Guida all'enigmistica
MP 124 Antonello
Vincere alla roulette